Das Abstraktionsprinzip im deutschen Urheberrecht

## Schriftenreihe zum Urheber- und Kunstrecht

Herausgegeben von Thomas Hoeren

Band 5

PETER LANG
Frankfurt am Main · Berlin · Bern · Bruxelles · New York · Oxford · Wien

Karsten Lisch

# Das Abstraktionsprinzip im deutschen Urheberrecht

PETER LANG
Europäischer Verlag der Wissenschaften

**Bibliografische Information der Deutschen Nationalbibliothek**
Die Deutsche Nationalbibliothek verzeichnet diese Publikation in der Deutschen Nationalbibliografie; detaillierte bibliografische Daten sind im Internet über <http://www.d-nb.de> abrufbar.

Zugl.: Münster (Westfalen), Univ., Diss., 2006

| | |
|---|---|
| Erster Berichterstatter: | Prof. Dr. Thomas Hoeren |
| Zweiter Berichterstatter: | Prof. Dr. Artur-Axel Wandtke |
| Dekan: | Prof. Dr. Reiner Schulze |
| Tag der mündlichen Prüfung: | 09. Mai 2006 |

D 6
ISSN 1860-076X
ISBN-10: 3-631-56289-6
ISBN-13: 978-3-631-56289-5



www.peterlang.de

**Inhaltsverzeichnis**


Literaturverzeichnis ........ IX
A. Einleitung ........ 1
I. Problemstellung ........ 1
1. Grundfragen zum Verhältnis von Verpflichtung und Verfügung ........ 1
2. Die streitbefangenen Fallkonstellationen ........ 3
3. Terminologie ........ 5
II. Das Abstraktionsprinzip und seine Konkurrenten ........ 6
1. Einheitsprinzip, Trennungsprinzip und Abstraktion ........ 6
2. Der Anwendungsbereich des Abstraktionsprinzips ........ 8
3. Ausnahmen vom Abstraktionsprinzip ........ 9
4. Vereinbarung von Abstraktion und Kausalität durch die Parteien ........ 11
III. Entwicklung der Auseinandersetzung und derzeitiger Stand der Diskussion. 13
1. Die Diskussion um den allgemeinen Abstraktionsgrundsatz ........ 13
2. Die Diskussion um die Anwendbarkeit im Urheberrecht ........ 15
3. Trennung und Abstraktion in anderen Rechtsordnungen ........ 16
4. Ausblick: Abstraktion und Europa ........ 16
IV. Der Interessenkonflikt im Urheberrecht ........ 18
1. Gestörte Vertragsparität und Schutzfunktion des Urhebervertragsrechts ........ 19
2. Differenz zwischen gesetzlichem Leitbild des Urhebers und Auftragsurhebern ........ 21
3. Urheberrechtliche Rechteketten und Verkehrsschutz ........ 21
4. Zusammenfassung ........ 23
B. Verträge über die Auswertung des Werkes ........ 23
I. Die Entscheidung des Urhebers über Veröffentlichung und Auswertung ........ 23
II. Der Nutzungsvertrag ........ 24
1. Rechtsnatur ........ 24
2. Beendigungsgründe ........ 28
3. Nichtigkeits- und Unwirksamkeitsgründe ........ 29
III. Das Nutzungsrecht ........ 30
1. Die Entstehung des Nutzungsrechts durch Einräumung ........ 30
2. Unterschiede zur Gestattung ........ 32
3. Die monistische Theorie des Urheberrechts ........ 33
4. Die Zweckbindung des Nutzungsrechts und die Rechtsstellung des Inhabers ........ 34
5. Das einfache Nutzungsrecht als dingliches Recht ........ 35
6. Vergleich zwischen Nutzungsrecht und anderen dinglichen Rechten ........ 39
C. Die Rechtsfolgen von Abstraktion und Kausalität ........ 43
I. Der bereicherungsrechtliche Anspruch auf Nutzungsersatz ........ 43
1. Bedeutung des Bereicherungsanspruchs ........ 43
2. Anwendbarkeit des Bereicherungsrechts im Urheberrecht ........ 44
3. Der Bereicherungsgegenstand ........ 44
4. Der Bereicherungsgegenstand bei nicht wahrgenommener tatsächlicher Nutzungsmöglichkeit ........ 48
5. Bestimmung der einschlägigen Kondiktionsart ........ 52
6. Umfang des Bereicherungsanspruchs ........ 55
7. Berücksichtigung von Gewinn und Verlust des Bereicherungsschuldners ... 56

8. Entreicherung ....................................................................................59
9. Verjährung .........................................................................................63
10. Gegenanspruch des Verwerters auf Ersatz der Gewinnungskosten? ..........64
11. Verwendungskondiktion des Verwerters? ..................................................65
II. Anwendbarkeit der Vorschriften über die Geschäftsführung ohne Auftrag.....66
III. Das Schicksal der Nutzungsrechte zweiter Stufe bei Fortfall des Mutterrechts ....................................................................................66
1. Streitstand .........................................................................................67
2. Stellungnahme ....................................................................................67
IV. Die Rechtsfolgen des Kausalprinzips ...........................................................68
1. Nachträgliche Beendigung des Nutzungsvertrags im Zweipersonenverhältnis ............................................................................68
2. Von Beginn an nicht bestehender Nutzungsvertrag im Zweipersonenverhältnis ............................................................................72
3. Nachträgliche Beendigung des Nutzungsvertrags in der Rechtekette ..........73
4. Von Beginn an nicht bestehender Nutzungsvertrag in der Rechtekette.........75
5. Die Situation des Endkunden bei Veräußerung von Vervielfältigungsstücken ...............................................................75
V. Die Rechtsfolgen der Anwendung des Abstraktionsprinzips ..........................77
1. Anforderungen aus § 29 Abs. 1 UrhG .......................................................78
2. Die Ansprüche aus §§ 97 ff UrhG ..............................................................79
3. Zur Rückgewähr des Nutzungsrechts ..........................................................79
4. Nachträgliche Beendigung des Nutzungsvertrags im Zweipersonenverhältnis ............................................................................88
5. Von Beginn an nicht bestehender Nutzungsvertrag im Zweipersonenverhältnis ............................................................................90
6. Nachträgliche Beendigung des Nutzungsvertrags in der Rechtekette ..........90
7. Von Beginn an nicht bestehender Nutzungsvertrag in der Rechtekette.......101
VI. Sonderfall: Insolvenz ...............................................................................102
1. Insolvenz des Nutzungsberechtigten ........................................................102
2. Insolvenz des Urhebers ...........................................................................107
VII. Sonderfall Dienst- und Arbeitsverträge ....................................................108
1. Kein Rechterückfall, keine Rückgewähr ....................................................108
2. Rechtfertigung für die Trennung von Nutzungsrecht und Urheberrecht .....109
VIII. Gegenüberstellung und Bewertung der Rechtsfolgen ...............................111
D. Gesetzliche Anhaltspunkte für eine Einschränkung der Abstraktion ....................112
I. Verknüpfung von Verpflichtungs- und Erfüllungsgeschäft durch die Zweckübertragungslehre ...........................................................113
1. Rechtsgeschichtliche Entwicklung ............................................................113
2. Sachlicher Anwendungsbereich ................................................................115
3. Ermittlung des Vertragszwecks .................................................................116
4. Rückschlüsse auf die Geltung des Abstraktionsprinzips ..............................117
5. Ergebnis .............................................................................................122
II. Ausformung des Nutzungsrechts durch den schuldrechtlichen Vertrag..........122
III. § 1 UrhG - Im Zweifel für den Urheber? .......................................................125
IV. Die störungsbezogenen Vorschriften der §§ 40 ff UrhG .................................126
1. Rückrufsrecht des § 41 Abs. 5 UrhG – Ausnahme oder Bestätigung der Regel? .......................................................................................126

2. § 40 Abs. 3 UrhG ..... 127
V. Geschäftseinheit gemäß § 139 BGB ..... 128
VI. Der Angemessenheitsgrundsatz des § 11 S. 2 UrhG ..... 129
1. Anwendbarkeit auf Rückgewährschuldverhältnisse ..... 129
2. Angemessenheit des Nutzungsersatzes aus Bereicherungsrecht ..... 130
3. Angemessenheit im Zusammenhang mit der Rechtsdurchsetzung ..... 131
4. Ergebnis ..... 132
VII. § 34 Abs. 4 UrhG ..... 132
VIII. Der Stellenwert der Verkehrsfähigkeit im Urheberrecht ..... 132
1. Die Wertung des § 34 Abs. 1 UrhG ..... 132
2. Grenzen der Aufspaltbarkeit von Nutzungsrechten ..... 134
3. Rechtssicherheit im Umgang mit dem Werk ..... 135
IX. Kausalität als typische Eigenschaft des Nutzungsrechts ..... 135
1. Abstraktion aufgrund der Eigenschaft als dingliches Recht? ..... 135
2. Eigenständigkeit des Nutzungsrechts ..... 136
X. Analogie zu § 9 Abs. 1 VerlG ..... 137
1. § 9 Abs. 1 VerlG als Ausdruck von Kausalität oder Akzessorietät? ..... 138
2. Planwidrige Regelungslücke ..... 139
3. Rechtsethische Vergleichbarkeit ..... 140
4. Zusammenfassung ..... 144
XI. Ergebnis ..... 144
E. Folgen für die Anwendung des Abstraktionsgrundsatzes und Ergebnis ..... 144
I. Übersicht über den Streitstand ..... 144
1. Eingeschränkte Anwendung des Kausalprinzips auf bestimmte Verfügungen ..... 144
2. Interessenabwägung zwischen Gebundenheit des Nutzungsrechts und Verkehrsfähigkeit ..... 145
3. Stillschweigend vereinbarte Bedingung ..... 145
4. Uneingeschränkte Anwendung des Abstraktionsgrundsatzes ..... 146
5. Die Position der Rechtsprechung ..... 146
II. Stellungnahme ..... 150
1. Interessenabwägung zwischen Gebundenheit des Nutzungsrechts und Verkehrsfähigkeit ..... 150
2. Stillschweigend vereinbarte Bedingung ..... 150
3. Eingeschränkte Anwendung des Kausalprinzips auf bestimmte Verfügungen ..... 151
4. Uneingeschränkte Anwendung des Abstraktionsprinzips ..... 154
III. Ergebnis ..... 156

## Literaturverzeichnis

### Kommentare

Bappert; Maunz; Schricker, Verlagsrecht, 2. Aufl. München 1984

Benkard, Patentgesetz, 9. Aufl. München 1993

Busse, Patentgesetz, 6. Aufl. Berlin 2003

Dreier, Thomas; Schulze, Gernot: Urheberrechtsgesetz, München 2004

Fezer, Kommentar zum Markengesetz, zur Pariser Verbandsübereinkunft und zum Madrider Markenabkommen, 3. Aufl. München 2001

Dreyer; Kotthoff; Meckel, Heidelberger Kommentar zum Urheberrecht, Heidelberg 2003

v. Gamm, Urheberrechtsgesetz, München 1968

Kirchhof; Lwowski; Stürner, Münchener Kommentar zur Insolvenzordnung, München 2001

Leiss, Verlagsgesetz, Berlin 1973

Möhring; Nicolini, Urheberrechtsgesetz, 2. Aufl. Berlin 2000

Nordemann; Vinck; Hertin, Kommentar zum Urheberrechtsgesetz und zum Urheberrechtswahrnehmungsgesetz, 9. Aufl. Stuttgart 1998

Palandt, Bürgerliches Recht, 64. Aufl. München 2005

Rebmann, Münchener Kommentar zum Bürgerlichen Gesetzbuch,

Band 1, Allgemeiner Teil, §§ 1-240, 4. Aufl. 2001,

Band 2a, Schuldrecht Allgemeiner Teil, §§ 241-432, 4. Aufl. 2003,

Band 3, Schuldrecht Besonderer Teil I, §§ 433-610, 4. Aufl. 2004,

Band 4, Schuldrecht Besonderer Teil II, §§ 611-704, 4. Aufl. 2005,

Band 5, Schuldrecht Besonderer Teil III, §§ 705-853, 4. Aufl. 2004,

Band 6, Sachenrecht, §§ 854-1296, 4. Aufl., 2004

Schricker, Urheberrecht, 2. Aufl. München 1999

Schricker, Verlagsrecht, 3. Aufl. München 2001

Staudinger, Kommentar zum Bürgerlichen Gesetzbuch mit Einführungsgesetzen und Nebengesetzen, Berlin,

Buch 1, Allgemeiner Teil, §§ 90-133, §§ 1-54, 63 BeurkG, Bearbeitung 2004,

Buch 1, Allgemeiner Teil, §§ 134-163, Neubearbeitung 2003,

Buch 2, Recht der Schuldverhältnisse, §§ 255-314, Neubearbeitung 2001,

Buch 2, Recht der Schuldverhältnisse, §§ 397-432, Neubearbeitung 2005,

Buch 2, Recht der Schuldverhältnisse, §§ 535-562d, Neubearbeitung 2003,
Buch 2, Recht der Schuldverhältnisse, §§ 563-580a, Neubearbeitung 2003,
Buch 2, Recht der Schuldverhältnisse, §§ 581-606, Neubearbeitung 2006,
Buch 2, Recht der Schuldverhältnisse, §§ 779-811, Neubearbeitung 2002,
Buch 2, Recht der Schuldverhältnisse, §§ 812-822, Neubearbeitung 1999,
Drittes Buch, Sachenrecht, §§ 854-882, Neubearbeitung 2000,
Buch 3, Sachenrecht, §§ 925-984, Neubearbeitung 2004,
Drittes Buch, Sachenrecht, §§ 985-1011, Neubearbeitung 1999,
Buch 3, Sachenrecht, §§ 1018-1112, Neubearbeitung 2002,
Soergel, Bürgerliches Gesetzbuch mit Einführungsgesetz und Nebengesetzen,
Band 1, Allgemeiner Teil 1, §§ 1-103, 13. Aufl., Stand Frühjahr 2000,
Band 2, Allgemeiner Teil 2, §§ 104-240, 13. Aufl., Stand März 1999,
Band 4/1, Schuldrecht III/1, §§ 516-651, 12. Aufl., Stand Frühjahr 1997,
Band 14, Sachenrecht 1, §§ 854-984, 13. Aufl., Stand Sommer 2002,
Uhlenbruck, Insolvenzordnung, 12. Aufl. München 2003
Uhlenbruck, Konkursordnung, 10. Aufl. München 1986
Wandtke; Bullinger, Praxiskommentar zum Urheberrecht, München 2002
Wimmer, Frankfurter Kommentar zur Insolvenzordnung, 3. Aufl. Neuwied 2002

**Lehrbücher**

Brox, Allgemeiner Teil des BGB, 28. Aufl. Köln 2004
Flume, Allgemeiner Teil des Bürgerlichen Rechts, 4. Aufl. Berlin 1992
Koppensteiner; Kramer, Ungerechtfertigte Bereicherung, 2. Aufl. Berlin 1988
Larenz;Canaris, Methodenlehre der Rechtswissenschaft, 3. Aufl. München 1995
Larenz; Canaris, Lehrbuch des Schuldrechts, Zweiter Band, Besonderer Teil, 2. Halbband, 13. Aufl. München 1994
Medicus, Allgemeiner Teil des BGB, 8. Aufl. Heidelberg 2002
Medicus, Schuldrecht I, Allgemeiner Teil, 15. Aufl. München 2004
Rehbinder, Urheberrecht, 13. Aufl. München 2004
Reuter; Martinek, Ungerechtfertigte Bereicherung, Tübingen, 1983
Schack, Urheber- und Urhebervertragsrecht, 3. Aufl. Tübingen 2004
Stürner, Sachenrecht, 17. Aufl. München 1999

v. Tuhr, Der Allgemeine Teil des Deutschen Bürgerlichen Rechts, Zweiter Band, Erste Hälfte, Berlin 1914

Ulmer, Urheber- und Verlagsrecht, 3. Aufl. Berlin 1980

Westermann, Sachenrecht, 10. Aufl. Heidelberg 2002

**Monographien**

Allfeld, Urheberrecht an Werken der Literatur und der Tonkunst, 1. Aufl. München 1902, 2. Aufl. München 1929

Bähr, Die Anerkennung als Verpflichtungsgrund, 2. Aufl. Kassel 1867

Batsch, Vermögensverschiebung und Bereicherungsherausgabe, Marburg 1968

Beck, Der Lizenzvertrag im Verlagswesen, München 1966

Beilharz, Der Bühnenvertriebsvertrag als Beispiel eines urheberrechtlichen Wahrnehmungsvertrages, München 1970

Bork, Der Vergleich, Berlin 1988

Brandi-Dohrn, Der urheberrechtliche Optionsvertrag, München 1967

Breyhan, Abstrakte Übereignung und Parteiwille in der Rechtsprechung, Leipzig 1927

Bub; Treier, Handbuch der Geschäfts- und Wohnraummiete, 3. Aufl. München 1999

Büchler, Die Übertragung des Urheberrechts unter spezieller Berücksichtigung der Rechtswirkungen einschränkender Vertragsklauseln nach deutschem und schweizerischen Rechte, Bern 1925

Christ, Das Urheberrecht der Filmschaffenden, Basel 1982

de Boor, Vom Wesen des Urheberrechts, Marburg 1933

de Boor, Urheberrecht und Verlagsrecht, Stuttgart 1917

Dietz, Das primäre Urhebervertragsrecht in der Bundesrepublik Deutschland und in den anderen Mitgliedsstaaten der Europäischen Gemeinschaft: Legislatorischer Befund und Reformüberlegungen, München 1984

Donle, Die Bedeutung des § 31 Abs. 1 UrhG für das Urhebervertragsrecht, München 1993

Eggersberger, Die Übertragbarkeit des Urheberrechts in historischer und rechtsvergleichender Sicht, München 1992

Empting, Immaterialgüterrechte in der Insolvenz, Frankfurt 2003

Fechner, Geistiges Eigentum und Verfassung, Tübingen 1999

Felgentraeger, Friedrich Carl v. Savignys Einfluss auf die Übereignungslehre, Leipzig 1927

Fink, Die Beendigung von Dauerschuldverhältnissen im Urheberrecht unter besonderer Berücksichtigung des Kündigungsrechts, Berlin 1988

Fischer; Reich, Urhebervertragsrecht, München 1993

Forkel, Gebundene Rechtsübertragungen - Ein Beitrag zu den Verfügungsgeschäften über Patent-, Muster-, Urheber- und Persönlichkeitsrechte, Berlin 1977

Gandolfi, Code Européen des Contracts - Avant-projet, 3. Aufl. Mailand 2002

Genthe, Der Umfang der Zweckübertragungstheorie im Urheberrecht, Frankfurt am Main, Bern 1980

v. Gierke, Der Entwurf eines bürgerlichen Gesetzbuchs und das deutsche Recht, Leipzig 1989

Goldbaum, Urheberrecht und Urhebervertragsrecht, 2. Aufl. Berlin 1927

Haberstumpf, Handbuch des Urheberrechts, Neuwied 1996

v. Hartlieb; Schwarz, Handbuch des Film-, Fernseh- und Videorechts, München 2004

Heck, Das abstrakte dingliche Rechtsgeschäft, Tübingen 1937

Herbst, Die rechtliche Ausgestaltung der Lizenz und ihre Einordnung in das System des Bürgerlichen Rechts, Göttingen 1967

Hesse, Über das Wesen und die Arten der Verträge des heutigen römischen Rechts, Jena 1868

Hoeren, Softwareüberlassung als Sachkauf, München 1989

Jakobs, Eingriffserwerb und Vermögensverschiebung, Bonn 1964

Jänich, Geistiges Eigentum - eine Komplementärerscheinung zum Sacheigentum, Tübingen, 2002

Joos, Die Erschöpfungslehre im Urheberrecht, München 1991

Koehler, Der Erschöpfungsgrundsatz des Urheberrechts im Online-Bereich, München 2000

Kohler, Josef, Urheberrecht an Schriftwerken und Verlagsrecht, Stuttgart, 1907

Koppe, Die urheberrechtliche Erschöpfung, Frankfurt 2004

Krawliecki, Grundlagen des Bereicherungsanspruchs, Aalen 1936, Neudruck 1964

Lando; Beale, Principles of European Contract Law Parts I & II, Den Haag 1999

Lange, Hans-Peter, Der Lizenzvertrag im Verlagswesen, Bern 1979

Leßmann, Übertragbarkeit und Teilübertragung Urheberrechtlicher Befugnisse, Münster 1967

Lieb, Die Ehegattenmitarbeit im Spannungsfeld zwischen Rechtsgeschäft, Bereicherungsausgleich und gesetzlichem Güterstand, Tübingen 1970

Liebe, Die Stipulation und das einfache Versprechen, Braunschweig 1840

Liebrecht, Die Zweckübertragungslehre im ausländischen Urheberrecht, München 1983

Loewenheim, Handbuch des Urheberrechts, München 2003

Mauhs, Der Wahrnehmungsvertrag, Baden-Baden 1991

May, Die Möglichkeit der Beseitigung des Abstraktionsprinzips bei den Verfügungsgeschäften des Fahrnisrechts, Rendsburg 1952

Riezler, Deutsches Urheber- und Erfindungsrecht, München 1909

Röhler, Die Kritik am Referentenentwurf zu einem neuen Urheberrechtsgesetz und der Entwurf des Bundesjustizministeriums, Freiburg 1963

Schäfer, Das Abstraktionsprinzip beim Vergleich, Bielefeld, 1992

v. Savigny, System des heutigen römischen Rechts, Band III, Neudruck Aalen 1973, Erstausgabe Berlin 1840

v. Savigny, Vermischte Schriften - Erster Band, Berlin 1850

Schloßmann, Zur Lehre der Causa obligatorischer Verträge, Greifswald 1868

Schmid; Wirth, Urheberrechtsgesetz, Baden-Baden 2004

Schmidt-Futterer, Mietrecht, 8. Aufl. München 2003

Schramm, Grundlagenforschung auf dem Gebiet des Gewerblichen Rechtsschutzes und Urheberrechtes, Köln 1954

Schweyer, Die Zweckübertragungstheorie im Urheberrecht, München 1982

Seetzen, Der Verzicht im Immaterialgüterrecht, Göttingen 1969

Shieh, Kündigung aus wichtigem Grund und Wegfall der Geschäftsgrundlage bei Patentlizenz- und Urheberrechtsverträgen, München 1990

Stadler, Gestaltungsfreiheit und Verkehrsschutz durch Abstraktion, Tübingen 1996

Wenzel, Urheberrecht für die Praxis, Stuttgart 1996

Woeste, Immaterialgüterrechte als Kreditsicherheit, Osnabrück 2002

Zitelmann, Die Möglichkeit des Weltrechts (Unveränderter Abdruck der 1988 erschienenen Abhandlung mit einem Nachwort), Berlin 1916

**Aufsätze**

Abel, Filmlizenzen in der Insolvenz des Lizenzgebers und Lizenznehmers, in: NZI 2003, S. 121

Adolphsen, Die Insolvenz im Filmlizenzgeschäft, in: DZWiR 2003, S. 228

Batsch, Bereicherungshaftung ohne Vermögensvermehrung?, in: NJW 1972, S. 611

Bayreuther, Zum Verhältnis zwischen Arbeits- Urheber- und Arbeitnehmererfindungsrecht, in: GRUR 2003, S. 570

Behrendt, Ende der Unterlizenz durch Beendigung der Hauptlizenz, in: GRUR 1933, S. 199

Berger, Der Lizenzsicherungsnießbrauch - Lizenzerhaltung in der Insolvenz des Lizenzgebers, in: GRUR 2004, S. 20

Berger, Der Erschöpfungsgrundsatz des urheberrechtlichen Verbreitungsrechts als Ausprägung der Eigentumstheorie des BGB, in: AcP 201 (2001), S. 411

Berlit, Zur Frage der Einräumung einer Aufbrauchsfrist im Wettbewerbsrecht, Markenrecht und Urheberrecht, in: WRP 1998, S. 250

Beuthien; Wasmann, Zur Herausgabe des Verletzergewinns bei Verstößen gegen das Markengesetz, in: GRUR 1997, S. 255

Brandi-Dohrn, Sukzessionsschutz bei der Veräußerung von Schutzrechten, in: GRUR 1983, S. 146

Brandner, Die Herausgabe von Verletzervorteilen im Patentrecht und im Recht gegen den unlauteren Wettbewerb, in: GRUR 1980, S. 359

Brandt, Softwarelizenzen in der Insolvenz, in: NZI 2001, S. 337

v. Caemmerer, Bereicherung und unerlaubte Handlung, in: Festschrift für Ernst Rabel, herausgegeben von Wolfgang Kunkel, Tübingen 1954, S. 333

Canaris, Die Gegenleistungskondiktion, in: Festschrift für Werner Lorenz zum siebzigsten Geburtstag, herausgegeben von Bernhard Pfister, Tübingen 1991, S. 19

Canaris, Der Vorrang außerbereicherungsrechtlicher, insbesondere dinglicher Wertungen gegenüber der Saldotheorie und dem Subsidiaritätsdogma, in: JZ 1992, S. 1114

Cepl, Lizenzen in der Insolvenz des Lizenznehmers, in: NZI 2000, S. 357

Chrocziel, Verwendungsbeschränkungen in Softwareverträgen, in: CR 1989, S. 675

Däubler-Gmelin, Zur Notwendigkeit eines Urhebervertragsgesetzes, in: GRUR 2000, S. 764

Delahaye, Die Bereicherungshaftung bei Schutzrechtsverletzungen, in: GRUR 1985, S. 856

Dernburg, Beitrag zur Lehre von der justa causa bei der Tradition, in: AcP 40 (1857), S. 1

Deutsch, Das Eigentum als absolutes Recht und als Schutzgegenstand der Haftung, in: MDR 1988, S. 441

Dietz, Die sozialen Bestrebungen der Schriftsteller und Künstler und das Urheberrecht, in: GRUR 1972, S. 11

Dietz, Das Urhebervertragsrecht in seiner rechtspolitischen Bedeutung, in: Festschrift für Gerhard Schricker, herausgegeben von Friedrich-Karl Beier, München 1995, S. 1

Edenfeld, Offene Fragen des Beitritts zur Dauerschuld, in: JZ 1997, S. 1034

Eisenhardt, Die Einheitlichkeit des Rechtsgeschäfts und die Überwindung des Abstraktionsprinzips, in: JZ 1991, S. 271

Erdmann, Urhebervertragsrecht im Meinungsstreit, in: GRUR 2002, S. 923

Falk, Zu Art und Umfang des Bereicherungsanspruchs bei Verletzung eines fremden Patents, in: GRUR 1983, S. 488

Ferrari, Vom Abstraktionsprinzip und Konsensualprinzip zum Traditionsprinzip, in: ZEuP 1993, S. 52

Fezer, Lizenzrechte in der Insolvenz des Lizenzgebers, in: WRP 2004, S. 793

Flume, Die Entreicherungsgefahr und die Gefahrtragung bei Rücktritt und Wandlung, in: NJW 1970, S. 1161

Forkel, Zur dinglichen Wirkung einfacher Lizenzen, in: NJW 1983, S. 1764

Freiherr Raitz v. Frentz; Marrder, Filmrechtehandel mit Unternehmen in der Krise, in: ZUM 2003, S. 94

Freiherr Raitz v. Frentz; Marrder, Insolvenz des Filmrechtehändlers, in: ZUM 2001, S. 761

Frey, Die internationale Vereinheitlichung des Urheberrechts und das Schöpferprinzip, in: UFITA 98 (1984), S. 53

Gerlach, Das Urheberrecht des Architekten und die Einräumung von Nutzungsrechten nach dem Architektenvertrag, in: GRUR 1976, S. 613

Goldbaum, Neues aus Theorie und Praxis des Urheberrechtes, in: GRUR 1923, S. 182

Götting, Urheberrechtliche und vertragsrechtliche Grundlagen, in: Festschrift für Gerhard Schricker, herausgegeben von Friedrich-Karl Beier, München 1995, S. 53

Grobys; Foerstl, Die Auswirkungen der Urheberrechtsreform auf Arbeitsverträge, in: NZA 2002, S. 1015

Gursky, Zur Mitherausgabe von Gebrauchsvorteilen bei der Sachkondiktion, in: JR 1998, S. 7

Gursky, Ersparnisgedanke und Reserveursache im Bereicherungsrecht, in: JR 1972, S. 279

Gutsche, Vorläufiger Rechtsschutz im Urheberrecht, in: Festschrift für Wilhelm Nordemann, herausgegeben von Ulrich Loewenheim, München 2004, S. 75

Habermeier, Das Trennungsdenken, in: AcP 195 (1995), S. 283

Hausmann, Auswirkungen der Insolvenz des Lizenznehmers auf Filmlizenzverträge nach geltendem und künftigem Insolvenzrecht, in: Festschrift für Wolf Schwarz, herausgegeben von Jürgen Becker, Baden-Baden 1999, S. 91

Heermann, Schadensersatz und Bereicherungsausgleich bei Patentverletzungen, in: GRUR 1999, S. 625

Held, Weiterübertragung von Verlagsrechten – Zur Weitergeltung von § 28 VerlG, in: GRUR 1983, S. 161

Henning-Bodewig, Urhebervertragsrecht auf dem Gebiet der Filmherstellung und -verwertung, in: Festschrift für Gerhard Schricker, herausgegeben von Friedrich-Karl Beier, München 1995, S. 389

Jauernig, Trennungsprinzip und Abstraktionsprinzip, in: JuS 1994, S. 721

Jestaedt, Bereicherungsausgleich bei unwirksamen Lizenzverträgen, in: WRP 2000, S. 899

Kegel, Verpflichtung und Verfügung, in: Festschrift für Frederick Alexander Mann, herausgegeben von Werner Flume, München 1977, S. 57

Kellenter, Schutzrechtslizenzen in der Insolvenz des Lizenzgebers, in: Festschrift für Winfried Tilmann, herausgegeben von Erhard Keller, Köln 2003, S. 807

Kiefner, Der abstrakte obligatorische Vertrag in Praxis und Theorie des 19. Jahrhunderts, in: Wissenschaft und Kodifikation des Privatrechts im 19. Jahrhundert, S. 74

Klaka, Persönliche Haftung des gesetzlichen Vertreters für die im Geschäftsbetrieb der Gesellschaft begangenen Wettbewerbsverstöße und Verletzungen von Immaterialgüterrechten, in: GRUR 1988, S. 729

Kleinheyer, Eingriffsbereicherung durch unbefugte Nutzung und Wertersatz, in: JZ 1961, S. 473

Knies, Erschöpfung Online?, in: GRUR Int. 2002, S. 314

Kohler, Jürgen, Kondiktion bei Leistung eines rechtlichen Nullum, in: VersR 1988, S. 563

Köhler, Vertragliche Unterlassungspflichten, in: AcP 190 (1990), S. 498

Koppensteiner, Probleme des bereicherungsrechtlichen Wertersatzes, in: NJW 1971, S. 588

Kraßer, Urheberrecht in Arbeits-, Dienst- und Auftragsverhältnissen, in: Festschrift für Gerhard Schricker, herausgegeben von Friedrich-Karl Beier, München 1995, S. 77

Kraßer, Verpflichtung und Verfügung im Immaterialgüterrecht, in: GRUR Int. 1973, S. 230

Kraßer, Schadensersatz für Verletzungen von gewerblichen Schutzrechten und Urheberrechten nach deutschem Recht, in: GRUR Int. 1980, S. 259

Krause, Das Einigungsprinzip und die Neugestaltung des Sachenrechts, in: AcP 145 (1939), S. 312

Kuck, Kontrolle von Musterverträgen im Urheberrecht, in: GRUR 2000, S. 285

Kühne, Versprechen und Gegenstand, in: AcP 140 (1935), S. 1

Lange, Heinrich, Rechtswirklichkeit und Abstraktion, in: AcP 148 (1943), S. 188

Lange, Heinrich, Rechtsgrundunabhängigkeit der Verfügung im Boden- und Fahrnisrecht, in: AcP 146 (1941), S. 28

Lange, Heinrich, Zur Umstellung der Bereicherung, in: NJW 1951, S. 685

Larenz, Zur Bedeutung des "Wertersatzes" im Bereicherungsrecht, in: Festschrift für Ernst Caemmerer, herausgegeben von Claudius Ficker, Tübingen 1978, S. 209

Lehmann, Das Urhebervertragsrecht der Softwareüberlassung, in: Festschrift für Gerhard Schricker, herausgegeben von Friedrich-Karl Beier, München 1995, S. 543

Lenel, Die Lehre von der Voraussetzung, in: AcP 74 (1889), S. 213

Lichtenstein, Der Lizenzvertrag im engeren Sinne, in: GRUR 1965, S. 1839

Lieb, Nutzungsmöglichkeit als Gegenstand von Bereicherungsansprüchen, in: NJW 1971, S. 1289

Loewenheim, Die Behandlung von vor der Wiedervereinigung eingeräumten vertraglichen Vertriebs- und Verwertungsrechten in den alten und neuen Bundesländern, in: GRUR 1993, S. 934

Lorenz, Gescheiterte Vertragsbeziehungen zwischen Geschäftsführung ohne Auftrag und Bereicherungsrecht: Späte Einsicht des BGH?, in: NJW 1996, S. 883

Lüdecke, Welchen Einfluss hat die Veräußerung des Patentes auf den bestehenden Lizenzvertrag?, in: GRUR 1964, S. 470

Meiser, Urheberrechtliche Besonderheiten bei angestellten Filmschaffenden, in: NZA 1998, S. 291

v. Merveldt, Der Ausschluss kartellrechtlicher Einwendungen im Patentverletzungsverfahren, in: WuW 2004, S. 19

Mestmäcker, Eingriffserwerb und Rechtsverletzung in der ungerechtfertigten Bereicherung, in: JZ 1958, S. 521

Möhring, Urheberrechtsverwertungsverträge in der Sicht der Urheberrechtsreform, in: Festschrift für Walter Bappert, herausgegeben von Fritz Hodeige, Freiburg 1964, S. 129

Moufang, Datenbankverträge, in: Festschrift für Gerhard Schricker, herausgegeben von Friedrich-Karl Beier, München1995, S. 571

Nordemann, Die Rechtsstellung des Lizenznehmers bei vorzeitiger Beendigung des Hauptvertrags im Urheberrecht, in: GRUR 1970, S. 174

Nordemann, Die Anwendung der Zweckübertragungstheorie im Leistungsschutzrecht, in: UFITA 59 (1970), S.1

Oeter; Ruttig, Filmrechteverwertung in der Insolvenz, in: ZUM 2003, S. 611

Osterloh, Eilert: Ist die Benutzung einer Erfindung aufgrund eines wegen Verstoßes gegen kartellrechtliche Vorschriften nichtigen Lizenzvertrags eine Patentverletzung?, in: GRUR 1985, S. 707

Pietzcker, Schadensersatz durch Lizenzberechnung, in: GRUR 1975, S. 55

Pinger, Wertersatz im Bereicherungsrecht, in: MDR 1972, S. 101

Platho, Rückfall, Rück- und Weiterübertragung von Nutzungsrechten und erteilte Unterlizenzen im Urheberrecht, in: FuR 1984, S. 135

Ranieri, Die Lehre der abstrakten Übereignung in der deutschen Zivilrechtswissenschaft des 19. Jahrhunderts, in: Wissenschaft und Kodifikation des Privatrechts im 19. Jahrhundert, S. 90

Reber, Die Redlichkeit der Vergütung (§ 32 UrhG) im Film- und Fernsehrecht, in: GRUR 2003, S. 393

Reimer, Schranken der Rechtsübertragung im Urheberrecht, in: GRUR 1962, S. 619

Rengier, Wegfall der Bereicherung, in: AcP 177 (1977), S. 418

Rossbach; Joos, Vertragsbeziehungen im Bereich der Musikverwertung unter besonderer Berücksichtigung des Musikverlags und der Tonträgerherstellung, in: Festschrift für Gerhard Schricker, herausgegeben von Friedrich-Karl Beier, München 1995, S. 333

Rössel, Software-Lizenz in der Insolvenz - Ist das Mieten von Computerprogrammen insolvenzfest?, in: ITRB 2003, S. 205

Rother, Die Erfüllung durch abstraktes Rechtsgeschäft, in: AcP 169 (1969), S. 1

Runge, Die urheberrechtlichen Nutzungsrechte, in: UFITA 66 (1973), S. 1

Schack, Urhebervertragsrecht im Meinungsstreit, in: GRUR 2002, S. 853

Schmidt, Urheberrechte als Kreditsicherheit nach der gesetzlichen Neuregelung des Urhebervertragsrechts, in: WM 2003, S. 461

Schmoll; Hölder, Patentlizenz- und Know-how-Verträge in der Insolvenz, in: GRUR 2004, S. 743

Schricker, Zum neuen deutschen Urhebervertragsrecht, in: GRUR Int. 2002, S. 797

Schulz, System der Rechte auf den Eingriffserwerb, in: AcP 105 (1909), S. 1

Schwaiger; Kockler, Zum Inhalt und Anwendungsbereich der sog. Zweckübertragungstheorie, in: UFITA 73 (1975), S. 21

Schwarz; Klingner, Mittel der Finanzierungs- und Investitionssicherung im Medien- und Filmrecht, in: UFITA 138 (1999), S. 29

Schwarz; Klingner, Rechtsfolgen der Beendigung von Filmlizenzverträgen, in: GRUR 1998, S. 103

Serick, Causa und Anwartschaft, in: AcP 166 (1966), S. 169

Smid; Lieder, Das Schicksal urheberrechtlicher Lizenzen in der Insolvenz des Lizenzgebers - Auswirkungen des § 103 InsO, in: DZWiR 2005, S. 7

Stickelbrock, Urheberrechtliche Nutzungsrechte in der Insolvenz, in: WM 2004, S. 549

Ullmann, Die Verschuldenshaftung und die Bereicherungshaftung des Verletzers im gewerblichen Rechtsschutz, in: GRUR 1980, S. 615

Völp, Weitergeltung der Lizenz bei Veräußerung des Schutzrechts, in: GRUR 1983, S. 45

Wacke, Eigentumserwerb des Käufers durch schlichten Konsens oder erst mit Übergabe? Unterschiede im Rezeptionsprozess und ihre Mögliche Überwindung, in: ZEuP 2000, S. 254

Wallner, Insolvenzfeste Nutzungsrechte und Lizenzen an Software, in: NZI 2002, S. 70

Wallner, Softwarelizenzen in der Insolvenz des Lizenzgebers, in: ZIP 2004, S. 2073

Waltermann, § 986 Abs. 2 BGB als Ausdruck einer Verdinglichung schuldrechtlicher Rechtspositionen durch das Gesetz, in: Jura 1993, S. 521

Wandtke, Reform des Arbeitnehmerurheberrechts?, in: GRUR 1999, S. 390

Wente; Härle, Rechtsfolgen einer außerordentlichen Vertragsbeendigung auf die Verfügungen in einer "Rechtekette" im Filmlizenzgeschäft und ihre Konsequenzen für die Vertragsgestaltung, in: GRUR 1997, S. 96

Westrick; Bubenzer, Das Urheberrecht in der Insolvenz, in: Festschrift für Paul W. Hertin, herausgegeben von Christian Schertz, München 2000, S. 287

Wieling, Das Abstraktionsprinzip für Europa!, in: ZEuP 2001, S. 301

Wieling, Die Nutzungen des gutgläubigen Besitzers, insbesondere in fehlgeschlagenen Vertragsverhältnissen, in: AcP 169 (1969), S. 137

Witte, Online-Vertrieb von Software, in: ITRB 2005, S. 86

Zirkel, Das neue Urhebervertragsrecht und der angestellte Urheber, in: WRP 2003, S. 59

**Entscheidungsanmerkungen**

Canaris, Anmerkung zum Urteil des BGH vom 20.12.1984, in: NJW 1985, S. 2404

Grützmacher, Anmerkung zum Urteil des LG Mannheim vom 27.06.2003, in: CR 2004, S. 814

Hoeren, Anmerkung zum Urteil des LG München I vom 19.05.2004, in: CR 2004, S. 776

Kreutzer, Anmerkung zum Urteil des LG München I vom 19.05.2004, in: MMR 2004, S. 695

Schricker, Anmerkung zum Urteil des LG Hamburg vom 15.01.1999, in: EWiR 1999, § 34 UrhG, 1/99

Schricker, Anmerkung zum Urteil des BGH vom 28.09.1995, in: JZ 1996, S. 522

Wandtke, Anmerkung zum Urteil des OLG Hamburg vom 15.03.2001, in: EWiR 2001, § 34 UrhG, 1/01

## A. Einleitung

### I. Problemstellung

Das Urheberrecht spielt im Wirtschaftsleben wie im Alltag eine bedeutende Rolle. Wo immer schutzfähige Werke gesendet, aufgeführt, kopiert oder anderweitig genutzt werden, muss eine auf den Urheber zurückgehende Legitimation vorliegen. Die zu diesem Zweck eingeräumten Nutzungsrechte machen vor allem in Unternehmen der Medienbranche einen bedeutenden Anteil des Vermögens aus[1]; in der Softwareindustrie stellen sie den Lebensnerv dar[2]. Häufig ist eine Vielzahl von Urhebern an der Herstellung eines Produkts beteiligt, von denen jeder einzelne der Verwertung seines Werks zustimmen muss. Ein Beispiel hierfür ist die Filmindustrie. Entsprechend groß ist das Interesse der Inhaber an der Rechtsbeständigkeit der erworbenen Rechte, wenn sich im Vertragsverhältnis zum Urheber Störungen ergeben. Dem steht das Interesse der Urheber an schnellstmöglicher Wiedererlangung der vollen Herrschaft über das Werk gegenüber, wenn der schuldrechtliche Vertrag beendet ist. Scheitert zum Beispiel der Vertrag zwischen Filmproduzenten und Drehbuchautoren, so wird der letztere die eingeräumten Nutzungsrechte schnellstmöglich zurückerlangen und an einen Dritten vergeben wollen. Ist der Film bereits hergestellt und sind die Rechte hieran einem Verleih eingeräumt, so gerät der Produzent bei einem sofortigen Rückfall allerdings in ernsthafte Schwierigkeiten. Er wird die Rechte vor allem dann weiterhin auswerten wollen, wenn über die Vertragsbeendigung Streit besteht.

Die vorliegende Arbeit untersucht, wie sich Störungen im schuldrechtlichen Verhältnis zwischen Urheber und Verwerter auf bestehende Nutzungsrechte auswirken. Grundfrage ist hierbei, ob das allgemeine zivilrechtliche Abstraktionsprinzip auch im Urhebervertragsrecht anwendbar ist. In der Literatur ist dies seit über 70 Jahren umstritten, die höchstrichterliche Rechtsprechung widersprüchlich[3].

#### 1. Grundfragen zum Verhältnis von Verpflichtung und Verfügung

Das Abstraktionsprinzip des BGB geht von der Prämisse aus, dass Verpflichtung und Erfüllung separate Rechtsgeschäfte darstellen. Nach diesem sogenannten Trennungsprinzip ist beim Kauf zwischen dem verpflichtenden Kaufvertrag gemäß § 433 BGB und dem Erfüllungsgeschäft zu unterscheiden, welches sich zum Beispiel durch Übereignung gemäß § 929 S. 1 BGB vollziehen kann. Das Verpflichtungsgeschäft wird häufig als Kausalgeschäft bezeichnet, das Verfügungsgeschäft als dingliches Geschäft. Das Abstraktionsprinzip besagt, dass beide Geschäfte unabhängig voneinander wirksam sind. Wird der Kaufvertrag nach der Übereignung angefochten, so lässt dies die dingliche Rechtslage unberührt. Der Käufer bleibt Eigentümer, der Verkäufer ist auf schuldrechtliche Herausgabeansprüche verwiesen, die in der Regel aus § 812 Abs. 1 S. 1, 1. Alt. BGB resultieren. Bis zur Rückübertragung des Eigentums muss er damit den Zugriff der Gläubiger des Käufers fürchten, die in die Kaufsache vollstrecken können. Hat der Käufer das Eigentum an der Kaufsache inzwischen weiterübertragen, so ist der

---

[1] BT Drucks. 14/7564, S. 8; Woeste, Kreditsicherheit, S. 27; Abel, NZI 2003, S. 121.

[2] Vgl. Brandt, NZI 2001, S. 337, 338.

[3] Zum Streitstand siehe unten E.

bereicherungsrechtliche Herausgabeanspruch nach § 818 Abs. 2 BGB nur noch auf Wertersatz gerichtet und der Verkäufer bekommt das Eigentum an der Kaufsache nicht zurück[4]. Anders sähe die Rechtslage bei Geltung des so genannten Kausalprinzips aus. Danach ist das dingliche Rechtsgeschäft von dem Fortbestand des Kausalgeschäfts abhängig. Im oben genannten Beispiel fiele das Eigentum an der Kaufsache automatisch mit der Anfechtung des Kaufvertrags auf den Verkäufer zurück.

Das Abstraktionsprinzip hat also die Tendenz, den Veräußerer einer dinglichen Rechtsposition zu benachteiligen[5]. Das BGB nimmt dies in Kauf, um die dingliche Rechtslage von schuldrechtlichen Störungen abzuschirmen und so die Verkehrsfähigkeit dinglicher Rechte wie des Eigentums zu erhöhen[6]. Obwohl das gesetzgeberische Augenmerk vorrangig auf Übereignung und Kauf ausgerichtet war[7], ist das Abstraktionsprinzip aber weder auf bestimmte Vertragstypen und dingliche Rechte noch auf das BGB beschränkt. Als Grundsatz des deutschen Zivilrechts beansprucht es allgemeine Gültigkeit[8].

Im Urheberrecht ist die Anwendbarkeit hingegen nicht gesichert, was vor allem an den gravierenden Unterschieden zu den abstrakten Rechten des BGB liegt. Während zum Beispiel das Eigentum ein reines Vermögensrecht ist, beinhaltet das Urheberrecht persönlichkeitsrechtliche Komponenten. Nach § 11 S. 1 UrhG schützt es primär die geistigen und persönlichen Beziehungen des Urhebers zu seinem Werk. Erst in Satz 2 werden die vermögensrechtlichen Interessen erwähnt. Nach dem Willen des Gesetzgebers sind beide Komponenten untrennbar miteinander verbunden[9], so dass das Urheberrecht gemäß § 29 Abs. 1 UrhG weder als Ganzes, noch in Teilen übertragbar ist[10]. Am Urheberrecht können lediglich Nutzungsrechte eingeräumt werden, die starke Bindungen zum Mutterrecht aufweisen und zum Beispiel bei Nichtausübung vom Urheber gemäß § 41 Abs. 1 UrhG zurückgerufen werden können. Auch eine sämtliche Befugnisse des Urhebers umfassende Rechtseinräumung bleibt daher in ihrer Wirkung stets hinter der Übertragung des Eigentums zurück[11]. Zu Recht bezweifelte bereits *de Boor*, dass der vom Leitbild des Kaufs inspirierte BGB-Gesetzgeber diese urheberrechtlichen Besonderheiten in seine Überlegungen eingeschlossen hat, als er das Abstraktionsprinzip zum allgemeingültigen Grundsatz erhob[12].

Die Folgen der Abstraktion treten im Urheberrecht besonders scharf hervor. Der Grund hierfür ist die fehlende Möglichkeit eines gutgläubigen Erwerbs: Nach dem BGB erhält der Veräußerer einer Sache diese häufig schon deshalb nicht zurück, weil ein Dritter sie zwischenzeitlich gutgläubig erworben hat - auf das Abstraktionsprinzip

---

[4] Zu den Rechtsfolgen insgesamt Medicus, AT, Rn. 227.

[5] Breyhan, Abstrakte Übereignung, S. 120.

[6] Flume, AT II, § 12 III 3; Brox, AT, Rn. 120; Wieling, ZEuP 2001, S. 301, 305.

[7] De Boor, Vom Wesen, S. 60.

[8] Stadler, S. 80 ff; de Boor, Vom Wesen, S. 60; vgl. Staudinger, Seiler, Einl zu §§ 854 ff, Rn. 48.

[9] Amtl. Begr. UFITA 45 (1965), S. 240, 270; Dreier/Schulze, Schulze, § 29, Rn. 1; Schack, Rn. 529; Wandtke/Bullinger, Block, § 29, Rn. 4; Ulmer, S. 353 f. Zur sogenannten monistischen Theorie näher unter B III 3.

[10] Ausnahmen gelten nur für Verfügungen von Todes wegen und Auseinandersetzungen von Erbengemeinschaften.

[11] Ulmer, S. 359.

[12] De Boor, Vom Wesen, S. 60.

kommt es dann nicht an. Anders liegt es bei der Abtretung von Rechten gemäß § 398 BGB, wo ein gutgläubiger Erwerb nicht vorgesehen und das Abstraktionsprinzip allein für die Rechtssicherheit zuständig ist. Während die mehrfache Abtretung einer Forderung im BGB eher die Ausnahme darstellt[13], kommen sogenannte Rechteketten im Urheberrecht häufig vor und sind in einigen Branchen sogar die Regel[14]. Auf Rechtseinräumungen und Übertragungen von Nutzungsrechten sind die §§ 398 ff BGB gemäß § 413 BGB entsprechend anzuwenden[15], wobei auch hier ein gutgläubiger Erwerb ausgeschlossen ist[16]. Fällt das schuldrechtliche Geschäft weg, so hängt die Rechtsstellung des Erwerbers in jedem Fall von der Geltung des Abstraktionsprinzips ab.

Wiederholt hat die Literatur vor dessen Anwendung gewarnt, da es für die vollständige Übertragung von reinen Vermögensrechten wie dem Eigentum, nicht jedoch für die Einräumung urheberrechtlicher Nutzungsrechte entwickelt worden sei. Weiterhin wird befürchtet, dass die Rechtsfolgen den Urheber entgegen der gesetzgeberischen Intention benachteiligen[17]. Im Zuge der lang anhaltenden Kontroverse wurden mehrere Varianten zur Einschränkung vorgeschlagen, wobei sich unter den Gegnern der Abstraktion eine Ansicht durchgesetzt hat, die nach der Art der Verfügung differenziert. Für Rechtseinräumungen gilt das Abstraktionsprinzip danach nicht, so dass die Beendigung des Kausalverhältnisses zum automatischen Verlust des Nutzungsrechts führt, dem sogenannten Heimfall des Urheberrechts[18]. Auf translative Übertragungen des bereits eingeräumten Nutzungsrechts soll das Abstraktionsprinzip hingegen anwendbar sein.

### 2. Die streitbefangenen Fallkonstellationen

Nutzungsrechte entstehen durch sogenannte konstitutive Rechtseinräumung[19]. Der Urheber verfügt über sein Urheberrecht, indem er seinem Vertragspartner ein Tochterrecht hieran einräumt – entweder ein einfaches, oder ein ausschließliches Nutzungsrecht, welches gemäß § 31 Abs. 3 UrhG zur Nutzung des Werkes unter Ausschluss anderer, sowie zur Bestellung von Tochterrechten berechtigt, sogenannter Nutzungsrechte zweiter Stufe.

Ein bereits bestehendes Nutzungsrecht kann dann unter den Voraussetzungen des § 34 Abs. 1 UrhG translativ weiterübertragen werden. Für solche Rechtsgeschäfte, die typischerweise zwischen Verwertern wie Filmproduzenten vorgenommen werden, ist

---

[13] Medicus, AT, Rn. 227, 229 und ihm folgend Staudinger, Seiler, Einl zu §§ 854 ff, Rn. 49 meinen daher, dass die Bedeutung des Abstraktionsprinzips im BGB überschätzt wird.
[14] Hierzu näher unter IV 3.
[15] Wandtke/Bullinger, Wandtke/Grunert, vor §§ 31 ff, Rn. 18; Schack, Rn. 536; Rehbinder, Urheberrecht, Rn. 322.
[16] BGH GRUR 1959, S. 200, 203 – *Der Heiligenhof*; BGHZ 5, S. 116, 119 – *Parkstraße*; Wandtke/Bullinger, Wandtke/Grunert, vor §§ 31 ff, Rn. 41; Schack, Rn. 537; Schricker, Schricker, vor §§ 28 ff, Rn. 63; Fromm/Nordemann, Hertin, vor § 31, Rn. 9.
[17] Schricker, Schricker, vor §§ 28 ff, Rn. 61.
[18] Ulmer, S. 392; Kraßer, GRUR Int. 1973, S. 230, 237; Schricker, Schricker, vor §§ 28 ff, Rn. 61 f.
[19] Zur Dogmatik der Rechtseinräumung sowie zum Begriffspaar konstitutive Rechtseinräumung/translative Übertragung s.u. B III.

die Herrschaft des Abstraktionsprinzips unbestritten[20]. Die vorliegende Untersuchung beschränkt sich daher auf die streitbefangenen konstitutiven Rechtseinräumungen, bei denen ein neues Nutzungsrecht entsteht. Keiner Diskussion bedürfen ferner Fälle, in denen ein Verlagsrecht eingeräumt wird. Denn hier hat der Gesetzgeber in § 9 Abs. 1 VerlG ausdrücklich eine Abhängigkeit von der schuldrechtlichen Seite normiert[21]. Von der Frage nach der Abstraktion ist schließlich die Frage zu trennen, ob Nutzungsrechte zweiter Stufe bestehen bleiben, wenn das Nutzungsrecht erster Stufe wegfällt. Hierbei geht es um die Abhängigkeit des Tochterrechts von eben diesem Mutterrecht – und nicht um die Abhängigkeit von dem Kausalgeschäft, welches der Einräumung zugrunde liegt[22].

Die verbleibenden streitigen Fälle lassen sich nach zwei Kriterien ordnen: Zunächst nach dem Zeitpunkt des Wegfalls des Kausalverhältnisses – dies kann rückwirkend (ex tunc) oder nur mit Wirkung für die Zukunft (ex nunc) geschehen. Zu unterscheiden ist hierbei jeweils danach, ob der Vertragspartner das eingeräumte Nutzungsrecht noch in den Händen hält oder ob er es an einen Dritten weiterveräußert hat. Unerheblich ist es, ob ein einfaches oder ein ausschließliches Nutzungsrecht eingeräumt wurde, da beide Spielarten dinglicher Rechtsnatur sind[23] und daher nach dem Abstraktionsprinzip vom Wegfall des Verpflichtungsgeschäfts nicht betroffen sind. Im Einzelnen ergeben sich danach folgende typische Problemfälle:

a) Der Urheber hat dem Verwerter ein Nutzungsrecht eingeräumt, der schuldrechtliche Vertrag ist nachträglich entfallen. Ein Beispiel hierfür ist die Einräumung des Verfilmungsrechts gegenüber einem Filmproduzenten und die auf dessen Zahlungsverzug erfolgende Kündigung des Urhebers[24]. Derartige Fälle kommen in der Praxis häufig vor und bilden daher das Zentrum der Auseinandersetzung.

b) In einer weiteren Problemkonstellation hat der Urheber dem Verwerter ein Nutzungsrecht eingeräumt, wobei der schuldrechtliche Vertrag von Anfang an nichtig oder unwirksam war[25]. Hierzu kann es kommen, wenn das Verpflichtungsgeschäft gemäß § 138 Abs. 1 BGB nichtig ist, so zum Beispiel wenn im Musikverlagsvertrag dem Künstler einseitig die Produktionskosten für die Aufnahmen aufgebürdet werden[26]. Häufig wird hier allerdings Fehleridentität vorliegen, so dass § 138 BGB auch die Nichtigkeit des Verfügungsgeschäfts zur Folge hat[27]. Ein weiteres Beispiel sind Fälle,

---

[20] Fromm/Nordemann, Hertin, vor § 31, Rn. 10; Ulmer, S. 392; Schricker, Schricker, vor §§ 28 ff, Rn. 61.

[21] Siehe unten D 4 X 1 zu der streitigen Frage, ob hierdurch eine kausale Abhängigkeit oder eine Akzessorietät zu den schuldrechtlichen Ansprüchen des Verlegers begründet werden sollte.

[22] Eine Abhängigkeit des Tochterrechts vom Bestand des Mutterrecht vergrößert aber die Auswirkungen eines automatischen Heimfalls des Mutterrechts. Die Problematik wird daher unter C III näher dargestellt.

[23] Anders läge es, wenn das einfache Nutzungsrecht nur einen schuldrechtlichen Anspruch auf Duldung der Werknutzung darstellte. Zum Streit über die Rechtsnatur des einfachen Nutzungsrechts, s.u. B III 5.

[24] Vgl. v. Hartlieb/Schwarz, Handbuch, Kap. 160, Rn. 2.

[25] Zur ex tunc wirkenden Nichtigkeit bei Dauerschuldverhältnissen s.u. B II 3 b).

[26] BGH GRUR 1989, S. 198, 201 – *Künstlerverträge*. Hier konnte der BGH allerdings die Frage offen lassen, ob sich die Unwirksamkeit des schuldrechtlichen Vertrags auf die dingliche Seite auswirkte.

[27] Zur Fehleridentität sogleich unter 3. d).

in denen das Verpflichtungsgeschäft eine Klausel enthält, nach der sich der Urheber zur Einräumung noch nicht bekannter Nutzungsarten verpflichtet, was gemäß § 31 Abs. 4, 2. Alt. UrhG unwirksam ist. Wird dann zum späteren Zeitpunkt die Verfügung vorgenommen, so fehlt hierfür der Rechtsgrund. Zumindest in der Theorie kommen auch Konstellationen in Betracht, in denen eine Vollmacht nur hinsichtlich des Verpflichtungsgeschäfts überschritten wird oder ein versteckter Dissens nach § 155 BGB nur in Bezug auf das schuldrechtliche Geschäft vorliegt. Insgesamt dürfte die ex tunc wirkende Unwirksamkeit aber auf krasse Ausnahmen beschränkt bleiben.

c) Es kann auch dazu kommen, dass das Verpflichtungsgeschäft nachträglich wegfällt, der Verwerter das Nutzungsrecht aber bereits an einen Dritten weiterveräußert hat. Derartige Störungen in der sogenannten Rechtekette kommen vor allem in der Film- und Softwarebranche vor. Gegenüber der Konstellation a) bieten sie ein erhöhtes Konfliktpotential dadurch, dass dem Urheber unter dem Abstraktionsprinzip der endgültige Verlust des Nutzungsrechts droht. Andererseits kann ein plötzlich eintretender Heimfall des Nutzungsrechts den Erwerber durchaus überraschend treffen, da er auf den Bestand des zwischen Urheber und Verwerter bestehenden Vertragsverhältnisses keinen Einfluss hat.

d) Möglich ist ferner, dass das Verpflichtungsgeschäft ex tunc unwirksam ist, der Verwerter das (unter der Herrschaft des Kausalprinzips nur vermeintlich bestehende) Nutzungsrecht bereits an einen Erwerber veräußert hat. Wie bereits unter b) dargelegt, dürfte dies in der Praxis nur selten eintreten, da eine Nichtigkeit häufig auch das Verfügungsgeschäft erfassen wird.

e) Denkbar sind schließlich Konstellationen, in denen der Verwerter an dem ihm eingeräumten ausschließlichen Nutzungsrecht weitere Nutzungsrechte eingeräumt hat. So zum Beispiel wenn ein Softwarehersteller ein ausschließliches Nutzungsrecht an einem Computerprogramm von einem Programmierer erworben hat und seinen Kunden ein einfaches Recht zur Nutzung einräumt. Kündigt der Softwarehersteller infolge eines Zahlungsverzugs seines Kunden, so fällt das Nutzungsrecht nach dem Kausalprinzip automatisch auf den Softwarehersteller zurück.

### 3. Terminologie

Abweichend vom internationalen Sprachgebrauch bezeichnet das UrhG die vom Urheber eingeräumten Rechte nicht als Lizenzen, sondern als Nutzungsrechte; diese Terminologie wird auch im Folgenden verwendet[28]. Im Rahmen der soeben erläuterten streitigen Fallkonstellationen wird der unmittelbare Vertragspartner des Urhebers als Verwerter bezeichnet. Wird das Nutzungsrecht auf einen Dritten übertragen, so wird dieser im Anschluss an § 34 Abs. 4 UrhG „Erwerber" genannt. Vom Verpflichtungsgeschäft abhängige Verfügungen werden im Folgenden als „kausal" bezeichnet und der Begriff „Kausalität" als Gegenbegriff zur Abstraktion verwendet[29].

---

[28] Im Hinblick auf die Mehrdeutigkeit des Begriffes der Lizenz erscheint dies geradezu geboten, hierzu Schricker, Schricker, vor §§ 28 ff, Rn. 21 sowie Hoeren, CR 2004, S. 776, 777.

[29] Zwar ist die Kausalität auch ein Begriff des Schadensrechts, vgl. Stadler, S. 18. Er soll aber der unschöneren „Kausalheit" vorgezogen werden, zumal Verwechslungen nicht zu befürchten sind.

## II. Das Abstraktionsprinzip und seine Konkurrenten

### 1. Einheitsprinzip, Trennungsprinzip und Abstraktion

Entgegen den historischen Vätern des Abstraktionsprinzips ist das Verhältnis zwischen Verpflichtung und Verfügung nicht zwingend abstrakt[30]. Wie ausländische Rechtsordnungen zeigen, bestehen gesetzgeberische Alternativen, die zum Teil auch für das deutsche Urheberrecht vorgeschlagen werden:

#### a) Das Einheitsprinzip

Nach dem aus dem römischen Recht stammenden Einheitsprinzip bewirkt das schuldrechtliche Geschäft unmittelbar die Rechtsänderung. Bereits der Kaufvertrag führt danach zur Übereignung einer beweglichen Sache. Das Einheitsprinzip kennt zwei Spielarten: Nach dem Konsensprinzip vollzieht sich der Eigentumsübergang ohne weiteres mit Vertragsschluss. Dieser Variante folgen zum Beispiel das spanische und das französische Recht[31]. Demgegenüber fordert das Traditionsprinzip zusätzlich die Übergabe der Sache, die wie im BGB einen Realakt ohne rechtsgeschäftlichen Charakter darstellt. Als Lehre von „titulus und modus“ hat das Traditionsprinzip Eingang in das gemeine Recht gefunden, dem auch das heutige österreichische AGBGB noch folgt[32].

In seiner Reinform führt das Konsensprinzip zu erheblicher Instabilität der dinglichen Rechtslage. Man stelle sich vor, der A habe dem B einen beweglichen Gegenstand verkauft, den dieser an C und C an D weiterveräußert hat. Zwischen A und B war Ratenzahlung vereinbart; A beendet den Kaufvertrag, nachdem B die Zahlungen einstellt. Damit fehlt für die erste Verfügung in der Kette nicht nur der Rechtsgrund, sondern auch die in dem Kaufvertrag liegende Verfügung ist entfallen. Es kommt zu einem sofortigen Rückfall des Eigentums an A. Das Risiko eines Rechtsverlusts nimmt mit der Anzahl der vorangegangenen Übertragungen zu, denn in jedem Glied der Kette kann sich eine Komplikation ergeben, die zum Zusammenbruch der gesamten Kette und sofortigen Rechterückfall führt.

Ein weiterer Nachteil liegt darin, dass bei konsequenter Anwendung des Konsensprinzips kein Eigentumsvorbehalt vereinbart werden kann. Denn bereits mit Wirksamkeit des Kaufvertrags (und, soweit gefordert, der Übergabe) vollzieht sich der Eigentumsübergang[33]. Das französische und das italienische Recht lassen daher Ausnahmen von der Einheit von Verpflichtung und Verfügung zu[34]. Hier wird argumentiert, dass die Parteien Vereinbarungen über den Zeitpunkt des Eigentumsüberganges treffen

---

[30] Kegel, Festschrift für Mann, S. 57, 71 f; Flume, AT II, § 12 III 3.; zum naturrechtlichen Ansatz der Verfasser des BGB s.u. III 1.

[31] Vgl. Art. 1583 Code Civil; zu Relativierungen im französischen Recht Habermeier, AcP 195 (1995), S. 287 ff.

[32] Vgl. § 425 AGBGB.

[33] Die Unterschiede zwischen deutschem und österreichischem Recht haben mitunter erstaunliche Folgen. So kam der OGH in der Entscheidung IPRax 1985, S. 165 zu dem Ergebnis, dass das an einem PKW in Deutschland begründete Sicherungseigentum bei Überführung des Fahrzeugs nach Österreich erlischt. Mittlerweile ist auch die Europäische Kommission auf das Problem aufmerksam geworden, vgl. (2003) 68 endgültig, Rn. 41 ff.

[34] Stadler, S. 34; Ferrari, ZEuP 1993, S. 52, 73.

können. Die dinglichen Rechtsfolgen treten dann gerade nicht mehr aufgrund des Kaufvertrags ein[35], sondern aufgrund der zusätzlich für den dinglichen Rechtserwerb getroffenen Parteibestimmungen.

**b) Das Trennungsprinzip**

Eine deutsche Erfindung des 19. Jahrhunderts ist das Trennungsprinzip, demzufolge die Parteien neben dem Geschäft über die Verpflichtung ein separates Geschäft über dessen Erfüllung treffen können[36]. Die Übereignung der Kaufsache ist danach Gegenstand eines zweiten, neben dem Kaufvertrag stehenden Vertrags. Dessen Inhalt besteht ausschließlich in der Regelung dinglicher Rechtsfolgen. Insofern kennt das Trennungsprinzip bereits eine „inhaltliche Abstraktion", da das „neutrale" dingliche Geschäft nicht angibt, zu welchem Zweck es vorgenommen wird[37]. Der Grund für die Vermögensverschiebung ist allein Bestandteil des Verpflichtungsgeschäfts. Das Trennungsprinzip eröffnet den Parteien vor allem im Rahmen der Kreditsicherung erhebliche Gestaltungsmöglichkeiten und erklärt einleuchtend die dogmatische Konstruktion des Eigentumsvorbehalts sowie die sicherungsweise Übertragung von Rechten. Die strenge Trennung zwischen Verfügung und Verpflichtung gilt für das gesamte Zivilrecht und unstreitig auch für das UrhG[38]. Auch hier bestehen zwei Varianten:

**aa) Das Kausalprinzip**

Nach dem Kausalprinzip kann das dingliche Rechtsgeschäft nicht ohne das schuldrechtliche Rechtsgeschäft bestehen. Das Fehlen oder Entfallen des Verpflichtungsgeschäfts macht das dingliche Geschäft ohne weiteres unwirksam[39]. Konkret bedeutet dies, dass zum Beispiel bei Anfechtung eines Kaufvertrags nach vorgenommener Übereignung das Eigentum automatisch auf den Verkäufer zurückfällt. Der dingliche Rechtserwerb ist damit ähnlich instabil wie unter dem Einheitsprinzip. Wie bereits erwähnt, nimmt eine starke Literaturmeinung im Urheberrecht eine kausale Verknüpfung von Verpflichtungsgeschäft und Rechtseinräumung an[40].

**bb) Das Abstraktionsprinzip**

Dem Abstraktionsprinzip zufolge ist das dingliche Geschäft vom Bestand des Verpflichtungsgeschäfts unabhängig. Wird ein Kaufvertrag nach der Übereignung angefochten, so bleibt eine bereits vorgenommene Übereignung wirksam. Das dingliche Rechtsgeschäft ist nicht nur innerlich, sondern auch äußerlich abstrakt[41]. Vorteil dieser Gestaltung ist das geringe Risiko eines nachträglichen Rechtsverlusts für den Erwerber, das auch bei zunehmender Anzahl der Verfügungen über den Gegenstand nicht ansteigt.

---

[35] So Ferrari, ZEuP 1993, S. 52, 77 mit Hinweis auf die herrschende Meinung im italienischen Recht.
[36] In diesem Sinne als erster Savigny, Vermischte Schriften I, (1850), S. 205, 207. Den a.a.O. wiedergegebenen Vortrag hatte Savigny bereits 1816 gehalten.
[37] Jauernig, JuS 1994, S. 721, 722; Stadler, S. 9 ff.
[38] Ulmer, S. 390; Schricker, Schricker, vor §§ 28 ff, Rn. 58; Wente/Härle, GRUR 1997, S. 96.
[39] Jauernig, JuS 1994, S. 721, 722; Büchler, Übertragung, S. 73.
[40] Ausführliche Nachweise unter E I 2.
[41] Jauernig, JuS 1994, S. 721, 722.

Die Aussage des Abstraktionsprinzips beschränkt sich auf die Unabhängigkeit des dinglichen Geschäfts – hieraus darf aber nicht der Umkehrschluss gezogen werden, dass auch das schuldrechtliche Geschäft vom dinglichen Geschäft unabhängig ist. So stellt es keine Ausnahme vom Abstraktionsprinzip dar, wenn das Verpflichtungsgeschäft aufgrund der Nichtigkeit des Verfügungsgeschäfts ebenfalls nichtig ist[42]. Das dingliche Geschäft kann dem schuldrechtlichen auch unter dem Abstraktionsprinzip zum Verhängnis werden.

*Savigny* und andere frühe Anhänger des Abstraktionsprinzips nahmen an, dieses gehe unmittelbar aus dem Parteiwillen hervor. Wer eine Zuwendung tätige, der wolle eine Rechtsfolge schaffen, die von den zugrunde liegenden Zwecken autonom sei[43]. Dem Abstraktionsprinzip wurde geradezu der Status eines Naturgesetzes zuerkannt. Eine derartige Gesetzmäßigkeit muss bezweifelt werden. Gerade bei der Eigentumsübertragung wird man kaum behaupten können, dass die Gültigkeit des Kausalgeschäfts für den Verfügenden in keinem denkbaren Fall eine Rolle spielt[44]. Hierauf deutet auch die Tatsache hin, dass das Abstraktionsprinzip von keiner anderen Rechtsordnung rezipiert wurde. Ob Verfügungen abstrakt oder kausal sind, lässt sich nicht aus der „Natur des Willens selbst" entnehmen[45]. Es handelt sich vielmehr um eine Definitionsfrage, die erst durch die jeweilige Rechtsordnung beantwortet wird[46]. Diese Entscheidung ist im BGB – auch aufgrund rechtspolitischer Erwägungen – zu Gunsten des Abstraktionsprinzips ausgefallen.

### 2. Der Anwendungsbereich des Abstraktionsprinzips

Das Abstraktionsprinzip gilt umfassend für sämtliche Verfügungsgeschäfte des BGBs[47]. Die Eigentumsübertragung gemäß § 929 S. 1 BGB ist ebenso abstrakt vom Grundgeschäft wie die Bestellung einer Hypothek gemäß §§ 1113 ff BGB oder die Abtretung einer Forderung nach § 398 BGB. Neben abstrakten Verfügungsgeschäften kennt das BGB jedoch vereinzelt auch abstrakte Verpflichtungsgeschäfte. Hierzu gehören das abstrakte Schuldanerkenntnis gemäß § 780 BGB und das abstrakte Schuldversprechen gemäß § 781 BGB[48]. Ein weiteres abstraktes Verpflichtungsgeschäft ist die Anweisung des § 784 Abs. 1 BGB.

Die Abstraktheit der Anweisung zeigt gleichzeitig, dass das Abstraktionsprinzip nicht auf das BGB begrenzt ist. Denn außerhalb des BGB geregelte Wertpapiere wie Scheck und Wechsel bauen auf den Regeln über die Anweisung auf. Die durch sie begründeten Verpflichtungen sind ebenfalls abstrakter Natur[49]. Aber auch dort, wo ein solcher systematischer Zusammenhang fehlt, gilt das Abstraktionsprinzip außerhalb

---

[42] Ein Beispiel hierfür ist die Nichtigkeit des schuldrechtlichen Vertrags gemäß § 306 a.F. BGB, wenn das Erfüllungsgeschäft gegen ein gesetzliches Verbot gemäß § 134 BGB verstößt.
[43] Savigny, System III (1840), S. 356; Dernburg, AcP 40 (1857), S. 1.
[44] Medicus, AT, Rn. 230.
[45] So Savigny System III (1840), S. 356.
[46] Flume, AT II, § 12 III, 3; Brox, AT, Rn. 117.
[47] Stadler, S. 80 ff; de Boor, Vom Wesen, S. 60; Staudinger, Seiler, Einl zu §§ 854 ff, Rn. 48.
[48] Der abstrakte Charakter des Schuldanerkenntnisses wird deutlich an § 812 Abs. 2 BGB, wonach ein rechtsgrundlos abgegebenes Schuldanerkenntnis kondiziert werden kann.
[49] Krawliecki, Grundlagen, S. 13 f; Bork, Der Vergleich, S. 59 f.

des BGB. Es stellt eine Grundentscheidung dar, die für das gesamte Zivilrecht wirkt. Für die Diskussion im Urheberrecht bedeutet dies, dass nicht das Abstraktionsprinzip den Nachweis seiner Geltung erbringen muss, sondern abweichende Konzepte Anhaltspunkte dafür liefern müssen, dass der Gesetzgeber hier ausnahmsweise von seiner Grundsatzentscheidung abgewichen ist[50].

### 3. Ausnahmen vom Abstraktionsprinzip

Für das Verhältnis von Verpflichtung und Verfügung im Urheberrecht ist es von Bedeutung, ob und in welchen Fällen bereits das BGB Ausnahmen vom Abstraktionsprinzip macht. Eine solche Ausnahme liegt vor, wenn eine Verfügung vom zugrunde liegenden Rechtsgeschäft abhängig ist.

#### a) Die Bestellung von Pfandrecht, Hypothek und Vormerkung

Als vom Kausalgeschäft abhängige Verfügungen werden in der Literatur die Bestellung von Pfandrecht, Hypothek und Vormerkung angeführt[51]. Die hier zugrunde liegenden Sicherungsvereinbarungen sind häufig in andere Verpflichtungsgeschäfte, wie zum Beispiel Darlehensverträge eingebunden. Fallen diese Verträge weg oder waren sie von Beginn an unwirksam, so kann es dazu kommen, dass auch die dingliche Sicherung erlischt. Dies ist aber weder zwingend, noch beruht es auf einer Ausnahme vom Abstraktionsprinzip. Grund für das Erlöschen der dinglichen Sicherheit ist die Akzessorietät zu dem gesicherten Anspruch. Gemäß § 1113 Abs. 1 BGB kann die Hypothek und gemäß § 1204 Abs. 1 BGB das Pfandrecht nicht ohne die zu sichernde Forderung entstehen. Das akzessorische Sicherungsrecht hängt damit aber gerade nicht von seiner Causa ab. Es muss vielmehr zwischen zwei Kausalgeschäften unterschieden werden: Zum einen existiert ein Geschäft, welchem die zu sichernde Forderung entspringt, zum anderen die Sicherungsabrede, welche das Kausalgeschäft für die Bestellung der Sicherung darstellt. Dass die letzteren Rechtsgeschäfte abstrakt sind, zeigt der Fall, in dem A bei der Bank B ein Darlehen aufnimmt, welches von C mittels einer Hypothek besichert wird. Die Sicherungsabrede zwischen B und C stellt das Kausalgeschäft für die Bestellung der Hypothek dar. Fällt es weg oder ist es nicht wirksam zustande gekommen, so ändert dies nichts am Bestand der Hypothek. Entsprechendes gilt für das Pfandrecht sowie die Vormerkung.

#### b) Der Vergleich

Dem Wortlaut des § 779 Abs. 1 BGB zufolge wird durch den Vergleichsvertrag der Streit oder die Ungewissheit über ein Rechtsverhältnis beseitigt. Der Vergleich enthält somit ein verfügendes Element, zum Beispiel den Verzicht auf eine bestehende Forderung. Gleichzeitig ist er aber auch selbst der Grund für diese Verfügung. Verpflichtendes und verfügendes Element lassen sich zudem nur schwer auseinanderhalten. Ein Teil der Literatur geht daher davon aus, dass der Vergleich eine kausale Verfügung

---

[50] Stadler, S. 143 f, de Boor, Vom Wesen, S. 62.
[51] Kegel, Festschrift für Mann, S. 57, 72; Krawliecki, Grundlagen, S. 32.

und damit eine Durchbrechung der Abstraktion darstellt[52]. Dem ist *Schäfer* mit überzeugenden Argumenten entgegengetreten[53]: Dass die Parteien verpflichtende und verfügende Elemente in einem einheitlichen Vertrag zusammenfassen, sagt noch nichts über das Verhältnis der beiden Komponenten zueinander aus. Derartige äußerlich einheitliche Geschäfte kommen auch im Kaufrecht vor, ohne dass an eine Ausnahme vom Abstraktionsprinzip gedacht wird. Die Abstraktion wird hier aus Verkehrsschutzgründen nicht weniger benötigt als in anderen Konstellationen. Wird eine durch Vergleich begründete Forderung abgetreten, so muss dieses Recht von dem Bestand des Vergleiches unabhängig sein[54]. Auch der Vergleich stellt daher keine Ausnahme vom Abstraktionsprinzip dar.

**c) Aufrechnung**

Die Aufrechnung des § 389 BGB ist eine kausale Verfügung[55]. Sie bringt den eigenen Anspruch zum Erlöschen. Die dieser Verfügung zugrunde liegende Causa trägt sie bereits in sich: Zweck ist es, einen Gegenanspruch zum Erlöschen zu bringen. Gelingt dies nicht, so entfaltet die Aufrechnung keinerlei Wirkung, so zum Beispiel wenn der Haupt- oder Gegenanspruch nicht bestehen. Die Aufrechnung stellt damit eine Ausnahme sowohl vom Trennungsgrundsatz als auch vom Abstraktionsprinzip dar.

**d) Fehleridentität**

Auch die so genannte Fehleridentität kann eine Beschränkung des Abstraktionsprinzips darstellen[56]. Hierunter werden Fälle gefasst, in denen sowohl schuldrechtliches als auch dingliches Rechtsgeschäft wegen desselben Grundes – zum Beispiel § 134 BGB – nichtig oder unwirksam sind. Hierbei ist allerdings zu differenzieren:

In der Regel ist keine Durchbrechung gegeben, und zwar unabhängig davon, ob sich der Fehler zwingend auf beide Rechtsgeschäfte auswirken musste[57] oder ob hier keinerlei Zusammenhang besteht[58], so zum Beispiel, wenn beide Geschäfte wegen Verstoßes gegen § 134 nichtig sind. Hier schlägt nicht etwa der Mangel des Verpflichtungsgeschäfts auf das Verfügungsgeschäft durch. Die Rechtsfolge beruht vielmehr auf einer getrennten Anwendung desselben Rechtssatzes auf beide Rechtsgeschäfte[59]. Das Verfügungsgeschäft ist also nicht bereits deshalb nichtig, weil eine wirksame Verpflichtung nicht besteht.

Ein Sonderfall kann sich aber im Rahmen des § 138 BGB ergeben. Rechtsprechung und h.M. in der Literatur nehmen an, dass das Erfüllungsgeschäft nichtig ist, wenn

[52] Bork, Der Vergleich, S. 139 ff; Staudinger, Marburger, § 779, Rn. 48. Für das Abstraktionsprinzip hingegen MünchKomm, Habersack, § 779, Rn. 35.
[53] Das Abstraktionsprinzip beim Vergleich, S. 100 ff.
[54] Stadler, S. 17; Palandt, Sprau, § 779, Rn. 1a.
[55] Stadler, S. 17 f; Krawliecki, Grundlagen, S. 26; Bork, Der Vergleich, S. 59.
[56] Kegel, Festschrift für Mann, S. 57, 76; Stadler, S. 139.
[57] Sogenannte „unabhängige Fehleridentität" oder „Fehlerkongruenz", vgl. Stadler, S. 136 sowie MünchKomm, Quack, Einl. Sachenrecht, Rn. 42.
[58] Sogenannte „abhängige Fehleridentität", vgl. Stadler, S. 137.
[59] A.A. Stadler, S. 154 f, die in der abhängigen Fehleridentität eine Ausnahme aufgrund ausdrücklicher gesetzgeberischer Anordnung sieht.

hierdurch ein sittenwidriger Zweck verfolgt wird[60]. Darin liegt eine Ausnahme von der inhaltlichen Abstraktion des dinglichen Rechtsgeschäfts, welches nach dem Trennungsgrundsatz „neutral“, also frei von jeglichen Motiven ist[61]. Die Folge ist eine Ausnahme von der äußeren Abstraktion: Das dingliche Rechtsgeschäft kann gerade wegen der mit dem Verpflichtungsgeschäft verfolgten Zwecke nichtig sein, so zum Beispiel bei Knebelungsverträgen. Zumindest nach h.M. kann daher die Anwendung des § 138 BGB zu einer Ausnahme vom Abstraktionsprinzip führen.

#### e) Ergebnis

Das BGB kennt Ausnahmen vom Abstraktionsprinzip. Für das Urheberrecht lassen sich hieraus aber keine Schlüsse ziehen. Die Aufrechnung ist mit den im Urheberrecht diskutierten Fällen bereits insofern nicht vergleichbar, als schon keine Trennung zwischen schuldrechtlichen und dinglichen Elementen besteht. Die – umstrittene – Ausnahme im Rahmen des § 138 BGB kann im Urhebervertragsrecht ebenso wie im allgemeinen Zivilrecht angenommen werden, ohne dass sich an der allgemeinen Geltung des Abstraktionsgrundsatzes im Urheberrecht etwas ändern müsste.

### 4. Vereinbarung von Abstraktion und Kausalität durch die Parteien

Hätte man *Savigny* gefragt, ob das Abstraktionsprinzip abdingbar ist, so wäre die Antwort mit Sicherheit positiv ausgefallen. Wenn der Parteiwille der einzige Grund für die Unabhängigkeit von Verpflichtung und Verfügung ist[62], dann muss dieser auch die Kraft haben, beides miteinander zu verbinden.

Konstruktiv kann eine Abhängigkeit des dinglichen Geschäfts vom Kausalgeschäft durch eine Bedingung gemäß § 158 Abs. 1 BGB erreicht werden. Eine solche liegt jedoch nur dann vor, wenn der Bestand des Geschäfts von einem objektiv ungewissen, künftigen Ereignis abhängt[63]. Hierdurch werden unproblematisch jene Fälle abgedeckt, in denen das Verpflichtungsgeschäft später wegfällt, so zum Beispiel durch Kündigung. Ist das Verpflichtungsgeschäft jedoch von Beginn an nichtig, so liegt kein ungewisses künftiges Ereignis vor, da die Rechtslage bereits zum Zeitpunkt des Vertragsschlusses feststeht und zum Beispiel durch Subsumtion unter § 134 BGB festgestellt werden kann[64]. Die h.M. wendet § 158 Abs. 1 BGB zwar auch auf diese sogenannte „uneigentliche Bedingung“ an, bei der keine objektive, sondern nur eine subjektive Ungewissheit besteht[65]. Denn im Einzelfall könne ein schutzwürdiges Interesse der Parteien dazu führen, dass deren Wille die §§ 158 ff BGB auch für objektiv fest-

---

[60] Staudinger, Sack, § 138, Rn. 143; Staudinger, Wiegand, § 929, Rn. 24; Kegel, Festschrift für Mann, S. 57, 77; BGH NJW 1973, S. 613, 615; NJW 1988, S. 2364. Gegen diese Durchbrechung Stadler, S. 139 ff.

[61] A.A. Jauernig, JuS 1994, S. 721, 725, der das Problem im Bereich der Voraussetzungen des § 138 BGB ansiedelt.

[62] Hierzu unter III. 1.

[63] Staudinger, Bork, Vorbem zu §§ 158-163, Rn. 4 ; MünchKomm, Westermann, § 158, Rn. 8; Soergel, Wolf, vor § 158, Rn. 2.

[64] Stadler, S. 84; Breyhan, Abstrakte Übereignung, S. 48, 49.

[65] Soergel, Wolf, vor § 158, Rn. 10; Staudinger, Bork, Vorbem zu §§ 158-163, Rn. 28 bezeichnet diese Konstruktion als Scheinbedingung.

stehende Ereignisse in Geltung setzt, so zum Beispiel wenn die Parteien konkrete Zweifel am Bestand des schuldrechtlichen Geschäfts haben[66]. Es sei daher möglich, das dingliche Geschäft insgesamt vom schuldrechtlichen abgängig zu machen[67].

Zumindest dann, wenn die anfängliche Gültigkeit des schuldrechtlichen Geschäfts zur Bedingung gemacht wird, ist aber die Grenze der Dispositionsfreiheit überschritten. Denn nach moderner Deutung des Abstraktionsprinzips liegt dessen Zweck vor allem in der Erhöhung der Verkehrssicherheit[68], so dass die anfänglich wirkende Unwirksamkeit des Verpflichtungsgeschäfts eine unzulässige Disposition über die Interessen Dritter darstellt[69]. Fasst man § 9 Abs. 1 VerlG als Ausnahme vom Abstraktionsprinzip auf[70], so bestätigt die Norm diesen Ansatz. Nach § 9 Abs. 1 VerlG erlischt das dingliche Verlagsrecht bei „Beendigung des Verlagsverhältnisses", während für das Entstehen ein wirksames Kausalverhältnis nicht vorausgesetzt wird.

Wer von der Geltung des Kausalprinzips im Urheberrecht ausgeht, muss sich umgekehrt die Frage stellen, ob dieses dispositiv ist. Dafür spricht, dass der häufig zur Begründung des Kausalprinzips analog herangezogene § 9 Abs. 1 VerlG[71] durch Parteivereinbarung überwunden werden kann[72]. Auch aus der bisweilen zur Begründung der Kausalität angeführten Zweckübertragungslehre[73] ergibt sich kein Hindernis. Zwar ist § 31 Abs. 5 UrhG durch Parteidisposition nicht abdingbar[74]. Die Vorschrift kommt jedoch nur zur Anwendung, wenn keine ausdrücklichen Abreden getroffen sind, was bei einer durch die Parteien vereinbarten Abstraktion nicht gegeben ist. Die Anhänger des Kausalprinzips stehen anderweitigen Parteivereinbarungen daher aufgeschlossen gegenüber[75]; in der Filmbranche sind derartige Klarstellungen mittlerweile sehr verbreitet[76], während sich in anderen Branchen auch gegenteilige Vereinbarungen finden[77].

Das bedeutet, dass die Parteien ungeachtet des bestehenden Streites über das Verhältnis von Verfügung und Verpflichtung selbst für Rechtssicherheit sorgen können. Selbst wenn das UrhG vom Kausalprinzip ausginge, so wäre diese Entscheidung vertraglich disponibel. Es lohnt daher ein umfassender Blick auf die Rechtslage sowohl

---

[66] Staudinger, Bork, Vorbem zu §§ 158-163, Rn. 29; Staudinger, Seiler, Einl zum SachenR, Rn. 52.

[67] Staudinger, Seiler, Einl zum SachenR, Rn. 52; Soergel, Mühl, § 929, Rn. 19; MünchKomm, Rinne, Einl. SachenR, Rn. 17; May, Die Möglichkeit der Beseitigung, S. 55.

[68] MünchKomm, Säcker, § 906, Rn. 8; Flume, AT II, § 12, III, 3; näher zur Begründung des Abstraktionsprinzips unter III. 1.

[69] Stadler, S. 89; Breyhan, Abstrakte Übereignung, S. 79, 80.

[70] Zum Streit um die Deutung des § 9 Abs. 1 VerlG s.u. D X 1.

[71] Hiermit argumentieren vor allem Schricker, Schricker, vor §§ 28 ff, Rn. 61; Fromm/Nordemann, Hertin, vor § 31, Rn. 10; Wente/Härle, GRUR 1997, S. 96, 99; Ulmer, S. 391; Kraßer, GRUR Int. 1973, S. 230, 237.

[72] Schricker, Verlagsrecht, § 9, Rn. 5 m.w.N.

[73] Hiermit argumentieren Fromm/Nordemann, Hertin, vor § 31, Rn. 10; Wandtke EWiR § 34 UrhG 1/01, S. 644; Mauhs, S. 82; OLG Hamburg GRUR 2002, S. 335, 336 – *Kinderfernseh-Sendereihe*.

[74] Dreier/Schulze, Schulze, § 31, Rn. 121.

[75] Schricker, Schricker, vor §§ 28 ff, Rn. 61.

[76] V. Hartlieb/Schwarz, Schwarz, Kap. 160, Rn. 3.

[77] So war in den Entscheidungen BGH GRUR 1982, S. 308 ff – *Kunsthändler* und LG München, UFITA 90 (1981), S. 166 ff ein automatischer Rechterückfall vereinbart. Vorschläge für entsprechende Klauseln unterbreiten Wente/Härle, GRUR 1997, S. 96, 100.

unter dem Abstraktionsprinzip als auch unter dem Kausalprinzip[78]. Unabhängig vom gesetzlichen Normalfall stellt sich darüber hinaus die Frage, wie der Urheber vor einer umfassenden Preisgabe seiner Rechte bewahrt werden kann: Zu befürchten sind Klauseln, die zunächst die Geltung des Abstraktionsprinzips festlegen, um sodann das Rückgewährschuldverhältnis nach Vertragsbeendigung einseitig zu Gunsten des Verwerters auszugestalten und zum Beispiel eine Rückgewähr des Nutzungsrechts (gegen Wertersatz) auszuschließen.

## III. Entwicklung der Auseinandersetzung und derzeitiger Stand der Diskussion

### 1. Die Diskussion um den allgemeinen Abstraktionsgrundsatz

Von den Befürwortern des Abstraktionsprinzips wird häufig das römische Recht als Ursprung genannt[79]. Hierauf kann mangels ausdrücklicher Anhaltspunkte allerdings nur indirekt geschlossen werden[80]. So erklärt das Abstraktionsprinzip auf einfache Weise die Kondiktionenlehre[81]. Darüber hinaus sind die Quellen widersprüchlich[82]. Fest steht lediglich, dass das spätere gemeine Recht der Lehre von „titulus und modus" und damit dem Einheitsprinzip folgte[83]. Bereits die gedankliche Trennung zwischen Verpflichtungs- und Verfügungsgeschäft war dem gemeinen Recht unbekannt.

Dies war der Stand der Wissenschaft, als *Friedrich Karl von Savigny* 1816 in Berlin seinen Akademievortrag über den „Literalcontract der Römer" hielt, in welchem er beiläufig erwähnte, dass ein Schuldversprechen seine Wirksamkeit unabhängig von Veranlassung und Zweck erhalte[84]. Damit war die Diskussion um die Möglichkeit abstrakter Schuldanerkenntnisse eröffnet. Der Ausgangspunkt der 1840 im „System des heutigen römischen Rechts" erstmals schriftlich niedergelegten Lehre war stark naturrechtlich geprägt. Laut *Savigny* folgt die Eigenständigkeit des abstrakten Schuldanerkenntnisses bereits „aus der Natur des freyen Willen selbst, dessen Daseyn und Wirkung von den wahren oder irrigen Beweggründen ganz unabhängig ist"[85]. Heute wird vor allem mit den positiven Auswirkungen der Abstraktion auf den Rechtsverkehr argumentiert[86]. *Savigny* selbst erwähnt diese nicht, möglicherweise waren sie ihm nicht einmal bewusst[87]. Dies mag damit zusammenhängen, dass im Zentrum der frühen Debatte das Schuldanerkenntnis und weniger die Übereignung stand, die erst später grö-

---

[78] Hierzu ausführlich in C.

[79] Dernburg, AcP 40 (1857), S. 1 ff; Savigny, System III, S. 356.

[80] Hierzu Dernburg, AcP 40 (1857), S. 1, 2; Savigny, System III, S. 356, für den die Abstraktion „Voraussetzung einiger der wichtigsten Institute des römischen Rechts ist". Die neuere Rechtslehre lehnt diese Begründung mittlerweile als Irrweg ab, vgl. Staudinger, Seiler, Einl zu § 854 ff, Rn. 40 m.w.N.

[81] Savigny geht sogar davon aus, dass diese ohne Abstraktionsprinzip „völlig überflüssig" wären, System III, S. 356, 357.

[82] So bereits Dernburg AcP 40 (1857), S. 1, 2 ff; Ranieri, Wissenschaft und Kodifikation, S. 90, 96 ff, insb. 101; Stadler, S. 47 ff.

[83] Ranieri, Wissenschaft und Kodifikation, S. 90, 91.

[84] Publiziert 1819, erneut abgedruckt in Vermischte Schriften I, (1850), S. 205, 207.

[85] Savigny, System III, S. 356.

[86] Vgl. MünchKomm, Säcker, § 906, Rn. 8; Flume, AT II, § 12, III, 3; Brox, AT, Rn. 118; Wieling, ZeuP 2001, S. 301, 305.

[87] Ranieri, Wissenschaft und Kodifikation, S. 90, 103.

ßere Beachtung fand[88]. Schon vor der schriftlichen Abfassung der Thesen *Savignys* begann die Diskussion in der Literatur[89].

Die praktischen Vorteile des neuen Ansatzes wies sodann *Bähr* nach, der sich in der Hauptsache erneut mit abstrakten Schuldversprechen auseinander setzte. Zwar ging *Bähr* noch davon aus, dass zwischen Versprechen und Rechtsgrund generell eine Verbindung besteht. Wenn aber der Wille der Ausgangspunkt der Verpflichtung sei, so müsse er auch die Macht haben, diese Verbindung aufzuheben[90]. Ein wirtschaftliches Bedürfnis für abstrakte Verpflichtungen sah er insbesondere bei Wechsel, Saldoziehung und Kontokorrent[91]. Dass *Bähr* mit dieser Einschätzung recht hatte, zeigt die erste Reichsgerichtsentscheidung zum Abstraktionsprinzip, die sich mit der Wirksamkeit eines sine causa abgegebenen Rentenversprechens befasst. Deutlich ist der Einfluss *Savignys* in der Argumentation erkennbar - das Reichsgericht führte aus, bereits der erklärte Wille allein habe die Kraft, die Verpflichtung zu begründen[92].

Die Kritiker meinten allerdings, die Zerlegung des bislang als einheitlich empfundenen Sachverhaltes sei „eine Vergewaltigung des Lebens"[93]. Gefürchtet wurde weiterhin um die „sittliche Grundlage des Rechts"[94] ebenso wie um die Möglichkeit des Richters, die Zwecke der Parteien einer Kontrolle zu unterziehen[95]. Nicht weniger hitzig erwiderten die Befürworter, unter denen sich Ihering besonders hervortat. Er erklärte den früher herrschenden Ansatz gar zur persönlichen Kränkung: „Ich muss sagen, mich als Studenten hat schon damals dieser Rechtssatz tief verletzt"[96]. In der Folge wurde nicht nur das heiß diskutierte abstrakte Schuldanerkenntnis, sondern vor allem die Abstraktion der Verfügungsgeschäfte zum Grundpfeiler des BGB erhoben.

Während die gerichtliche Praxis die Lehre ohne weitere Kritik umsetzte[97], führte die Literatur die Diskussion auch nach Einführung des BGB mit Eifer weiter. So wurde argumentiert, dieses sei nicht naturrechtlich zu begründen, sondern das Ergebnis gesetzgeberischer Wertungen[98]. Erneut wurde der bereits gegen das Trennungsprinzip gerichtete Vorwurf der lebensfremden Differenzierung zwischen Verpflichtung und Verfügung laut - ein Argument, mit dem ab 1933 verstärkt die Abschaffung gefordert

[88] Bereits Bähr, Die Anerkennung, S. 10 f wies aber ausdrücklich auf die Abstraktion der Übereignung hin. Ein erster Ansatz findet sich auch bei Savigny, der im System III auf S. 354, 355 feststellt, dass auch eine irrtümliche Übereignung voll wirksam ist.
[89] Diese wurde offensichtlich von den Hörern Savignys angestoßen, hierzu Felgentraeger, Einfluss, S. 41 ff.
[90] Bähr, Die Anerkennung, S. 169.
[91] Bähr, Die Anerkennung, S. 171.
[92] Urteil vom 9. Juli 1880, RGZ 2, S. 48, 49; Kiefner, Wissenschaft und Kodifikation, S. 74, 77 ff bietet einen Überblick zum bereits vorher einsetzenden Siegeszug des Abstraktionsprinzips in der obergerichtlichen Rechtsprechung.
[93] V. Gierke, Der Entwurf, S. 336.
[94] Hesse, Über das Wesen, S. 2.
[95] Schlossmann, Zur Lehre, S. 37.
[96] Verhandlungen des 9. deutschen Juristentages III, S. 88. Eine Übersicht über die kontroverse Debatte findet sich bei Kiefner, Wissenschaft und Kodifikation, S. 74, 83 ff.
[97] Bereits vor Einführung des BGB hatte das RG das Abstraktionsprinzip als Satz des gemeinen Rechts bezeichnet, RGZ 2, S. 48, 49.
[98] Heck, Rechtsgeschäft, S. 13 ff. Für die Richtigkeit dieser Wertungen aber Breyhan, Abstrakte Übereignung, S. 125.

wurde[99], ohne dass sich aber hieraus eine wirkliche Verbindung zur nationalsozialistischen Ideologie herstellen ließe[100]. Auch nach 1945 blieben die Bedenken bestehen, wenngleich nur noch vereinzelt der Ruf nach einer Gesetzesänderung laut wurde[101]. Die Kommentar- und Lehrbuchliteratur hat sich mit der Geltung des Abstraktionsprinzips mittlerweile überwiegend abgefunden[102]. Zum Teil werden Einschränkungen versucht, so zum Beispiel durch eine großzügige Anwendung der Vorschrift des § 139 BGB[103].

### 2. Die Diskussion um die Anwendbarkeit im Urheberrecht

Kurz nach dem Inkrafttreten des BGB im Jahr 1900 hat der Gesetzgeber auch das Urheberrecht umfassend neu geregelt und die Materie auf drei Gesetze verteilt: Das Gesetz betreffend das Urheberrecht an Werken der Literatur und der Tonkunst (LUG)[104], das Gesetz betreffend das Urheberrecht an Werken der bildenden Künste und der Photographie (KUG)[105] und das noch heute geltende Verlagsgesetz (VerlG)[106]. LUG und KUG enthielten keinerlei Regelung über das Verhältnis zwischen Verpflichtung und Verfügung über das Urheberrecht, die nach der seinerzeitigen Dogmatik noch als Teilübertragung angesehen wurde[107]. Das aus dem Jahr 1901 scheint in § 9 Abs. 1 von dem im BGB gerade erst eingeführten Abstraktionsprinzip abzuweichen. Angesichts der vorausgegangenen Debatte ist es um so erstaunlicher, dass die Begründung zum VerlG auf diesen Widerspruch nicht eingeht[108].

Erst einige Zeit später begann die Diskussion um die Abstraktion im Urheberrecht[109], an der sich der Gesetzgeber trotz diverser Gesetzesentwürfe und der ansonsten intensiven Auseinandersetzung nicht beteiligte[110]. Als Vater der auch heute noch anhaltenden Kritik muss *Ulmer* angesehen werden, der spezifisch urheberrechtlich mit der Spezialvorschrift des § 9 Abs. 1 VerlG und der sogenannten Zweckbindung des Nutzungsrechts argumentierte[111]. Die allgemeinen Vorbehalte gegen das Abstraktionsprinzip haben in der Auseinandersetzung demgegenüber bis heute keine Rolle gespielt.

---

[99] Lange, AcP 148 (1943), S. 188, 225; ders. AcP 146 (1941), S. 28, 41; Krause, AcP 145 (1939), S. 312, 324; weitere Nachweise bei Habermeier, AcP 195 (1995), S. 283, 287.
[100] Stadler, S. 76; Rother, AcP 169 (1969), S. 1 f. Zu Recht weist Habermeier, AcP 195 (1995), S. 283, 287 aber auf die z.T. deutlich politisch eingefärbte polemische Darstellung des Problems hin.
[101] Hierfür Kegel, Festschrift für Mann, S. 57, 78.
[102] So Stadler, S. 77; Rother, AcP 169 (1969), S. 1 f. Medicus, AT, Rn. 230 geht zwar von einem Verstoß gegen den mutmaßlichen Parteiwillen aus, davon aus, dass der vermutliche Parteiwille nicht beachtet werde, ein Widerspruch gegen einen wirklichen Parteiwillen sei nicht erkennbar.
[103] Eisenhardt, JZ 1991, S. 271 ff.
[104] RGBl 1901, S. 227.
[105] RGBl. 1907, S. 7.
[106] RGBl 1901, S. 217.
[107] Amtl. Begr. UFITA 45 (1965), S. 270; BGH GRUR 1955, S. 201, 293 – *Cosima Wagner*.
[108] Verhandlungen des Deutschen Reichstages, 10. Periode II. Session 1900/1902 Aktenstück 97, S. 419.
[109] Dagegen Büchler, Übertragung (1925), S. 73; dafür de Boor, Vom Wesen (1933), S. 60. Riezler, Urheber- und Erfinderrecht (1909) ging noch ohne nähere Erklärung von der Geltung des Abstraktionsprinzips aus.
[110] Eine Übersicht über die Entwürfe bietet Ulmer, S. 61.
[111] Vgl. Ulmer, 1. Aufl. 1951, S. 227 f.

Der BGH hat zu der Frage widersprüchliche Stellungnahmen abgegeben[112]. Die Diskussion dauert daher an, wobei Insolvenzen in der Medienindustrie gerade in letzter Zeit zu vermehrten Stellungnahmen in der Literatur geführt haben[113]. Das Meinungsspektrum reicht mittlerweile von einer starken Einschränkung des Abstraktionsprinzips bis zu dessen unbeschränkter Geltung[114], während über die Geltung des Trennungsprinzips Einigkeit besteht[115].

### 3. Trennung und Abstraktion in anderen Rechtsordnungen

Sowohl bei europäischer als auch bei weltweiter Betrachtung ist das Abstraktionsprinzip ein deutscher Sonderweg geblieben.

Bereits der gedanklichen Trennung zwischen Verpflichtungs- und Verfügungsgeschäft sind die wenigsten Länder gefolgt. *Stadler* hat einige typische Rechtssysteme unterschiedlicher Rechtskreise auf das Trennungsprinzip hin untersucht. Dem engeren romanischen Rechtskreis ist dieses gänzlich unbekannt. So geht das Eigentum nach Art. 1583 des französischen Code Civil beim Abschluss des Kaufvertrags auf den Käufer über. Der anglo-amerikanische Rechtskreis unterscheidet zwar im Immobiliarsachenrecht zwischen der verpflichtenden „conveyance by deed" und der zur Erfüllung eines Grundstücksgeschäfts notwendigen „delivery" und „acceptance". Das Verfügungsgeschäft wird aber vor allem im Mobiliarsachenrecht nicht als eigenständiger Vertrag angesehen[116]. Auch dem deutsche Recht nahestehende Rechtsordnungen kennen das Trennungsprinzip nicht: Das österreichische AGBGB[117] hat an der gemeinrechtlichen Lehre von „titulus und modus" festgehalten und folgt damit dem Einheitsprinzip. In der Schweiz wird die Möglichkeit eines isolierten dinglichen Vertrags lediglich in der Literatur erwogen[118]. Die Unabhängigkeit der Erfüllung vom schuldrechtlichen Vertrag ist gänzlich unbekannt.

### 4. Ausblick: Abstraktion und Europa

Im Zuge der europäischen Rechtsvereinheitlichung sind bereits zum jetzigen Zeitpunkt weite Teile des einzelstaatlichen Privatrechts durch EG-Richtlinien beeinflusst. Hierzu zählen vor allem der Verbraucherschutz, aber auch einzelne Bereiche des Wirtschaftsrechts. Um die Rechtsvereinheitlichung über diese Teilbereiche hinaus weiter voranzutreiben, hat das Europäische Parlament die Organe der EG bereits im Jahr 1989 zur Erarbeitung eines Europäischen Zivilgesetzbuchs aufgefordert[119].

---

[112] Vgl. BGH GRUR 1958, S. 504 ff - *Die Privatsekretärin* einerseits und BGH GRUR 1966, S. 567 ff - *GELU* andererseits.

[113] Hierzu v. Frentz/Marrder, ZUM 2003, S. 94 ff; dies. ZUM 2001, S. 761 ff; Adolphsen, DZWiR 2003, S. 228 ff; Oeter/Ruttig, ZUM 2003, S. 611 ff; Abel, NZI 2003, S. 121 ff.

[114] Zum Streitstand näher unter E.

[115] Wandtke/Bullinger, Wandtke/Grunert, vor §§ 31 ff, Rn. 3; Schricker, Schricker, vor §§ 28 ff, Rn. 58.

[116] Stadler, S. 37 ff.

[117] Dies kommt besonders deutlich in § 425 AGBGB zum Ausdruck. Dort heißt es: „Der bloße Titel gibt noch kein Eigenthum. Das Eigenthum und alle dinglichen Rechte überhaupt können [...] nur durch die rechtliche Übergabe und Übernahme erworben werden."

[118] Übersicht bei Stadler, S. 24 ff; ablehnend im Hinblick auf das Urheberrecht Christ, S. 66 ff.

[119] Entschließung vom 25.05.1989, Abl. 1989 C 158, S. 400.

Seitdem haben sich eine Vielzahl unabhängiger Arbeitsgruppen dem Thema angenommen. Die Forschergruppe um den Dänen Ole Lando hatte bereits 1982 damit begonnen, Prinzipien für ein europäisches Vertragsrecht" zu erarbeiten, die im Jahr 1999 veröffentlicht wurden[120]. Auf die Lando-Prinzipien aufbauend hat die „Study Group on a European Civil Code" mittlerweile konkrete Vorschläge für diverse Bereiche einer Kodifikation vorgelegt[121]. Daneben existiert ein konkreter „Entwurf für ein Europäisches Vertragsgesetzbuch" der sogenannten Gandolfi-Gruppe[122].

Im Jahr 2001 erschien die „Mitteilung der Europäischen Kommission zum Europäischen Vertragsrecht"[123], in der die Kommission das weitere Vorgehen zur Diskussion stellt. Nach Auswertung der Stellungnahmen der beteiligten Kreise folgte 2003 der Aktionsplan „Ein kohärenteres europäisches Vertragsrecht"[124]. Darin stellt die Kommission zwischen den Mitgliedsstaaten erhebliche Unterschiede in vertragsrechtlicher, aber auch in sachenrechtlicher Hinsicht fest, aus denen Probleme für den grenzüberschreitenden Rechtsverkehr resultieren[125]. Sie schlägt vor, den bisherigen sektorspezifischen Ansatz weiter zu verfolgen und einzelne Bereiche des Privatrechts durch Richtlinien zu vereinheitlichen[126]. Auf darüber hinausgehende Ziele deutet eine weitere Maßnahme hin: Es soll ein gemeinsamer Referenzrahmen festgelegt werden, der Begriffe und Grundsätze des europäischen Vertragsrechts enthält[127]. Die Erstellung erfolgt aufgrund weiterer umfassender Forschung und Diskussion durch alle beteiligten Kreise.

Die Lebenserwartung des deutschen Abstraktionsprinzips hängt von den sachenrechtlichen Prinzipien dieses Referenzrahmens und damit davon ab, welchen Bedarf die anderen Mitgliedsstaaten an einer Abstraktion sehen. Wie oben gezeigt, hat sich die Prophezeiung *Zitelmanns* nicht erfüllt, nach der die Zweckmäßigkeit des Abstraktionsprinzip für alle Völker so zweifellos ist, dass „jedes Recht früher oder später zu derselben Entscheidung kommen muss"[128]. Vielmehr ist die Abstraktion international ein Exot geblieben, weshalb seine Gegner im eigenen Land nun die ersehnte Chance sehen, den ungeliebten Grundsatz im Zusammenhang mit einer europäischen Regelung abzuschaffen[129]. Dem kommt der von der Gandolfi-Gruppe erarbeitete Entwurf für eine Europäisches Vertragsgesetzbuch nach, der für die Übereignung beweglicher Sa-

[120] Lando/Beale, Principles of European Contract Law; im Internet sind die Grundsätze abrufbar unter http://frontpage.cbs.dk/law/commission_on_european_contract_law/-index.html.

[121] Aktuelle Versionen der Vorschläge sind auf der Homepage der Gruppe unter http://www.sgecc.net abrufbar.

[122] Gandolfi, Code Européan de Contrats; Deutsche Fassung abgedruckt in ZEuP 2002, S. 365.

[123] KOM (2001) 398 endgültig.

[124] KOM (2003) 68 endgültig.

[125] KOM (2003) 68 endgültig, Rn. 41 ff.

[126] KOM (2003) 68 endgültig, Rn. 14, 55.

[127] KOM (2003) 68 endgültig, Rn. 59 ff.

[128] Zitelmann, Die Möglichkeit, S. 33.

[129] So im Zusammenhang mit der Rechtsvereinheitlichung Wacke, ZEuP 2000, S. 254 ff. Dagegen kämpferisch Wieling, ZEuP 2001, S. 301, der das „Bessere nicht dem Mittelmaß opfern" will. Im Ergebnis ebenso Stadler, S. 740 ff.

chen das Einheitsprinzip nach französischem Vorbild vorschlägt[130]. Anders liest sich hingegen der Vorschlag der Study Group on a European Civil Code, der zwar in Art. 201 Abs. 1 ausdrücklich eine schuldrechtliche Verpflichtung für das Entstehen dinglicher Rechtsfolgen fordert[131]. Derzeit noch nicht entschieden ist jedoch, welche Rechtsfolgen der nachträgliche Wegfall hat. Die Gruppe überlegt, ob in diesem Fall die dingliche Rechtslage bestehen bleiben und nur ein schuldrechtlicher Anspruch auf Rückübertragung gewährt werden soll[132]. Das bedeutet eine Abstraktion zumindest für die Fälle, in denen für das dingliche Rechtsgeschäft ursprünglich eine wirksame Verpflichtung bestand. Umgekehrt zeigt auch dieser Vorschlag, dass jedenfalls die strenge Abstraktion des deutschen Rechts kaum Bestandteil des Referenzrahmens werden wird.

Ob dies auch das Ende des Abstraktionsprinzips im deutschen Recht ist, hängt davon ab, welchen Einfluss der Referenzrahmen auf die künftige europäische Rechtssetzung hat. Bislang soll er vorrangig als Bezugspunkt für die Überarbeitung des europäischen Rechts dienen. Er soll aber auch dem nationalen Gesetzgeber eine Basis für die Rechtssetzung sein. Während der erste Zweck dem Abstraktionsprinzip nicht gefährlich werden dürfte, könnte der zweite die nationale Diskussion erneut entfachen, wenn der Referenzrahmen feststellt, wie weit Deutschland sich von den europäischen Grundsätzen des Privatrechts entfernt hat. Schließlich soll der Referenzrahmen aber auch als Vorlage für eine umfassende europäische Regelung des Vertragsrechts herangezogen werden können[133]. Derzeit spricht die Kommission davon, ein solches Rechtsinstrument „optionell" auszugestalten, so dass es zu seiner Geltung der Parteivereinbarung bedarf. Ein nach Parteivereinbarung wählbarer Kodex stellt zwar keine akute Lebensgefahr für das Abstraktionsprinzip dar – der Anwendungsbereich in der Praxis wird sich hierdurch aber verringern.

## IV. Der Interessenkonflikt im Urheberrecht

Die Diskussion um das Abstraktionsprinzip lässt sich nicht von den wirtschaftlichen Hintergründen urheberrechtlicher Nutzungsverträge abkoppeln. Nur vordergründig geht es um eherne Grundsätze des Urheberrechts wie den oft zitierten Zweckübertragungsgrundsatz und die monistische Theorie des Urheberrechts. Denn hinter vielen dieser Lehren steht das gesetzgeberische Ziel, den Urheber vor der wirtschaftlichen Überlegenheit der Verwerterseite zu bewahren. Erstaunlicherweise wird das Argument

[130] Art. 46 (Dingliche Wirkungen) lautet: „Mangels ausdrücklicher entgegenstehender Vereinbarung entfaltet ein Vertrag, der geschlossen wurde, um das Eigentum an einer beweglichen Sache zu übertragen oder ein dingliches Recht an dieser Sache zu bestellen oder zu übertragen, dingliche Wirkung sowohl zwischen den Parteien wie gegenüber Dritten, und zwar vom Zeitpunkt der Übergabe der Sache an den Berechtigten, an eine von diesem mit der Entgegennahme beauftragte Person oder an eine Transportperson, die vereinbarungsgemäß die Beförderung übernommen hat."

[131] Art. 201 Abs. 1 lautet: „The transfer of ownership in a movable requires a valid (Art 204) obligation to transfer ownership, the transferor's ownership or authority to dispose of the movable at the time ownership is to pass and either delivery or an agreement as to the time ownership is to pass (Art 202). Ownership in generic goods [in movables which are generic goods] can only be transferred where the movable is appropriated/identified to the obligation in a way that is obvious to third parties."

[132] Vgl. Art. 204 des Entwurfs.

[133] KOM (2003), 68 endgültig, Rn. 53 f, 95.

des Urheberschutzes in der Debatte nur selten direkt verwendet[134]. Das kann aber nicht darüber hinwegtäuschen, dass ein zentrales Thema die Frage nach dem Vorrang der Verkehrsfähigkeit vor den persönlichkeitsrechtlichen und vermögensrechtlichen Interessen des Urhebers ist.

### 1. Gestörte Vertragsparität und Schutzfunktion des Urhebervertragsrechts

Der Urheber kann sein Werk in den wenigsten Fällen selbst wirtschaftlich auswerten. Der Autor benötigt einen Verleger, der Drehbuchautor einen Filmproduzenten, der Musiker einen Tonträgerhersteller. Um diesen Verwertern die Veröffentlichung des Werkes zu ermöglichen, muss der Urheber ihnen auf schuldrechtlicher oder dinglicher Basis erlauben, das Werk zu nutzen; bereits hierbei zeigt sich aber ein Interessengegensatz: Die Verwerter sind regelmäßig an einer umfassenden Auswertung des Werkes interessiert und fordern weitreichendere Rechte, als der Urheber einzuräumen bereit ist. Gleichzeitig versuchen sie typischerweise, das von ihnen übernommene wirtschaftliche Risiko bei der Festlegung des an den Urheber zu zahlenden Entgeltes zu berücksichtigen. Die finanziellen Interessen der Verwerterseite siegen in den Vertragsverhandlungen häufig über die persönlichen und finanziellen Interessen der Urheber: Zwischen den Beteiligten besteht spätestens seit Anfang des 20. Jahrhunderts ein strukturelles Ungleichgewicht in den Vertragsverhandlungen[135]. Dieses beruht einerseits darauf, dass der Verwerter auf diesem Gebiet typischerweise über erhebliches Know-How verfügt, welches dem Urheber fehlt[136]. Hinzu kommt die fortschreitende Konzentration vor allem der Medienindustrie[137], wofür als Beispiel der junge Musiker dienen mag, der einem international agierenden Tonträgerhersteller gegenübertritt. Hieran wird gleichzeitig auch der zweite Grund für die Ohnmacht der Urheberseite deutlich: Der Verwerter hat stets die Auswahl zwischen einer Vielzahl von Werkschöpfern und kann auf diese Weise seine Bedingungen leicht durchsetzen. Die wenigsten Künstler, Autoren, Musiker verfügen über einen hinreichenden Bekanntheitsgrad, um die Drohung ihrer Auswechslung mit ihrem Marktwert parieren zu können.

Der Urheber ist also oft dazu gezwungen, umfangreiche Nutzungsrechte einzuräumen, die in zeitlicher, inhaltlicher und räumlicher Hinsicht weit über die bei Vertragsschluss konkret geplante Verwertung hinausgehen. Im Laufe des 20. Jahrhunderts sind durch den technischen Fortschritt eine Vielzahl von neuen Nutzungsarten für urheberrechtlich geschützte Werke entstanden, für die sich die Verwerter stets frühzeitig die Rechte gesichert haben. Lehre, Rechtsprechung und schließlich auch der Gesetzgeber reagierten hierauf mit der Zweckübertragungslehre[138]. Laut § 31 Abs. 5 UrhG richtet sich der Umfang der Rechtseinräumung nach dem zugrunde liegenden Vertragszweck, soweit die einzelnen Nutzungsarten nicht ausdrücklich bezeichnet werden. In der Pra-

[134] Es findet sich in der Entscheidung OLG Hamburg, GRUR 2992, S. 335, 337 – *Kinderfernseh-Sendereihe* lediglich an nachgeordneter Stelle. In der Literatur verwenden es vor allem Wallner, ZIP 2004, S. 2073, 2080 und Stadler, S. 113.

[135] BT Drucks. 14/6433, S. 9 mit Verweis auf BVerfG 75, S. 109, 159; Erdmann, GRUR 2002, S. 923; Schricker, GRUR Int. 2002, S. 797, 798; Jacobs, NJW 2002, S. 1905, 1907.

[136] Vgl. Götting, Festschrift für Schricker, S. 53, 59.

[137] Dietz, Festschrift für Schricker, 1, 9.

[138] Hierzu näher unter D I 1.

xis hat dies allerdings lediglich dazu geführt, dass die Verwerterseite ausgefeilte, oft mehrseitige Rechtekataloge für ihre Nutzungsverträge entworfen hat[139]. Das UrhG 1965 enthält daneben eine Vielzahl weiterer urheberschützender Vorschriften, von denen die meisten auf dem Urheberpersönlichkeitsrecht beruhen. So wurde zum Beispiel die monistische Lehre im Gesetz verankert, nach der das Urheberrecht nicht übertragbar ist.

Neuere Verbesserungen des Urheberschutzes wurden allerdings weniger auf den persönlichkeitsrechtlichen Ansatz, als auf die soziale Funktion des Urheberrechts gestützt: Diesem komme die Aufgabe zu, den Urhebern aller Sparten eine Existenzgrundlage zu ermöglichen[140]. Bemängelt wird nach wie vor die Entgeltsituation, die auf das Verhandlungsungleichgewicht der Parteien zurückgeführt wird[141]. Hier setzt das „Gesetz zur Stärkung der vertraglichen Stellung von Urhebern und ausübenden Künstlern" an, welches die Privatautonomie weiter einschränkt[142]. So ist neben dem Urheberpersönlichkeitsrecht der Grundsatz der angemessenen Vergütung als grundlegender Programmsatz in § 11 S. 2 UrhG aufgenommen worden. Die Bestimmungen der §§ 32, 32a UrhG sollen dieses Ziel in die Nutzungsverträge transportieren, indem sie Ansprüche auf Anpassung der vertraglichen Vergütung gewähren, soweit diese unangemessen niedrig ist. Nach § 36 UrhG sind die jeweiligen Interessenverbände dazu aufgefordert, Vergütungsregeln zu erstellen, nach denen sich die Angemessenheit bestimmt. Hierdurch wurde das Urheberrecht um eine kollektivrechtliche Komponente erweitert, die an das Arbeitsrecht erinnert[143].

Das gesetzgeberische Ziel des Urheberschutzes ist bei der Erarbeitung einer Problemlösung zu berücksichtigen. Hierbei ist aber auch die Abkehr von dogmatischen Erwägungen und die Zuwendung zu pragmatischeren, dem Arbeitsrecht entnommenen Ansätzen zu würdigen. Wichtig ist auch, dass der Schutz nicht auf Konstellationen ausgedehnt werden darf, in denen die Vertragsparität intakt ist. Dies trifft beispielsweise auf Rechtsgeschäfte zwischen Urhebern und Verwertungsgesellschaften zu; diese sind eigens zu dem Ziel der Beteiligung der Urheber an den Erlösen gegründet worden. Als Mitglieder haben die Urheber hier erheblichen Einfluss auf die Geschäftspolitik[144]. Ein weiteres Beispiel sind Rechtsgeschäfte zwischen Verwertern, wobei es keine Rolle spielt, ob ein Nutzungsrecht zweiter Stufe eingeräumt oder ein Nutzungsrecht übertragen wird.

---

[139] Kuck, GRUR 2000, S. 285; laut Schricker, Schricker, §§ 31/32, Rn. 34 statuiert die Norm daher lediglich eine Spezifizierungslast.

[140] Schricker, Schricker, Einleitung, Rn. 14; Schack, Rn. 12; Götting, Festschrift für Schricker, S. 53, 58.

[141] Däubler-Gmelin, GRUR 2000, S. 764 f.

[142] Vgl. Erdmann, GRUR 2002, S. 923 f.

[143] Das Urheberrecht war bereits zuvor als „das Arbeitsrecht der freiberuflichen Autoren" bezeichnet worden, vgl. Ulmer, S. 20; Dietz, GRUR 1972, S. 11; Zur Neuregelung vgl. Schricker GRUR Int. 2002, S. 797, 799 ff.

[144] Der BGH hat aber in der Entscheidung GRUR 1966, S. 567 ff – *GELU* gerade auf Wahrnehmungsverträge das Kausalprinzip angewendet.

### 2. Differenz zwischen gesetzlichem Leitbild des Urhebers und Auftragsurhebern

In die Überlegungen muss auch das persönlichkeitsrechtliche Schutzbedürfnis des Urhebers einbezogen werden, das von den wirtschaftlichen Rahmenbedingungen des Werkschaffens abhängt:

Das UrhG 1965 beruht auf dem Leitbild des aus künstlerischem Antrieb tätigen Schöpfers, weshalb die ursprüngliche Fassung sehr stark durch den Schutz des Persönlichkeitsrechts geprägt war. Grundlegendes Ziel ist gemäß § 11 S. 1 UrhG der Schutz der Verbindung des Urhebers zu seinem Werk. Das gesetzgeberische Leitbild ist heute vor allem noch in den Berufsgruppen der bildenden Künstler und Bildhauer sowie der Schriftsteller zu finden. Hier besteht ein tendenziell hohes Interesse an persönlichkeitsrechtlichem Schutz, vor allem im Hinblick auf die Kontrolle bezüglich Art und Umfang der Verwertung des Werkes.

Den größten Anteil urheberrechtlicher Schöpfungen machen heute aber sogenannte „Auftragswerke" aus, die nach Weisung erstellt werden und zu denen der Urheber daher nur eine schwache persönliche Beziehung hat[145]. Derartige Werke werden häufig von angestellten Urhebern in arbeitsteiliger Produktion geschaffen[146]. Die Palette solcher Auftragswerke ist breit gefächert. Hierzu gehören urheberrechtsfähige Grafiken, die nach den Vorstellungen einer Werbeagentur entworfen werden, oder auch Drehbücher, denen detaillierte Vorgaben eines Filmproduzenten zugrunde liegen. Die Erschließung neuer Nutzungsarten hat zu Werkformen wie der urheberrechtsfähigen Animation von Figuren in Computerspielen und Filmen geführt, die als Auftragswerke erstellt werden. Mit der Aufnahme von Computerprogrammen in den Kanon der schutzfähigen Werke gelangten schließlich auch angestellte Programmierer in den Genuss des Urheberrechts. Hier besteht endgültig keine persönliche Bindung mehr zum Werk.

Die Grenze zu den „ernsthaften" Schöpfungen ist nur schwer zu ziehen; ihr Verlauf ist letztlich aber auch uninteressant, da das Gesetz insofern nicht differenziert. Deutlich wird aber, dass in der Brust des Urhebergesetzes längst schon zwei Herzen schlagen: Neben die Gruppe der klassischen Urheber[147] ist ein Berufsstand getreten, für den die persönlichkeitsrechtliche Komponente des Urheberrechts nur noch eine untergeordnete Rolle spielt. Das Urheberrecht dient hier vor allem als Mittel zur Vermarktung der eigenen Leistung und Sicherung des Lebensunterhaltes[148]. Die große Bandbreite in der Bedeutung des Persönlichkeitsrechts wird bei der Diskussion um das Abstraktionsprinzip zu beachten sein[149].

### 3. Urheberrechtliche Rechteketten und Verkehrsschutz

Das Abstraktionsprinzip erhöht die Sicherheit des Rechtserwerbs. Das hieran bestehende Bedürfnis ist um so höher, je häufiger über ein Recht verfügt wird. Für das Ei-

---

145 Hierzu näher Dietz, Das primäre Urhebervertragsrecht, S. 15 ff.

146 Frey, UFITA 98 (1984), S. 53, 59 sieht in die unabhängigen Urheber sogar in der Minderheit.

147 Götting, Festschrift für Schricker, S. 53, 59 spricht von der „Spitzweg-Idylle des Künstlergenies".

148 Götting, Festschrift für Schricker, S. 53, 60.

149 Forkel, S. 163 vertritt bereits einen Ansatz, der als Differenzierung zwischen Nutzungsrechten an Auftragswerken und klassischen Werken deuten lässt.

gentum des BGB ist daher offensichtlich, dass ein Interesse an Abstraktion besteht: Ein neu hergestelltes Produkt geht durch eine Vielzahl von Händen, bevor es überhaupt den Endkunden erreicht, der dann wiederum die Möglichkeit des Weiterverkaufs hat. Im Urheberrecht ist das Interesse an der Sicherheit des Erwerbs des Nutzungsrechts weniger offensichtlich. Dennoch ist es je nach Branche auch bei der Auswertung urheberrechtlicher Werke üblich, Nutzungsrechte über mehrere Stationen zu übertragen oder Tochterrechte einzuräumen. Im Fall der Mehrfachübertragung entsteht dann eine Rechtekette. Sind Tochterrechte eingeräumt, möglicherweise über mehrere Stufen, so entsteht eine Struktur, die man als „Rechtebaum“ bezeichnen könnte. Die Gründe für Verfügungen über das Nutzungsrecht sind vielschichtig:

Der unmittelbare Vertragspartner des Urhebers wird in der Regel bestrebt sein, eine umfassende Auswertung des Werkes vorzunehmen, also zum Beispiel das Buch zum Film herauszugeben oder Musik in einem Computerspiel zu verwenden. Das erfordert immer dann eine Übertragung des Nutzungsrechts, wenn die entsprechenden finanziellen und organisatorischen Mittel für die Realisierung des Vorhabens fehlen. Der Filmproduzent ist nicht auf den Druck von Büchern eingerichtet, der Tonträgerhersteller oder Schallplattenverlag nicht auf die Erstellung von Software. In einigen Branchen erfordert bereits die primäre Verwertungsart eine Übertragung. Die Softwarebranche kennt Nutzungsrechte an bestimmten Standardprogrammen, die für größere Projekte benötigt und dann „zugekauft“ werden. In ihrer Notwendigkeit fragwürdig, aber durchaus üblich ist auch die Übertragung von Nutzungsrechten zwischen Tonträgerherstellern und Musikverlagen, wenn bestimmte Künstler nicht mehr in das „Portfolio“ des Veräußerers passen, also stilistisch nicht dem sonstigen Repertoire entsprechen. Typisch sind Rechteketten in der Filmindustrie[150]. Hier sind eine Vielzahl hochspezialisierter Verwerter beteiligt. Die Kette reicht von den Produzenten über Verleihfirmen und häufig mehrere Rechtehändler bis hin zu den Kinobetreibern und Fernsehsendern, hinzu kommen Nutzungsrechte nachgeordneter Stufe für Merchandising, Zweitauswertung in Computerspielen usw.

Störungen wirken sich um so gravierender aus, je näher sie an den Anfang der Kette oder den Stamm des Baumes rücken. Fällt ein Nutzungsrecht von einem Fernsehsender auf einen Rechtehändler zurück, so sind die Folgen überschaubar. Anders bei einem Rückfall auf einen der beteiligten Urheber, der dazu führt, dass das Filmwerk insgesamt nicht mehr ausgewertet werden kann. Im Zweifel sind Investitionen in erheblicher Höhe verloren.

Die bislang erwähnten Verfügungen über das Nutzungsrecht dienen unmittelbar der Auswertung des Werkes. Daneben sind in letzter Zeit vermehrt Verfügungen getreten, die der Kreditsicherung dienen. Hierbei lässt sich die das Projekt finanzierende Bank die bereits erworbenen Nutzungsrechte sowie künftig entstehende Rechte zur Sicher-

---

[150] Hausmann, Festschrift für Schwarz, S. 81; Schwarz/Klingner, GRUR 1998, S. 103; dies. UFITA 139 (1999), S. 29, 31; Adolphsen, DZWiR 2003, S. 228; Wente/Härle, GRUR 1997, S. 96; v. Frentz/Marrder, ZUM 2003, S. 94, 95; dies. ZUM 2003, S. 611. Dieses Phänomen ist weder neu noch durch die Erschließung neuer Nutzungsarten bedingt. Bereits in dem Fall BGH-Fall *Die Privatsekretärin* aus dem Jahr 1958 (BGHZ 27, S. 90 ff) war das streitbefangene Wiederverfilmungsrecht durch drei Hände gegangen.

heit übertragen[151]. Üblich ist dies zum Beispiel im Rahmen von Software-Großprojekten, aber auch in der Filmbranche zu Gunsten von Banken und Filmförderungseinrichtungen[152]. Je höher das Risiko eines unvorhergesehenen Rechterückfalls ist, desto geringer werden der Wert der Sicherheit und die Bereitschaft der Bank, Geld zur Verfügung zu stellen. Insbesondere Unternehmen der Medienbranche haben häufig außer Nutzungsrechten keine nennenswerten Sicherheiten anzubieten[153].

#### 4. Zusammenfassung

Die Verwerterseite ist an Nutzungsrechten mit hoher Verkehrsfähigkeit interessiert, um das Werk optimal auszunutzen, oder durch die Stellung von Sicherheiten eine Verwertung überhaupt erst zu ermöglichen. Vor allem hierfür muss die Fortdauer des Rechtserwerbes sichergestellt sein[154]. Dem ist mit einer einschränkungslosen Anwendung des Abstraktionsprinzips gedient.

Den Interessen der Urheber widerspricht dies nicht. Denn auch der Urheber ist daran interessiert, dass sein Werk umfassend ausgewertet wird – und sei es nur deshalb, weil er dadurch den Marktwert seiner weiteren Werke steigern kann. Betrachtet man aber den konkreten Einzelfall, so wird klar, dass der Urheber häufig ein erhebliches Interesse an der Anwendung des Kausalprinzips hat, welches ihm die sofortige Untersagung weiteren Werkauswertung erlaubt und ihm ohne weiteres die volle Verfügungsmacht über das Urheberrecht zurückgibt. Hierbei spielt die persönlichkeitsrechtliche Komponente ebenso eine Rolle wie das Vermögensinteresse. Kommt es zu einem Rechterückfall, nachdem der Verwerter bereits Investitionen getätigt hat, so hat sich die Verhandlungsposition des Urhebers hinsichtlich einer erneuten Rechtseinräumung erheblich verbessert: Im Gegensatz zur Situation vor Beginn der Verwertung sind Urheber und Werk nun nicht mehr austauschbar. Soll das Vorhaben fortgesetzt werden, so ist der Verwerter auf einen erneuten Rechtserwerb angewiesen.

## B. Verträge über die Auswertung des Werkes

Nutzungsvertrag, Rechtseinräumung und Nutzungsrecht sind zentrale Instrumente zur Auswertung des Werkes, die nachfolgend vorgestellt werden.

### I. Die Entscheidung des Urhebers über Veröffentlichung und Auswertung

Jegliche Auswertung beginnt mit einem entsprechenden Entschluss des Urhebers, der als Schöpfer des Werkes allein über dessen Schicksal bestimmt. Nur der Urheber entscheidet, ob und wie er das Werk nutzten und insbesondere, ob er den Werkinhalt überhaupt anderen mitteilen oder die kommerzielle Auswertung betreiben will. Das Gesetz sieht ihn damit als Manager über das Werk an, dem sämtliche Optionen hinsichtlich dessen künftiger Verwendung offen stehen.

---

[151] Vgl. BGH GRUR 1994, S. 363 ff – *Holzhandelsprogramm*; Jänich, Geistiges Eigentum, S. 334 ff; ausführlich zur Kreditsicherung mittels urheberrechtlicher Nutzungsrechte Woeste, Kreditsicherheit, S. 103 ff und Brandt, NZI 2001, S. 337, 338 sowie Schmidt, WM 2003, S. 461 ff.

[152] Adolphsen, NZI 2003, S. 228; Schwarz/Klingner, UFITA 138 (1999), S. 29, 30.

[153] BT Drucks. 14/7564, S. 8; Woeste, Kreditsicherheit S. 27.

[154] Woeste, Kreditsicherheit, S. 36.

Entscheidet sich der Urheber für eine kommerzielle Auswertung, so stellt sich die Anschlussfrage, ob er dies entsprechend dem gesetzlichen Leitbild der §§ 15 ff UrhG selbst übernehmen kann. Unabhängig von seinen schöpferischen Fähigkeiten und der Qualität des Werkes erwartet ihn eine Vielzahl von Problemen kaufmännischer und organisatorischer Art. Häufig sind zunächst Investitionen erforderlich, denn der Druck eines Buches, die Dreharbeiten für einen Film, die Herstellung von Tonträgern verschlingen erhebliche Summen, die erst durch spätere Verwertungshandlungen wieder eingenommen werden. In der Regel benötigt der Urheber die Hilfe Dritter – der hierauf spezialisierten Verwerter wie zum Beispiel Filmproduzenten, Tonträgerhersteller, Verlage. Seine eingangs erwähnten Entscheidungsmöglichkeiten reduzieren sich hierdurch fast auf Null, da die in den Vertragsverhandlungen überlegenen Verwerter klassischerweise über Art und Umfang der Werkauswertung allein bestimmen wollen[155]. Der Urheber wird vom Manager zum Zulieferer degradiert. Handelt es sich bei dem Werk um eine Auftragsschöpfung, so klafft diese Lücke zwischen gesetzlichem Leitbild und wirtschaftlicher Realität bereits von Beginn an[156].

Die über die Verwertung geschlossenen Verträge können höchst unterschiedlichen Inhaltes sein und sind in die gesetzlichen Typen des BGB nicht einzuordnen. Als Oberbegriff ist seit einiger Zeit die Bezeichnung „Nutzungsvertrag“ gebräuchlich[157].

## II. Der Nutzungsvertrag

### 1. Rechtsnatur

Die Unterschiede zwischen abstrakten und kausalen Gestaltungen zeigen sich bei der Rückabwicklung fehlgeschlagener Nutzungsverträge. Unter dem Kausalprinzip ist dessen Typus eher nebensächlich, da das Nutzungsrecht stets automatisch auf den Urheber zurückfällt. Anders ist dies bei Anwendung des Abstraktionsprinzips, welches zu vertraglichen Rückabwicklungsansprüchen führt, die je nach Anspruchsgrundlage unterschiedliche Eigenschaften haben. Es lohnt daher ein kurzer Blick auf die anwendbaren Bestimmungen.

#### a) Vertrag sui generis

Der Verlagsvertrag ist der einzige gesetzlich geregelte Vertragstyp des Urheberrechts. Wie bereits erwähnt, ordnet § 9 Abs. 1 VerlG das Erlöschen des Verlagsrechts mit Beendigung des Verlagsvertrages an[158]. Unabhängig davon, ob man dies als Ausdruck der Akzessorietät zu den schuldrechtlichen Ansprüchen des Vertrages oder als Hin-

---

[155] Zur gestörten Vertragsparität s.o. A IV.

[156] Hierzu bereits in A IV 2.

[157] Dieser Terminologie folgen zum Beispiel Wandtke/Bullinger, Wandtke/Grunert, vor §§ 31 ff, Rn. 3; Dreier/Schulze, Schulze, vor § 31, Rn. 150 und 125; Fromm/Nordemann, Hertin, vor § 31, Rn. 12. Demgegenüber ist der in der Film- und Softwarebranche verbreitete Terminus „Lizenzvertrag“ ebenso mehrdeutig wie die „Lizenz“ selbst. Bezeichnenderweise definieren Schwarz/Klingner, GRUR 1997, S. 96 deshalb zu Beginn ihrer Ausführungen zum Abstraktionsprinzip die Begriffe Lizenznehmer und Lizenzgeber.

[158] BGH GRUR 1958, S. 504, 505 – *Die Privatsekretärin*; Schricker, Schricker, vor §§ 28 ff, Rn. 60; ders. Verlagsrecht, § 9, Rn. 6.

weis auf eine Kausalität ansieht, ist der Verlagsvertrag von dem Streit um das Abstraktionsprinzip nicht betroffen.

Für die allein interessierenden übrigen Fälle war ursprünglich die Erarbeitung weiterer gesetzlicher Typen geplant, deren Regelung das UrhG 1965 einem künftigen „im Anschluss" zu erarbeitenden Urhebervertragsgesetz überlassen hat[159]. Diesen Anschluss hat der Gesetzgeber in der Folgezeit verpasst und es bei den bestehenden rudimentären Regelungen belassen[160].

Da dieser „allgemeine Teil des Urhebervertragsrechts"[161] lediglich die dingliche Seite und insbesondere die Rechtseinräumung regelt, ergibt sich der Inhalt des Nutzungsvertrags aus den Vorschriften des BGB[162]. Eine Einordnung in die Vertragstypen des besonderen Schuldrechts fällt allerdings schwer. Als Vertrag eigener Art[163] kann er verschiedenste Elemente enthalten, insbesondere aber solche des Kaufes, der Pacht, des Werkvertrags und des Gesellschaftsvertrags[164]. Anwendbar sind stets die für die betroffene Komponente einschlägigen Vorschriften[165].

Die große Bandbreite an Werken und Verwertungsmöglichkeiten hat in der Praxis zu unterschiedlichen Vertragsgestaltungen geführt, von denen sich lediglich einige nach ihrem wirtschaftlichen Hintergrund klassifizieren lassen[166]. Die Übergänge sind dabei fließend; aus der Zuordnung zu einer bestimmten Gattung[167] kann nicht immer zwingend auf die Anwendbarkeit bestimmter gesetzlicher Vorschriften geschlossen werden[168], zumal viele typische Verträge des Urheberrechts einem steten Wandel unterworfen sind[169]. Es ist daher stets auf die konkret vorgefundene Interessenlage abzustellen:

Kaufrecht kommt in Betracht, wenn die Einräumung eines dinglichen Nutzungsrechts im Vordergrund steht[170]. Dies gilt aber nur für die Verschaffung des Nutzungsrechts selbst, auf die vor allem die Gewährleistungsregeln des Rechtskaufs anwendbar

---

[159] Amtl. Begr. UFITA 45 (1965), S. 240, 271.

[160] Wie die Ausführungen in BT Drucks. 14/6433, S. 7 f zeigen, ist dem Gesetzgeber das Problem bekannt. Einen zwingenden Regelungsbedarf sieht er aber offensichtlich nicht, was auch an der breit gefächerten Materie liegen mag. Bereits de Boor, Vom Wesen, S. 62 f, äußerte Zweifel an der Durchführbarkeit eines solchen Vorhabens.

[161] So Götting, Festschrift für Schricker, S. 53, 55 mit Verweis auf Dietz.

[162] Dreier/Schulze, Schulze , vor § 31, Rn. 1.

[163] BGH GRUR 1989, S. 68, 70 – *Präsentbücher*; GRUR 1960, S. 642, 643 – *Drogistenlexikon*.

[164] Schricker, Schricker, §§ 31/32, Rn. 13; Fromm/Nordemann, Hertin, vor § 31, Rn. 13; Wandtke/Bullinger, Wandtke/Grunert, vor §§ 31 ff, Rn. 58; Götting, Festschrift für Schricker, S. 53, 55 f.

[165] BGH GRUR 1966, S. 390 – *Werbefilm*; Götting, Festschrift für Schricker, S. 53, 55 f; Fromm/Nordemann, Hertin, vor § 31, Rn. 13.

[166] Dreier/Schulze, vor § 31, Rn. 1 und 150 ff; Wandtke/Bullinger, Wandtke/Grunert, vor §§ 31 ff, Rn. 58 ff; vgl. Götting, Festschrift für Schricker, S. 53, 55 f.

[167] Häufig wird hier von Vertragstypen gesprochen. Mangels gesetzlicher Typisierung ist diese Terminologie missverständlich.

[168] Wandtke/Bullinger, vor §§ 31 ff, Rn. 58.

[169] Neben dem technischen Fortschritt kann dies vor allem wirtschaftliche Ursachen haben, so zum Beispiel beim Musikverlagsvertrag, vgl. Schricker, Schricker, vor §§ 28 ff, Rn. 78; Rossbach/Joos, Festschrift für Schricker, S. 333, 340 ff.

[170] Schricker, Schricker, §§ 31/32, Rn. 14.

sind[171]. In der Regel beginnt nach der Rechtseinräumung die Nutzung des Werkes, was den Nutzungsvertrag fortan zu einem pachtähnlichen Dauerschuldverhältnis macht[172] und vor allem die Möglichkeit der Kündigung aus wichtigem Grund gemäß § 314 BGB eröffnet[173]. Verpflichtet sich der Urheber, das Werk vor der Rechtseinräumung nach den Vorgaben des Verwerters zu erstellen, so wird sich dieser Teil des Vertrags regelmäßig nach Werkvertragsrecht richten[174]. Arbeitsrechtliche und pachtrechtliche Anteile treffen zusammen, wenn angestellte Urheber Nutzungsrechte an Werken einräumen, die im Zusammenhang mit dem Arbeitsverhältnis entstehen[175]. Auch gesellschaftsrechtliche Elemente sind möglich, so zum Beispiel, wenn sich mehrere Urheber zur gemeinsamen Verwertung ihrer Werke zusammenschließen[176]. Schließlich kann der Nutzungsvertrag den Charakter einer Sicherungsabrede haben, die wiederum einen Vertrag sui generis darstellt. Derartige Verträge stellen das Kausalgeschäft zu Rechtseinräumungen dar, die zu Sicherungszwecken vorgenommen werden[177].

### b) Beispiele für bestimmte Gattungen urheberrechtlicher Nutzungsverträge

#### aa) Wahrnehmungsvertrag

Als kollektive Ansprechpartner für die Verwerterseite nehmen Verwertungsgesellschaften in vielen Bereichen die Rechte der Urheber wahr, was insbesondere die Auswertung von Aufführungs- und Senderechten erleichtert, die durch den einzelnen Urheber kaum zu bewältigen ist[178]. Als Mitglied der Verwertungsgesellschaft räumt der Urheber die entsprechenden Rechte zur treuhänderischen Wahrnehmung ein, die Ausschüttung der erzielten Erlöse erfolgt dann nach einem in der Satzung der Wahrnehmungsgesellschaft festgelegten Gewinnverteilungsschlüssel. Der Wahrnehmungsvertrag verbindet damit Merkmale des Auftrags-, Geschäftsbesorgungs- und des Gesellschaftsvertrags[179].

#### bb) Verfilmungsvertrag

Der Verfilmungsvertrag verschafft dem Filmproduzenten das Recht zur Nutzung bereits bestehender Stoffe, wobei neben Drehbüchern auch Romane, Bühnenwerke, usw.

---

171 Fromm/Nordemann, Hertin, vor § 31, Rn. 14.

172 BGH GRUR 1990, S. 443, 444 – *Musikverleger IV*; Schricker, Schricker, §§ 31/32, Rn. 20; Dreier/Schulze, vor § 31, Rn. 83; ausführlich Fink, S. 5 ff.

173 Dies war bereits vor der Schuldrechtsreform anerkannt, vgl. BGH NJW 1990, S. 1989, 1990 – *Musikverleger IV*; Shieh, S. 169. Zu den Voraussetzungen Wandtke/Bullinger, Wandtke/Grunert, vor §§ 31 ff, Rn. 6 ff.

174 BGH GRUR 1984, S. 754, 755 – *Gesamtdarstellung rheumatischer Krankheiten*; Loewenheim, Handbuch, Jan Bernd Nordemann, § 59, Rn. 25.

175 Meiser, NZA 1998, S. 291; Bayreuther, GRUR 2003, S. 570; Wandtke, GRUR 1999, S. 390 ff.

176 Schricker, Schricker, §§ 31/32, Rn. 14; Loewenheim, Handbuch, Jan Bernd Nordemann, Rn. 28; BGH GRUR 1996, S. 121 f – *Pauschale Rechtseinräumung*.

177 Hierzu Brandt, NZI 2001, S. 337, 338 sowie Schmidt, WM 2003, S. 461 ff.

178 Zur Rechtsstellung der Verwertungsgesellschaften ausführlich Mauhs, S. 17 ff.

179 BGH GRUR 1966, S. 567, 569 – *GELU*; Ulmer, S. 384; Dreier/Schulze, Schulze, vor § 31, Rn. 6.

in Betracht[180] kommen. Nach §§ 88 UrhG erstreckt sich das Nutzungsrecht im Zweifel umfassend auf die gesamte Verwertung des Films, also insbesondere die Vervielfältigung, Vorführung und Sendung des Werkes[181]. Der Verfilmungsvertrag trägt hinsichtlich der Rechtseinräumung selbst kaufrechtliche, hinsichtlich der anschließenden Verwertung pachtrechtliche Züge[182]. Wird die Vorlage vom Urheber eigens für den Film erstellt, so ist eine werkvertragliche Komponente vorgeschaltet[183].

#### cc) Onlinevertrag und CD-ROM-Vertrag

Wer urheberrechtlich geschützte Inhalte im Internet zum Abruf bereithält, benötigt ein Nutzungsrecht, das ihm zumindest die Verbreitung und Vervielfältigung erlaubt. Bezüglich der Rechtsverschaffung trägt der Vertrag kaufrechtliche Züge, während die nachfolgende Nutzung selbst pachtähnlich ist[184]. Dem Onlinevertrag ähnlich sind Verträge, mit denen der Urheber die Nutzungsrechte für die Vervielfältigung seines Werkes auf CD-ROM oder anderen digitalen Datenträgern einräumt. Sobald mit der Vervielfältigung begonnen wird, liegt auch hier der Schwerpunkt auf dem Pachtrecht.

#### dd) Musikverlagsvertrag

Im Musikverlagsvertrag räumt der Urheber dem Verleger ein umfassendes Nutzungsrecht an einem Musikwerk ein, welches sich neben dem Notendruck insbesondere auf das Aufführungs- und Senderecht und das Recht zur Tonträgerherstellung erstreckt[185]. Der Musikverleger wertet diese Rechte dann entweder selbst oder durch Dritte aus, macht das Werk bekannt und fördert den Absatz[186]. Ursprünglich aus dem Verlagsvertrag über die gedruckten Noten hervorgegangen, stellen die so genannten „Nebenrechte“ im heutigen Musikverlagsvertrag den wirtschaftlichen Schwerpunkt dar. Nicht selten wird auf das Recht zum Notendruck vollständig verzichtet[187] - dann handelt es sich nicht um einen Verlagsvertrag i.S.d. VerlG; statt dessen stehen wie beim Wahrnehmungsvertrag Elemente der entgeltlichen Geschäftsbesorgung im Vordergrund[188].

### c) Schlussfolgerungen

Der Nutzungsvertrag kann mehrere grundlegende Zwecke haben: Neben der pachtähnlichen Nutzung kommt vor allem eine Einräumung zur Wahrnehmung und Verwertung sowie zur Sicherung in Betracht. Häufig liegt eine Kombination aus mehreren dieser Motive vor.

---

[180] Henning-Bodewig, Festschrift für Schricker, S. 389, 395; Wandtke/Bullinger, Wandtke/Grunert, vor §§ 31 ff, Rn. 75.
[181] Wandtke/Bullinger, Manegold, § 88 UrhG, Rn. 1 ff; Henning-Bodewig, Festschrift für Schricker, S. 389, 394.
[182] Wandte/Bullinger, Wandtke/Grunert, vor §§ 31 ff, Rn. 76.
[183] Schricker, Schricker, vor §§ 28 ff, Rn. 100.
[184] Wandtke/Bullinger, Wandtke/Grunert, vor §§ 31 ff, Rn. 64.
[185] Rossbach/Joos, Festschrift für Schricker, S. 333, 340 ff.
[186] Schricker, Schricker, vor §§ 28 ff, Rn. 29.
[187] Rossbach/Joos, Festschrift für Schricker, S. 333, 344.
[188] BGH UFITA 33 (1961), S. 96, 98 – *Heldensagen*.

## 2. Beendigungsgründe

Nachfolgend werden Gründe dargestellt, die zur Beendigung des Nutzungsvertrags führen können. Die aufgrund der Besonderheit des § 9 Abs. 1 VerlG nicht interessierenden verlagsrechtlichen Sonderregelungen bleiben dabei außer Betracht.

a) Möglich ist zunächst die Beendigung aufgrund einer besonderen Regelung des Nutzungsvertrags, worunter vor allem die Befristung und die auflösende Bedingung fallen. Auf die Geltung des Abstraktionsprinzips wird es in diesen Fällen aber kaum ankommen – das dingliche Geschäft ist in der Regel ebenso befristet und auflösend bedingt wie das schuldrechtliche. Für die vorliegende Fragestellung uninteressant ist darüber hinaus die Beendigung aufgrund der Ausübung von Rückrufsrechten, wie sie in §§ 34 Abs. 3 S. 2, 41 Abs. 1 S. 1, 42 Abs. 1 S. 1 UrhG geregelt sind. Hier ordnet das Gesetz sowohl die Beendigung des schuldrechtlichen als auch des dinglichen Geschäfts an[189].

b) Ein weiterer Beendigungsgrund ist die Ausübung eines Rücktrittsrechts, welches aber nach vollzogener Rechtseinräumung nicht mehr in Betracht kommt[190]. Statt dessen kann unter denselben Voraussetzungen gekündigt werden, denn nach der Rechtseinräumung betrifft die Vertragsbeendigung die pachtvertragliche Komponente und damit den Nutzungsvertrag in seiner Eigenschaft als Dauerschuldverhältnis – hier ist nur die Kündigung vorgesehen. Dafür spricht auch die in der Literatur vorgeschlagene entsprechende Anwendung der verlagsrechtlichen Rücktrittsvorschriften[191], vor allem des § 35 VerlG. Im Rahmen der vorliegenden Fragestellung spielt die Kündigung daher keine Rolle.

c) Der wohl häufigste Beendigungsgrund ist die Kündigung. Das Urheberrecht kennt neben vertraglich vereinbarten (ordentlichen) Kündigungsrechten auch gesetzliche Kündigungsgründe wie § 40 Abs. 1 UrhG, demzufolge Verträge über die Einräumung an künftigen Werken nach 5 Jahren kündbar sind. Daneben spielt vor allem die Kündigung aus wichtigem Grund gemäß § 314 BGB eine Rolle. Mit der h.M. ist bei der anschließenden Rückabwicklung Bereicherungsrecht und nicht Rücktrittsrecht anzuwenden[192]. Dies wird deutlich an der Gesetzesbegründung zu § 40 UrhG, die eine Rückgewähr nach den Vorschriften des BGB anordnet[193]. Weil das BGB im Falle der Kündigung keine speziellen Regelungen vorsieht, kann hiermit einzig das Bereicherungsrecht gemeint sein[194]. Richtig ist zwar, dass der Urheber sich gegenüber Rückforderungsansprüchen wegen gezahlter Vorschüsse gegebenenfalls auf Entreicherung berufen kann – ein Einwand, der dem Verwerter versagt ist. Das Problem wird aber

---

[189] Dreier/Schulze, Schulze, § 41, Rn. 37; zur Bedeutung der Rückrufsrechte als Argument im Rahmen der Auseinandersetzung um die Abstraktion s.u. D IV.

[190] vgl. Wandtke/Bullinger, Wandtke/Grunert, vor §§ 31 ff, Rn. 16; Fromm/Norde-mann, Hertin, vor § 31, Rn. 25 mit Verweis auf die Rechtsprechung zum Mietrecht in BGHZ 50, S. 312, 315. Mit den gleichen Rechtsfolgen – Beendigung ex nunc statt Rückabwicklung ex tunc – BGH GRUR 1982, S. 369, 371 – *Allwetterbad*.

[191] Schricker, Schricker, §§ 31/32, Rn. 17.

[192] Wandtke/Bullinger, Wandtke/Grunert, vor §§ 31 ff, Rn. 12; Möhring/Nicolini, Spautz, § 40, Rn. 15; Rehbinder, Urheberrecht, Rn. 315; Brandi-Dohrn, S. 102; ausführlich Fink, S. 120 ff.

[193] Amtl. Begr. UFITA 45 (1965), S. 240, 275.

[194] Möhring/Nicolini, Spautz, § 40, Rn. 15.

durch die §§ 818 Abs. 4, 819 Abs. 1 BGB befriedigend gelöst, ohne dass ein Rückgriff auf das Rücktrittsrecht nötig wäre[195].

Die Kündigung führt unter der Geltung des Abstraktionsprinzips zu anderen Ergebnissen als in kausalen Gestaltungen. Dem sofortigen Rechterückfall stehen in der Regel vertragliche Rückübertragungsansprüche, zum Beispiel aus §§ 581 Abs. 1, 546 Abs. 1 BGB und bereicherungsrechtliche Rückgewährsansprüche gegenüber[196].

d) Schließlich kann eine Störung der Geschäftsgrundlage gemäß § 313 BGB zur Anpassung oder Beendigung des Nutzungsvertrags führen[197]. Eine solche Störung liegt zum Beispiel vor, wenn sich zur Geschäftsgrundlage erhobene gemeinsame Vorstellungen der Parteien nicht realisieren oder eine schwerwiegende Äquivalenzstörung eintritt[198]. Soweit die Störung zu einer Beschränkung der Pflicht zur Rechtsverschaffung führt, fallen die überschüssigen Nutzungsrechte bei kausaler Gestaltung an den ursprünglichen Inhaber zurück[199], während das Abstraktionsprinzip Rückgewährsansprüche zur Folge hat.

### 3. Nichtigkeits- und Unwirksamkeitsgründe

Kommt das schuldrechtliche Geschäft bereits nicht zur Entstehung, so weichen die Rechtsfolgen von Abstraktion und Kausalität noch stärker voneinander ab.

a) Als urheberrechtliche Spezialvorschrift ordnet § 31 Abs. 4 UrhG eine von Beginn an wirkende (Teil-) Unwirksamkeit bezüglich verpflichtender und verfügender Rechtsgeschäfte über künftige Nutzungsarten an. Dennoch kann es zu Konstellationen kommen, in denen unter dem Abstraktionsprinzip nur die schuldrechtliche Seite erfasst wird. So zum Beispiel, wenn sich der Urheber dazu verpflichtet, Nutzungsrechte für bei Vertragsschluss unbekannte Nutzungsarten zum Zeitpunkt ihres Bekanntwerdens einzuräumen und er dies sodann auch erfüllt. Dann greift § 31 Abs. 4 UrhG zwar für die Verpflichtung, nicht aber für die Rechtseinräumung, so dass unter dem Abstraktionsprinzip eine Rückabwicklung stattfinden muss.

b) Die Nichtigkeit oder Unwirksamkeit kann sich weiterhin aus den Vorschriften des allgemeinen Teils des BGB ergeben, so zum Beispiel aus den Anfechtungsgründen der §§ 119, 123, 142 Abs. 1 BGB[200]. Diese werden sich aber in aller Regel auch auf das dingliche Geschäft auswirken. Zumindest in der Theorie kann auch eine Nichtigkeit wegen Geschäftsunfähigkeit nach § 105 Abs. 1 BGB oder eine Unwirksamkeit nach §§ 106 ff BGB lediglich für das schuldrechtliche Geschäft eintreten. Denkbar ist weiterhin mangelnde Vertretungsmacht bezüglich des schuldrechtlichen Geschäfts sowie ein Einigungsmangel.

Darüber hinaus kann das Verpflichtungsgeschäft gemäß §§ 134, 138 Abs. 1 BGB nichtig sein. Einen Sittenverstoß hat die Rechtsprechung vor allem in einem auffälligen Missverhältnis zwischen Leistung und Gegenleistung gesehen, so zum Beispiel wenn dem Urheber einseitig die Kosten für die Schallplattenproduktion auferlegt wer-

---

[195] Hierfür allein Fromm/Nordemann, Hertin, vor § 31, Rn. 29.
[196] Hierzu im Einzelnen in C.
[197] Dreier/Schulze, Schulze, vor § 31, Rn. 62 ff.
[198] BGH GRUR 1990, S. 1005, 1006 ff – *Salome I.*
[199] Wandtke/Bullinger, Wandtke/Grunert, vor §§ 31 ff, Rn. 14 ff.
[200] Fink, S. 110 ff.

den[201], oder ein Autor auf Dauer von jeglicher Einwirkung auf die Verwertung seiner Werke abgeschnitten und der urheberrechtlichen Wirkung nach für immer entmündigt wird[202]. Unter dem Abstraktionsgrundsatz wirkt sich die Nichtigkeit des schuldrechtlichen Geschäfts nach § 138 Abs. 1 BGB in der Regel nicht auf das dingliche Geschäft aus[203].

Die Nichtigkeitsgründe des BGB entfalten auch im Rahmen von Dauerschuldverhältnissen rückwirkende Rechtsfolgen. Ausnahmen hiervon hat die Rechtsprechung zwar für Arbeitsverhältnisse[204] und Gesellschaftsverträge anerkannt[205] - hier soll die Kündigung das einschlägige Mittel zur Geltendmachung der Sittenwidrigkeit sein. Grund für diese Einschränkungen sind die Schwierigkeiten bei der rückwirkenden Rückabwicklung dieser Schuldverhältnisse nach Bereicherungsrecht[206]. In der Literatur ist vereinzelt vorgeschlagen worden, die Nichtigkeitsfolge bei Nutzungsverträgen entsprechend zu beschränken[207], wofür aber kein Bedarf besteht, da eine mit Arbeits- und Gesellschaftsverhältnissen vergleichbare Komplexität der Rückabwicklung nicht zu befürchten ist. Dem Vorschlag ist daher weder die Rechtsprechung[208] noch die Literatur gefolgt[209].

### III. Das Nutzungsrecht

#### 1. Die Entstehung des Nutzungsrechts durch Einräumung

Gemäß § 31 Abs. 1 S. 1 UrhG entsteht das Nutzungsrecht dadurch, dass der Urheber einem anderen das Recht zur Werknutzung einräumt. Wie aus der Überschrift zu § 37 UrhG ersichtlich ist, handelt es sich bei der Rechtseinräumung um einen Vertrag. Die Rechtseinräumung ist eine Verfügung[210]. Sie stellt eine unmittelbare Einwirkung auf das Urheberrecht dar, welche dieses inhaltlich verändert. Hierbei wird ein Teil der Verfügungsmacht des Urhebers verbraucht, was für die Annahme einer Verfügung ausreicht[211].

Betrachtet man die dinglichen Folgen der Rechtseinräumung für das Urheberrecht, so lassen sich zwei Vorgänge unterscheiden: Zunächst wird das Nutzungsrecht erschaffen. Die von der Einräumung erfassten Verwertungsbefugnisse sind zwar bereits

---

201 BGH GRUR 1989, S. 198, 201 - *Künstlerverträge*.
202 LG Berlin GRUR 1983, S. 438, 439 – *Joseph Roth*.
203 MünchKomm § 138, Mayer-Maly/Armbrüster, Rn. 165; ausführlich Staudinger, Sack, § 138, Rn. 140 m.w.N. Zum Sittenverstoßes durch das an sich neutrale Erfüllungsgeschäft kritisch Stadler, S. 137 ff.
204 St. Rspr. seit BAG MDR 1960, S. 612, 613.
205 BGHZ 3, S. 285, 292; WM 1973, S. 900, 901.
206 Vgl. MünchKomm, Mayer-Maly/Armbrüster, § 138, Rn. 162.
207 Jestaedt, WRP 2000, S. 899, 900. Für die Anfechtung auch Fink, S. 114 ff.
208 BGH GRUR 1989, S. 198 ff – *Künstlerverträge*; LG Berlin GRUR 1983, S. 438 ff – *Joseph Roth*.
209 MünchKomm, Mayer-Maly/Armbrüster, § 138, Rn. 162; vgl. Wandtke/Bullinger, Wandtke/Grunert, vor §§ 31 ff, Rn. 108 ff.
210 Schricker, Schricker, vor §§ 28 ff., Rn. 44; Kraßer GRUR Int. 1973, S. 230, 232 ff. Zum Streit hinsichtlich des einfachen Nutzungsrechts s.u. 5.
211 Kraßer, GRUR Int. 1973, S. 230, 231.

vor der Rechtseinräumung im Urheberrecht vorhanden[212]. Durch die Rechtseinräumung werden aber aus der Vielzahl der urheberrechtlichen Befugnisse einige herausgegriffen, auf die konkreten Bedürfnisse der Parteien zugeschnitten und so das Nutzungsrecht geformt. Die betroffenen Befugnisse erhalten hierdurch eine neue, konkrete und beschränkte Gestalt[213]. Neben dieser konstitutiven Wirkung führt die Rechtseinräumung zu einer Ablösung der betroffenen Befugnisse, indem sie in die Rechtszuständigkeit des Verwerters überführt werden[214]. Dadurch vollzieht sich eine qualitative Teilung. Der Urheber bleibt weiterhin Inhaber des gesamten Urheberrechts, aus dem lediglich einige Bestandteile herausgelöst sind[215], die erst mit der Einräumung rechtliche Selbständigkeit erlangen[216].

Teile der Literatur bezeichnen die Einräumung als Belastung des Urheberrechts durch inhaltliche Abspaltung von Teilrechten[217], im neueren Schrifttum hat sich das Schlagwort der konstitutiven Rechtseinräumung durchgesetzt[218], worunter die Abzweigung eines Teilrechts und dessen Verselbständigung durch Übertragung auf ein neues Rechtssubjekt zu verstehen ist[219]. *Forkel* sieht in der Rechtseinräumung eine qualitative Teilübertragung der abgespaltenen Befugnisse[220]. Praktische Konsequenzen haben die unterschiedlichen Bezeichnungen indes nicht, denn es besteht Einigkeit darüber, dass die Einräumung des Nutzungsrechts nicht zu einer translativen Teilübertragung führt[221]. Insbesondere bewirkt die Einräumung von Nutzungsrechten keine Übertragung der in § 15 ff UrhG bezeichneten Verwertungsrechte. Diese sind zu den Nutzungsrechten wesensverschieden: Während die Verwertungsrechte den Umfang des Urheberrechts nach außen festlegen, stellen die Nutzungsrechte inhaltliche Teile des so geschaffenen absoluten Rechts dar, die aus dem Urheberrecht herausgelöst werden können.

Nutzungsrechte können gemäß § 31 Abs. 1 S. 2 UrhG in örtlicher, zeitlicher und sachlicher Hinsicht individuell zugeschnitten werden. Eine Grenze besteht erst dort, wo keine wirtschaftlich-technisch eigenständige, nach der Verkehrsauffassung klar abgegrenzte Verwertungsart mehr vorliegt[222]. Mehl und Hefe sind zulässige Zutaten des für den Verwerter angefertigten Gebäcks, nicht aber die in ihnen enthaltenen chemischen Grundstoffe. So kann bei der Rechtseinräumung an Werken der Literatur zum Beispiel nach Hardcover- und Taschenbuchausgaben differenziert werden[223]. Ebenso

---

[212] Leßmann, S. 30.
[213] Beilharz, S. 22.
[214] Schricker, Schricker, vor §§ 28 ff, Rn. 43.
[215] Eggersberger, S. 143.
[216] Leßmann, S. 30.
[217] Kraßer GRUR Int. 1973, S. 230, 232.
[218] Schricker, Schricker, § §§ 31/32, Rn. 1; Ulmer, Urheberrecht, S. 359.
[219] V. Tuhr II 1, S. 62 ff; Leßmann, S. 29.
[220] Forkel, S. 135.
[221] Vgl. Rehbinder, Urheberrecht, Rn. 305; Fromm/Nordemann, vor § 28, Rn. 1; Forkel, S. 135 f.
[222] BGH GRUR 1986, *GEMA-Vermutung I*, S. 62, 65; BGH GRUR 1992, S. 310, 311 – *Taschenbuch-Lizenz*; Götting, Festschrift für Schricker, S. 69.
[223] BGH GRUR 1992, S. 310, 311 f – *Taschenbuchlizenz*. Die Möglichkeit der Einräumung eines Nutzungsrechts nur für Hardcoverausgaben im dafür typischen oberen Preissegment hat der BGH in dieser Entscheidung abgelehnt.

ist es möglich, ein Nutzungsrecht für den Vertrieb von Büchern in Buchklubs einzuräumen[224]. Keine selbständige Verwertungsart ist hingegen der Büchervertrieb über Kaffeefilialgeschäfte außerhalb des Sortimentsbuchhandels[225]. Die Begrenzung der Abspaltbarkeit dient der Klarheit und Sicherheit des Rechtsverkehrs[226], in dessen Interesse eine Atomisierung der Nutzungsrechte vermieden werden soll.

## 2. Unterschiede zur Gestattung

Neben der Rechtseinräumung kann der Urheber dem Verwerter gemäß § 29 Abs. 2, 2. Alt. auch eine Gestattung zur Nutzung des Werkes erteilen, wodurch er sich schuldrechtlich dazu verpflichtet, keine Unterlassungsansprüche aus § 97 Abs. 1 UrhG geltend zu machen[227]. Die Gestattung entsteht mit der schuldrechtlichen Einigung der Parteien[228], ohne dass es einer separaten dinglichen Einigung bedürfte. Ähnlich dem Pachtvertrag[229] ist das durch die Gestattung vermittelte Recht deshalb kausaler Natur: Fällt die schuldrechtliche Vereinbarung zwischen den Parteien weg, so erlischt sie ohne weiteres. Inhaltlich erlaubt die Gestattung vor allem deshalb größere Gestaltungsspielräume, weil sie sich nicht auf eine wirtschaftlich-technisch eigenständige Verwertungsart beziehen muss[230].

Auch die Gestattung ist in einfacher und ausschließlicher Form möglich. Eine Exklusivität wird dadurch erreicht, dass der Urheber zusichert, sich selbst jeglicher Werkauswertung zu enthalten und keine weiteren Gestattungen zu erteilen. Die Gestattung kann einem (ausschließlichen) Nutzungsrecht also inhaltlich stark angenähert werden. Ein wichtiger Unterschied bleibt jedoch stets bestehen: Die Gestattung wirkt nur schuldrechtlich. Erlaubt der Urheber zum Beispiel trotz einer bestehenden ausschließlichen Gestattung weiteren Verwertern die Werknutzung, so stellt dies zwar eine Pflichtverletzung gegenüber seinem bisherigen Vertragspartner dar. An der Wirksamkeit der weiteren Gestattungen oder Nutzungsrechte ändert dies aber nichts; die hinzugekommenen Verwerter dürfen das Werk auswerten, da der Sukzessionsschutz aus § 33 UrhG nur für Nutzungsrechte gilt[231]. So wie ein Verpächter über dasselbe Grundstück mehrere kollidierende Pachtverträge schließen kann, ist es dem Urheber unbenommen, mehrere sich widersprechende Verpflichtungen einzugehen[232]. Räumt der Urheber einem Dritten ein ausschließliches Nutzungsrecht ein, so muss der Inhaber

---

[224] BGH GRUR 1959, S. 200, 202 – *Der Heiligenhof.*

[225] BGH GRUR 1990, S. 669, 671 – *Bibelreproduktion.*

[226] Götting, Festschrift für Schricker, S. 53, 69.

[227] Dreier/Schulze, Schulze, § 31, Rn. 6; Schricker, Schricker, vor §§ 28 ff, Rn. 25. Grundsätzlich denkbar, wenngleich erheblich seltener ist eine Einwilligung, die den Verletzungstatbestand bereits ausschließt oder die Rechtswidrigkeit entfallen lässt. Hierzu Schricker, vor §§ 28 ff, Rn 27; Wandtke/Bullinger, Wandtke/Grunert, § 31, Rn. 37.

[228] OLG Hamburg, UFITA 67 (1973), S. 245, 257; Haberstumpf Rn. 248.

[229] Schricker, Schricker, vor §§ 28 ff, Rn. 25.

[230] Fromm/Nordemann, Hertin, §§ 31/32, Rn. 2; Schricker, Schricker, vor §§ 28 ff, Rn. 49, 57.

[231] Schricker, Schricker, § 33, Rn. 5; Dreier/Schulze, Schulze, § 33, Rn. 3.

[232] Ein Unterschied zum Pachtvertrag liegt allerdings häufig in der Ubiquität des Werkes, die eine sofortige Nutzung möglich macht. Bei der Pacht ist hierfür die Inbesitznahme des Grundstückes erforderlich.

einer zuvor bestehenden Gestattung Unterlassungsansprüche aus diesem ausschließlichen Nutzungsrecht befürchten.

Aufgrund ihrer schuldrechtlichen Natur ist die Gestattung nicht gemäß § 34 Abs. 1 UrhG übertragbar. Soll der Berechtigte wechseln, so muss ein Parteiwechsel in dem Nutzungsvertrag vorgenommen werden. Hierin besteht ein wichtiger Unterschied zum Nutzungsrecht, bei dessen Erwerb kein Parteiwechsel stattfindet, sondern der Erwerber gemäß § 34 Abs. 4 UrhG nur für die Verpflichtungen des Veräußernden aus dem Nutzungsvertrag mithaftet.

### 3. Die monistische Theorie des Urheberrechts

Das Regelungsmodell der konstitutiven Rechtseinräumung erfordert gegenüber der Teilübertragung eine erheblich aufwendigere dogmatische Begründung und erschwert zudem die Verständlichkeit des Gesetzes. So ist der Unterschied zwischen den Verwertungsrechten der §§ 15 ff UrhG und dem Nutzungsrecht nicht auf den ersten Blick erkennbar. Es stellt sich daher die Frage nach dem Zweck des § 29 Abs. 1 UrhG, der eng mit einem Paradigmenwechsel im deutschen Urheberrecht verbunden ist:

Bis zum Inkrafttreten des Urheberrechtsgesetzes im Jahr 1965 war das Urheberrecht auf mehrere Kodifikationen verteilt, welche noch immer auf dem Stand der Urheberrechtslehre zu Beginn des 20. Jahrhunderts waren[233]. Danach setzte sich das Urheberrecht aus einer vermögensrechtlichen und einer persönlichkeitsrechtlichen Komponente zusammen, die als Doppelrecht zwar gemeinsam in der Hand des Urheber entstanden, aber keine Einheit bildeten[234]. Über die vermögensrechtliche Seite konnte deshalb unabhängig von der persönlichkeitsrechtlichen Seite verfügt werden. Insbesondere war nach dieser dualistischen Lehre eine vollständige oder teilweise Übertragung möglich[235]. In der Folgezeit setzte sich jedoch eine Vorstellung durch, nach der das Urheberrecht einheitlich persönlichkeitsrechtliche und vermögensrechtliche Interessen des Urhebers schützt[236], wobei die einzelnen Bestandteile nicht voneinander zu trennen und das Urheberrecht weder als Ganzes, noch in Teilen übertragbar ist[237]. Gestattet der Urheber einem anderen die Nutzung des Werkes, so ist nach dieser monistischen Theorie stets auch die persönlichkeitsrechtliche Komponente betroffen.

Der Gesetzgeber des UrhG 1965 hat die monistische Theorie aufgegriffen und das Urheberrecht in § 29 Abs. 1 UrhG für unübertragbar erklärt[238]. Neben dogmatischen Erwägungen versprach er sich hiervon vor allem einen verbesserten Schutz des Urhebers vor pauschaler und endgültiger Weggabe seiner Rechte sowie den Verbleib eines

---

[233] Hierzu s.o. A III 2.

[234] Grundlegend Kohler, Urheberrecht, S. 128 ff.

[235] Kohler, Urheberrecht, S. 243 ff; so im Ergebnis trotz einschränkender Tendenzen aufgrund der Zweckübertragungslehre auch noch RGZ 123, S. 312, 317 ff – *Wilhelm Busch*; RG 118, S. 282, 286 ff – *Musikantenmädel*. Vgl. auch die Normen der §§ 8 Abs. 3 LUG und 10 Abs. 3 KUG, welche die Übertragbarkeit des Urheberrechts ausdrücklich anerkannten.

[236] So für das deutsche Recht zuerst Allfeld, 1. Aufl. 1902, S. 23 ff; Ausführlich de Boor, Vom Wesen, S. 53 ff, 56. Zuvor war die monistische Theorie bereits für das österreichische Recht vertreten worden, vgl. hierzu Eggersberger, S. 37 f.

[237] De Boor, Vom Wesen, S. 56 f; Ulmer, S. 116.

[238] Amtl. Begr. UFITA 45 (1965), S. 270.

Mindestmaßes an Kontrolle über das Werk[239]. So bleibt der Urheber auch nach Einräumung für Ansprüche aus § 97 Abs. 1 UrhG aktivlegitimiert, falls Dritte das Urheberrecht verletzen, da die Verwertungsrechte ihm in Form der Verbietungsrechte verbleiben[240]. Darüber hinaus fällt nach der neuen Dogmatik das Nutzungsrecht automatisch auf den Urheber zurück, wenn es in der Hand des Verwerters durch Zeitablauf oder Verzicht erlischt[241] oder der Verwerter ohne Erben stirbt[242].

#### 4. Die Zweckbindung des Nutzungsrechts und die Rechtsstellung des Inhabers

Die monistische Theorie stellte den Gesetzgeber allerdings vor weitere Aufgaben. Ging die Möglichkeit der Verfügung über das Urheberrecht zuvor unmittelbar aus seiner Rechtsnatur hervor, so musste das UrhG 1965 ausdrücklich regeln, ob und wie Dritten die Nutzung des Werkes erlaubt werden kann. Die Antwort hieraus ist § 29 Abs. 2, 1. Alt. UrhG, der als zulässige Verfügung die Rechtseinräumung benennt und damit das Nutzungsrecht als sachenrechtlichen Typus erschafft. Für die Frage nach der Abstraktion des Nutzungsrechts ist von Interesse, welchen Status der Gesetzgeber dem Nutzungsrecht und seinem Inhaber damit zugewiesen hat.

Aus der knappen Gesetzesbegründung kann lediglich darauf geschlossen werden, dass eine Verwertung des Werkes ermöglicht werden sollte[243]. Das könnte zu dem Schluss verleiten, der Gesetzgeber habe die Auswertung des Werkes durch Dritte und damit auch das Nutzungsrecht nur als notwendiges Übel in Kauf genommen. In der Tat ist durch die monistische Theorie das Urheberrecht eindeutig und unveränderlich dem Urheber zugeordnet. Allerdings wäre es nach den Grundsätzen dieser Lehre nicht erforderlich gewesen, dem Verwerter überhaupt die Erlangung einer dinglichen Rechtsposition zu ermöglichen. Hätte der Gesetzgeber ausschließlich die Interessen des Urhebers im Blick gehabt, so wäre es konsequent gewesen, lediglich schuldrechtlich wirkende Gestattungen zuzulassen, denn diese versetzen den Verwerter ebenso in die Lage, das Werk rechtmäßig zu nutzen.

Die §§ 29 Abs. 2, 1. Alt., 31 Abs. 1, 2 UrhG gehen darüber weit hinaus. Das gilt zunächst für das ausschließliche Nutzungsrecht, welches den Verwerter dazu berechtigt, andere – und sogar den Urheber selbst[244] – von der Nutzung des Werkes auszuschließen. Der Inhaber erhält hierdurch ein eigenes dingliches und klagbares Recht, woran ausschließlich die Verwerterseite ein Interesse hat. Sie benötigt die Ausschlusskomponente, um gegen Konkurrenten, aber auch gegen den Urheber selbst vorzugehen. Auch der Sukzessionsschutz nach § 33 UrhG zeigt, dass der Gesetzgeber die Interessen der Verwerterseite berücksichtigt und hierfür einen erheblichen Verlust an Rechtsmacht auf der Seite des Urhebers in Kauf genommen hat. Ein weiteres Beispiel ist § 34 Abs. 1, Abs. 5 S. 2 UrhG, wonach das Nutzungsrecht voll verkehrsfähig ausgestaltet werden kann, so dass eine Übertragung durch Rechtsgeschäft zwischen den Verwertern ohne Beteiligung des Urhebers möglich ist. Für letzteren mag dies oft

[239] Amtl. Begr. UFITA 45 (1965), S. 243.
[240] BGHZ 118, S. 394, 399 f – *ALF*; Amtl. Begr. UFITA 45 (1965), S. 243.
[241] Amtl. Begr. UFITA 45 (1965), S. 240, 243.
[242] Seetzen, S. 72.
[243] Amtl. Begr. UFITA 45 (1965), S. 240, 270.
[244] BGHZ 118, S. 394, 399 – *ALF*; Dreier/Schulze, Schulze, § 31, Rn. 57.

schmerzlich sein, da gerade die Person des Verwerters aus seiner Sicht eine entscheidende Rolle spielt. Dennoch hat das Gesetz das Interesse der Verwerterseite an einer Vereinfachung der Übertragung berücksichtigt und den Verzicht auf das Zustimmungserfordernis ermöglicht.

Das Urheberrecht ist zweifellos Eigentum im Sinne des Art. 14 Abs. 1 GG[245]. Ob der Schutzbereich dieses Grundrechts auch im Hinblick auf das Nutzungsrecht eröffnet ist, kann hier nicht beantwortet werden[246]. Fest steht aber, dass die Inhaber von Nutzungsrechten im System des UrhG mehr als nur einen Duldungsstatus haben. Das Gesetz ordnet ihre Interessen zwar insgesamt denen der Urheber unter, was sowohl in Einzelvorschriften als auch dem Programmsatz des § 11 UrhG und sogar in der Bezeichnung des „Gesetzes zur Stärkung der vertraglichen Stellung von Urhebern und ausübenden Künstlern" zum Ausdruck kommt. An zentralen Punkten sind jedoch auch die Belange der Inhaber von Nutzungsrechten berücksichtigt.

### 5. Das einfache Nutzungsrecht als dingliches Recht

Aufgrund seiner Ausschlusskomponente ist allgemein anerkannt, dass das ausschließliche Nutzungsrecht dinglicher Natur ist[247]. Dem einfachen Nutzungsrecht fehlt hingegen das Verbietungsrecht, weshalb sich der Inhaber nicht gegen die Werknutzung durch Dritte wehren kann. Seine Rechtsnatur ist deshalb umstritten, wobei die Einordnung als dingliches[248] Recht durchaus praktische Relevanz hat[249]:

#### a) Auswirkungen des Meinungsstreites

Qualifiziert man das einfache Nutzungsrecht als lediglich schuldrechtlich, so kommt es hier auf das Abstraktionsprinzip nicht an. Die Rechtseinräumung wäre Bestandteil des Kausalgeschäfts, mit dessen Fortfall auch das einfache Nutzungsrecht erlöschen würde, ohne dass es einer Rückübertragung bedürfte. Bedeutung erlangt der Streit weiterhin, wenn es um die Aufspaltbarkeit des Nutzungsrechts geht: Dem dinglichen Nutzungsrecht sind hier Grenzen gesetzt[250], welche der lediglich schuldrechtlichen Gestattung fehlen[251]. Über diesen Unterschied hilft es nicht hinweg, dass bei unterstellter dinglicher Einordnung eine gegen die Grenze der Aufspaltbarkeit verstoßende

---

[245] BVerfG GRUR 1972, S. 481, 483 – *Kirchen- und Schulgebrauch*; BVerfG GRUR 1980, S. 44, 46 – *Kirchenmusik*; ausführlich Fechner, Geistiges Eigentum, S. 186 ff, 165 ff.

[246] Dafür spricht vor allem beim ausschließlichen Nutzungsrecht, dass sowohl die für das Eigentum typische Nutzungs- als auch die Ausschlusskomponente vorhanden ist. Dagegen kann eingewendet werden, dass die Nutzungskomponente nicht voll entwickelt ist. Deren negative Seite – die Freiheit, das Nutzungsrecht gerade nicht auszuüben – ist durch § 41 Abs. 1 UrhG stark eingeschränkt.

[247] Fromm/Nordemann, Hertin, §§ 31/32, Rn. 3; Forkel, S. 219 ff; Schack, Rn. 540.

[248] Korrekter ist die Bezeichnung „absolutes Recht", vgl. Soergel, Mühl, Einl Sachenrecht, Rn. 8. In der Diskussion um die Rechtsnatur des Nutzungsrechts wurde bislang einheitlich der Terminus „dingliches Recht" gewählt. Dem soll hier gefolgt werden.

[249] A.A. Kraßer, GRUR Int. 1973, S. 230, 235; Dreyer/Kotthoff/Meckel, Kotthoff, § 31, Rn. 102.

[250] BGH GRUR 1986, *GEMA-Vermutung I*, S. 62, 65; BGH GRUR 1992, S. 310, 311 – *Taschenbuch-Lizenz*.

[251] Fromm/Nordemann, Hertin, §§ 31/32, Rn. 2; Schricker, Schricker, vor §§ 28 ff, Rn. 49; vgl. oben III. 2.

Rechtseinräumung in eine Gestattung umgedeutet werden kann[252]. Denn für Gestattungen gilt der Sukzessionsschutz des § 33 UrhG nicht.

Nur von akademischem Interesse ist die Frage im Hinblick auf den Sukzessionsschutz. Räumt der Urheber dem Verwerter zunächst ein einfaches und sodann einem Dritten ein ausschließliches Nutzungsrecht ein, so bleibt das einfache Nutzungsrecht gemäß § 33 UrhG bestehen. Nach dem insofern eindeutigen Wortlaut der Norm wäre dies selbst dann anzuwenden, wenn das einfache Nutzungsrecht lediglich schuldrechtlichen Charakter hätte.

**b) Streitstand**

Für eine lediglich schuldrechtliche Einordnung sprechen sich Teile der Literatur und die ältere Rechtsprechung aus[253]. Nach dieser Ansicht handelt es sich um ein Recht gemäß § 241 Abs. 1 BGB, welches auf Duldung der Werknutzung gerichtet ist. Die Norm des § 34 Abs. 1 UrhG wäre demnach als Abtretungsverbot i.S.d. § 399, 2. Alt. BGB anzusehen. Zur Begründung wird angeführt, die Rechtsnatur zeige sich schon am Inhalt des einfachen Nutzungsrechts, der sich in einem reinen Duldungsanspruch erschöpfe. Der Inhaber habe gegenüber dem Urheber das Recht, das Werk zu nutzen, könne aber weder den Urheber, noch Dritte hiervon ausschließen. Absolute Rechte erforderten aber nicht nur eine Nutzungs- sondern auch eine Ausschlusskomponente[254]. Außerdem habe der Gesetzgeber in seiner Begründung zu § 33 UrhG eindeutig Stellung bezogen, indem er anmerkte, dass diese Norm eine Ausnahme von dem Grundsatz darstelle, nach dem ein einfaches Nutzungsrecht nur schuldrechtliche Wirkung habe[255]. An anderer Stelle führe er aus, das Nutzungsrecht ähnele der auf dem Gebiet des Patentrechts üblichen einfachen Lizenz[256]. Deren obligatorischer Charakter sei aber unstreitig[257]. Es bestehe auch kein zwingender Anlass, hiervon abzuweichen und dadurch die Systematik des UrhG aufzugeben[258].

Demgegenüber sieht die mittlerweile herrschende Meinung das einfache Nutzungsrecht als dinglich an[259]. Hierfür wird vor allem § 33 UrhG angeführt, wonach das einfache Nutzungsrecht gegenüber später eingeräumten Nutzungsrechten wirksam bleibe. Es wirke damit nicht nur zwischen den Parteien, sondern auch gegenüber Dritten[260]. Mit der Neufassung des § 33 UrhG im Zuge des Gesetzes zur Stärkung der Stellung

---

[252] So offenbar Dreyer/Kotthoff/Meckel, Kotthoff, § 31, Rn. 102.
[253] BGH GRUR 1959, S. 200, 201 – *Der Heiligenhof*; vgl. zur Patentlizenz BGH NJW 1790, 1791 – *Verankerungsteil.*
[254] Fromm/Nordemann, Hertin, §§ 31/32, Rn. 2; Möhring/Nicolini, Spautz, § 31, Rn. 39; Seetzen, S. 71.
[255] Amtl. Begr. UFITA 45 (1965), S. 272.
[256] Amtl. Begr. UFITA 45 (1965), S. 270.
[257] Möhring/Nicolini, Spautz, § 31, Rn. 40.
[258] Möhring/Nicolini, Spautz, § 31, Rn. 40.
[259] So v. Gamm, § 31, Rn. 11, § 32 Rn. 14; Ulmer, S. 386 f; Rehbinder, Urheberrecht, Rn. 306; Schricker, Schricker, § 33 Rn. 1; Wandtke/Bullinger, Wandtke/Grunert, § 33, Rn. 2; Schulze/Dreier, Schulze, § 31, Rn. 52; Loewenheim, Handbuch, Vogel, § 25, Rn. 7; Forkel, S. 222 f, ders. NJW 1983, S. 1764, 1766 f; Fischer/Reich, Rn. 10; Wallner, NZI 2002, S. 70, 76 ff; Runge, UFITA 66 (1973), S. 1, 4; Smid/Lieder, DZWiR 2005, S. 7, 8; LG München I, CR 2004, S. 774, 775.
[260] Schack, Rn. 540; Forkel, S. 87.

von Urhebern und ausübenden Künstlern habe der Gesetzgeber zudem die alte Dogmatik hinsichtlich des einfachen Nutzungsrechts aufgegeben[261]. *Ulmer* zufolge ist auch die einfache Berechtigung ein Recht am Werk, das seiner Natur nach dem positiven Kern des ausschließlichen Nutzungsrechts entspricht. Verwandele sich ein ausschließliches Nutzungsrecht zum Beispiel aufgrund vertraglicher Vereinbarung nach der Rechtseinräumung in ein einfaches Nutzungsrecht, so entfiele lediglich das Verbotsrecht. Das positive dingliche Recht zur Benutzung des Werkes bleibe unberührt[262].

#### c) Stellungnahme

##### aa) Die Definition des dinglichen Rechts

Das BGB benutzt den Begriff des dinglichen Rechts an vielen Stellen, ohne ihn ausdrücklich zu definieren. Nach lang anhaltender Diskussion hat sich in Rechtsprechung und Literatur eine Ansicht durchgesetzt, die sich an § 903 S. 1 BGB orientiert[263]. Danach sind dingliche Rechte durch eine Nutzungs- und eine Ausschlusskomponente gekennzeichnet[264]: Der Rechtsinhaber kann das Recht nach eigenem Belieben ausüben und jedermann von der Einwirkung in jeder denkbaren Beziehung[265] ausschließen.

Bereits der sachenrechtliche numerus clausus des BGB enthält aber dingliche Rechte, die nicht zum vollständigen Ausschluss fremder Einwirkung auf die Sache berechtigen. *Forkel* nennt hier als Beispiel eine Dienstbarkeit, die den Inhaber neben anderen zum Abbau von Sand auf einem bestimmten Grundstück berechtigt[266]. Von *Völp* stammt das Beispiel des Wegerechts gemäß § 1018 BGB, nach dem der Inhaber den Weg selbst nutzen, andere hiervon aber nicht ausschließen kann[267]. Dies zeigt, dass die gängige Definition des dinglichen Rechts auf das Eigentum fixiert ist und bereits bei anderen dinglichen Rechten des BGB versagt. Sie ist daher dahingehend einzuschränken, dass überhaupt eine Wirkung gegen Dritte bestehen muss – unabhängig davon, ob diese zum Ausschluss berechtigt[268]. Diese Voraussetzung erfüllt das einfache Nutzungsrecht aufgrund der Regelung in § 33 UrhG, welcher die Folgen über den Rechtskreis der an der Einräumung beteiligten Personen hinaus erweitert – ein Effekt, der schuldrechtlichen Vereinbarungen fremd ist.

##### bb) Obligatorische Rechte mit Wirkung gegenüber Dritten

Dem Argument aus § 33 UrhG wird häufig entgegengehalten, das allgemeine Zivilrecht kenne durchaus schuldrechtliche Vereinbarungen mit Wirkung gegenüber jeder-

[261] Wandtke/Bullinger, Wandtke/Grunert, § 33, Rn. 2.
[262] Ulmer, S. 369.
[263] Zur Entwicklung des Streites siehe Staudinger, Einl zum SachenR, Seiler, Rn. 17 f m.w.N.
[264] Staudinger, Einl. Zum SachenR, Seiler, Rn. 18; Soergel, Mühl, Einl. Sachenrecht, Rn. 8; MünchKomm, Säcker, § 903, Rn. 6; Baur/Stürner, § 2 A I 2.; Kühne, AcP 140 (1935), S. 1, 13 ff.
[265] So Kühne AcP 140 (1935), S. 1, 13; Staudinger, Einl zum Sachenrecht, Seiler, Rn. 18; Deutsch, MDR 1988, S. 441, 442; vgl. Soergel, Mühl, Einl Sachenrecht, Rn. 8.
[266] Forkel, NJW 1983, S. 1764, 1766.
[267] Völp, GRUR 1983, S. 45, 48.
[268] Forkel, NJW 1983, S. 1764, 1766; für das Patentrecht Völp, GRUR 1983, S. 45, 48.

mann[269]. Einige Autoren nennen die Vorschrift des § 566 Abs. 1 BGB als Beispiel, welche den Mieter zur Nutzung der Mietsache auch gegenüber einem neuen Eigentümer berechtigt[270]. Mit einem dinglich wirkenden Sukzessionsschutz hat die Vorschrift aber nichts gemein. Sie bewirkt einen Austausch des Vertragspartners auf Vermieterseite, indem der Erwerber in die einzelnen aus dem Mietverhältnis resultierenden schuldrechtlichen Verpflichtungen einbezogen wird[271]; dies geht bereits aus dem Wortlaut „tritt in die Rechte und Verpflichtungen ein" hervor. Der Erwerber ist damit nicht unbeteiligter Dritter, sondern Vertragspartner des Mieters, der einem vertraglichen Anspruch aus § 535 Abs. 1 BGB ausgesetzt ist. Im Gegensatz dazu trifft die Rechtsfolge des § 33 den Erwerber eines kollidierenden Rechts ohne jegliche vertragliche Sonderverbindung unmittelbar aus dem einfachen Nutzungsrecht selbst heraus.

Weiterhin wird die Vormerkung genannt, welche ebenfalls Drittwirkung entfalte[272]. Dem ist entgegenzuhalten, dass die Vormerkung gerade kein rein obligatorisches Recht und daher auch keine Ausnahme von der Regel darstellt, dass Sukzessionsschutz nur für dingliche Rechte gewährt wird[273].

Eine echte Wirkung obligatorischer Rechte gegenüber Dritten resultiert hingegen aus § 986 Abs. 2 BGB[274], der den Herausgabeanspruch aus § 985 BGB einschränkt. Der Besitzer kann sein Recht zum Besitz danach nicht nur seinem Vertragspartner entgegenhalten, welcher Eigentümer der Sache ist, sondern auch jedem Erwerber der Sache. Auch lediglich schuldrechtlich wirkendende Rechte aus Kauf, Miete oder Leihe erhalten damit einen Sukzessionsschutz[275]. Aufgrund der Einzigartigkeit der Vorschrift können hieraus aber keine Rückschlüsse dahingehend gezogen werden. Zumindest in der Regel ist der Sukzessionsschutz dinglichen Rechten vorbehalten[276]. Entscheidend ist aber, dass § 986 Abs. 2 BGB für sich genommen kein Recht darstellt, sondern nur den Anspruch aus § 985 BGB einschränkt. Im Gegensatz zu § 33 UrhG werden hierdurch keine positiven Rechte begründet, sondern lediglich Gegenrechte gestärkt.

#### cc) Wortlaut und Entstehungsgeschichte des UrhG

§ 31 Abs. 1 S. 2 UrhG besagt, dass Nutzungsrechte als einfache und als ausschließliche Rechte „eingeräumt" werden können. Die Norm unterscheidet also hinsichtlich des zum Rechtserwerb führenden Vorganges nicht zwischen einfachem und dinglichem Nutzungsrecht. Offensichtlich geht das Gesetz davon aus, dass beide Arten des Nutzungsrechts durch Einräumung und damit durch Verfügung entstehen, denn für schuldrechtliche Geschäfte passt der stark dogmatisch durchdrungene Begriff „Rechtseinräumung" nicht.

---

[269] Brandi-Dohrn, GRUR 1983, S. 146, 148; Fromm/Nordemann, Hertin, §§ 31/32, Rn. 2; Kraßer GRUR Int. 1973, S. 230, 233.
[270] Herbst, S. 247, 248; Lüdecke GRUR 1964, S. 470, 473. Eine entsprechende Regelung findet sich in § 14 Abs. 1 S. 1 BJagdG, wobei aber nichts anderes gilt, da die Vorschrift aus § 566 BGB verweist.
[271] MünchKomm, Wacke, § 883, Rn. 4; Baur/Stürner, § 6 II 1 b).
[272] Kraßer, GRUR Int. 1973, S. 230, 233.
[273] Baur/Stürner, § 20 I 3 (S. 219, Rn. 10).
[274] Staudinger, Gursky, § 986, Rn. 49; Herbst, S. 248; vgl. Brandi-Dohrn, GRUR 1983, S. 146, 148.
[275] Waltermann, Jura 1993, S. 521, 525 ff.
[276] Soergel, Mühl, Einl Sachenrecht, Rn. 8.

Zuzugeben ist, dass der Gesetzgeber im Rahmen der Begründung des § 33 UrhG das einfache Nutzungsrecht als schuldrechtlich angesehen hat[277]. Allerdings erklärt er an der betreffenden Stelle, dass die Norm von diesem Grundsatz gerade eine Ausnahme darstelle – womit dem einfachen Nutzungsrecht jedenfalls infolge der Regelung des § 33 UrhG dingliche Wirkung zugesprochen wird. Eine Aussage zur dogmatischen Einordnung des einfachen Nutzungsrechts lässt sich der Begründung jedenfalls nicht entnehmen und war auch nicht beabsichtigt[278]. Vielmehr sah sich der Gesetzgeber lediglich aufgrund der seinerzeit vor allem im Patentrecht noch herrschenden Meinung zur Rechtfertigung des § 33 UrhG gezwungen. Hinsichtlich des Patenrechts wäre dies bereits schon deshalb nicht nötig gewesen, weil die in §§ 29 Abs. 2, 31 Abs. 1 UrhG neu geschaffene Verfügung durch Rechtseinräumung zwar ursprünglich auf das Patentrecht zurückgeht[279], infolge der langen Diskussion in ihrer konkreten Gestalt aber Ausdruck speziell urheberrechtlicher Wertungen und insbesondere der monistischen Theorie ist.

Hinzu kommt, dass der Wortlaut des § 33 UrhG durch das Gesetz zur Stärkung der vertraglichen Stellung von Urhebern und ausübenden Künstlern neu gefasst wurde und erst in der heutigen Fassung einfache und ausschließliche Nutzungsrechte in einem Atemzug nennt. Eine weitere Neuerung enthält § 29 Abs. 2 UrhG, der nunmehr ausdrücklich von Nutzungsrechten einerseits und schuldrechtlichen Einwilligungen andererseits spricht. Beides deutet darauf hin, dass der Gesetzgeber seine Ansicht über die Rechtsnatur des einfachen Nutzungsrechts geändert hat[280].

#### dd) Ergebnis

Das einfache Nutzungsrecht hat dinglichen Charakter. Die Frage nach der Anwendbarkeit des Abstraktionsgrundsatzes im Urheberrecht stellt sich damit für beide Formen des Nutzungsrechts.

## 6. Vergleich zwischen Nutzungsrecht und anderen dinglichen Rechten

Nach Ansicht des Gesetzgebers und diverser Autoren ähnelt das Nutzungsrecht dem Nießbrauch sowie der Patentlizenz[281]. Möglicherweise lassen sich daher aus den für diese Rechte geltenden Grundsätze Rückschlüsse auf die Anforderungen an die Verkehrsfähigkeit des Nutzungsrechts ziehen.

### a) Nießbrauch

Zum Nießbrauch ergibt sich zunächst eine inhaltliche Ähnlichkeit. Auf den ersten Blick haben Nutzungsrecht und Nießbrauch gemäß §§ 1030, 1068 BGB zwar unterschiedliche Gegenstände, da § 1068 Abs. 1 BGB den Nießbrauch an einem Recht beschreibt, während das Nutzungsrecht gemäß § 31 Abs. 1 S. 1 UrhG am Werk und nicht am Urheberrecht besteht. Der Unterschied im Wortlaut resultiert aber lediglich daraus,

[277] Amtl. Begr. UFITA 45 (1965), S. 272.
[278] Herbst, S. 166.
[279] Insofern noch zutreffend Möhring/Nicolini, Spautz, § 31, Rn. 40.
[280] Kellenter, Festschrift für Tilmann, S. 807, 817.
[281] Amt. Begr. UFITA 45 (1965), S. 270; Röhler, S. 71; Forkel S. 121 m.w.N.; Eggersberger, S. 15.

dass der Gesetzgeber in § 31 Abs. 1 UrhG bei der Formulierung konkreter werden konnte: Da die eingeräumten Befugnisse aus dem Urheberrecht stammen, beziehen sie sich stets auf das Werk. Demgegenüber kann der Nießbrauch des § 1068 BGB an nutzbaren Rechten aller Art bestellt werden[282], weshalb hier abstrakter formuliert werden musste. Beide Rechte stimmen aber darin überein, dass der Berechtigte Nutzungen ziehen darf, die vor der Einräumung dem Verfügenden (allein) zustanden.

Unterschiede zeigen sich aber im Umfang der Berechtigung. Während das Nutzungsrecht gemäß § 31 Abs. 1 UrhG einzelne oder alle Nutzungsarten umfassen kann, bezieht sich der Nießbrauch laut §§ 1068 Abs. 2, 1030 BGB auf alle Nutzungen und kann nur in eng begrenztem Rahmen eingeschränkt werden. Weiterhin fehlt dem Nießbrauch die Unterscheidung zwischen einfacher und ausschließlicher Berechtigung sowie die Möglichkeit, Tochterrechte einzuräumen. Im Gegensatz zum Nutzungsrecht ist es gemäß § 1059 BGB unübertragbar, wovon § 1059a BGB Ausnahmen nur für die Gesamtrechtsnachfolge juristischer Personen und den Betriebsübergang zulässt. Während der Nießbrauch mit dem Tod des Nießbrauchers zwingend nach § 1061 S. 1 BGB erlischt[283], kann das Nutzungsrecht gemäß § 1922 BGB vererbt werden[284]. Ein weiterer Unterschied ergibt sich hinsichtlich des gutgläubigen Erwerbs, der nur beim Nießbrauch möglich ist[285]. Darüber hinaus steht dem Nießbraucher die Eigentumsvermutung aus § 1006 BGB zu[286]. Schließlich entsteht bei Einräumung eines Nießbrauchsrechts ein gesetzliches Schuldverhältnis zwischen den Parteien, was dem Urhebervertragsrecht fremd ist.

Damit ist der Abstand zwischen Nießbrauch und Nutzungsrecht insgesamt derart groß, dass sich aus der gesetzlichen Regelung des Nießbrauches keinerlei Anhaltspunkte für den Stellenwert der Verkehrsfähigkeit im Urheberrecht ergeben können.

### b) Immaterialgüterrechtliche Lizenzen

Die Einräumung des Nutzungsrechts entspricht wirtschaftlich der Erteilung der Lizenz im Immaterialgüterrecht. In beiden Fällen erhält der Vertragspartner ein dingliches Recht zur Nutzung und Auswertung des Schutzgutes. Im Urheberrecht ist dies das Werk, im Immaterialgüterrecht das Patent, die Marke, das Gebrauchsmuster.

Die immaterialgüterrechtliche Literatur behandelt die Dogmatik der Erteilung im Gegensatz zum Urheberrecht allerdings kaum. Sie geht überwiegend davon aus, dass es sich um eine Teilrechtsübertragung handelt[287]. Der Grund für das Desinteresse liegt im Fehlen der monistischen Theorie, die eine Spezialität des Urheberrechts geblieben ist. Im Immaterialgüterrecht besteht weder eine Störung der Vertragsparität noch eine enge Verknüpfung vermögensrechtlicher und persönlichkeitsrechtlicher Anteile. Der Gesetzgeber hat der Vergabe von Tochterrechten hier erheblich weniger Aufmerksam-

---

[282] Staudinger, Frank, § 1068, Rn. 2.
[283] Staudinger, Vorbem. § 1030, Rn. 7 ff.
[284] Schack, Rn. 554.
[285] Vgl. für das Nutzungsrecht BGH GRUR 1959, S. 200, 203 – *Der Heiligenhof*; BGHZ 5, S. 116, 119 – *Parkstraße*; Wandtke/Bullinger, Wandtke/Grunert, vor §§ 31 ff, Rn. 41.
[286] Staudinger, Frank, § 1065, Rn. 14.
[287] Vgl. Benkard, PatG, § 15, Rn. 33; Fezer, MarkenG, § 30, Rn. 8; A.A. offenbar Kraßer, GRUR Int. 1973, S. 230, 236 f.

keit geschenkt und insbesondere nicht versucht, über dogmatische Konstruktionen den Inhaber des Mutterrechts zu schützen. Zwar verwendet das Gesetz gelegentlich den Terminus der „Einräumung", so zum Beispiel in § 45 S. 2 GeschmMG oder § 23 Abs. 2 PatG, was jedoch anders als im UrhG nicht konsequent durchgehalten wird. So ist in § 15 Abs. 3 PatG von „Erteilung" der Lizenz die Rede.

Zwar kennt auch das Patent Verflechtungen zum Persönlichkeitsrecht, wie § 6 PatG zeigt[288]. Die Immaterialgüterrechte selbst sind jedoch reine Vermögensrechte. Deshalb enthalten die entsprechenden Gesetze keine Bestimmungen über Rückrufsrechte oder ähnliche persönlichkeitsrechtliche Komponenten des urheberrechtlichen Nutzungsrechts. Rückschlüsse auf die vorliegende Fragestellung können daher nicht geschlossen werden.

#### c) Das Nutzungsrecht als urheberrechtliches Pendant zum Besitz?

Nutzungsrechte an unkörperlichen Rechtsgütern werden bisweilen mit dem bürgerlichrechtlichen Besitz gleichgesetzt[289] - mit weitreichenden Folgen. So kann der Besitz gemäß § 985 BGB vindiziert werden; eine Gleichsetzung von Nutzungsrecht und Besitz würde also in bestimmten Konstellationen zu einem Herausgabeanspruch des Urhebers gegen den Inhaber des Nutzungsrechts führen. Da der Anspruch aus § 985 BGB dinglicher Natur ist, würde dies auch gegenüber solchen Dritten gelten, mit denen der Urheber in keinen vertraglichen Beziehungen steht. Die für den Urheber nachteiligen Auswirkungen des Abstraktionsprinzips im Urheberrecht würden dadurch erheblich eingeschränkt. Es muss aber bezweifelt werden, ob zwischen Besitz und Nutzungsrecht tatsächlich Ähnlichkeiten bestehen.

Sowohl der Besitz als auch das Nutzungsrecht stehen in engem Verhältnis zu einem absoluten dinglichen Recht, indem sie Dritten die Nutzung dieses Rechts ermöglichen. Bereits hieran werden aber auch die erheblichen Unterschiede deutlich. Im Gegensatz zum Nutzungsrecht bezieht sich der Besitz zwingend auf eine *körperliche* Sache. Das Gesetz definiert ihn in § 854 Abs. 1 BGB als die tatsächliche Gewalt über eine Sache, womit der Besitz eine Tatsache und nicht wie das Nutzungsrecht ein subjektives Recht ist[290]. Der Besitz wird durch Realakt erworben, ohne dass es eines weiteren Zutuns des Vorbesitzers oder des Eigentümers bedürfte und kann deshalb auch unter Verletzung des Eigentumsrechts widerrechtlich erlangt werden, vgl. § 992 BGB. Demgegenüber erfolgt der Erwerb des Nutzungsrechts ausschließlich durch Rechtsgeschäft, woraus folgt, dass das Nutzungsrecht nur von dem verfügungsberechtigten Urheber und nur rechtmäßig erworben werden kann. Spiegelbildlich zur Erlangung ist auch der Verlust des Besitzes durch Realakt möglich. Vor allem kann er gegen den Willen des Besitzers durch den tatsächlichen Zugriff Dritter verloren gehen. Das ist beim Nutzungsrecht ausgeschlossen. Ist dieses erst einmal eingeräumt, so kann es dem Inhaber nur durch Rechtsgeschäft wieder entzogen werden, so zum Beispiel durch Rückruf. Dritte, die auf das Werk zugreifen, können das Nutzungsrecht allenfalls verletzen, niemals aber den Inhaber verdrängen.

---

288 Benkard, PatG, § 6, Rn. 1; Busse, Keukenschrijver, § 6, Rn. 12.
289 So für die Patentlizenz v. Merveldt, WuW 2004, S. 19, 21 ff.
290 Schramm, Grundlagenforschung, S. 55.

Unterschiede ergeben sich auch in inhaltlicher Hinsicht. Das Nutzungsrecht gewährt Befugnisse, die zunächst Bestandteil des Urheberrechts waren. Der Besitz hingegen ist kein Bestandteil des Eigentums – dies trifft nur auf das *Recht* zum Besitz zu, welches Inhalt des § 903 BGB ist[291]. Entsprechend kann das Eigentum an einer Sache durch Dereliktion enden, ohne dass der Besitz an der Sache berührt wird. Läuft hingegen die Schutzfrist des Urheberrechts ab, so geht mit ihm auch das Nutzungsrecht unter. Der Besitz erfüllt auch gänzlich andere Funktionen als das Nutzungsrecht. Er löst zum Beispiel die Eigentumsvermutung nach § 1006 BGB aus, während bereits die bloße Existenz des Nutzungsrechts der Beweis dafür ist, dass sein Inhaber nicht Urheber des Werkes ist. Der Besitz ermöglicht außerdem einen gutgläubigen Erwerb nach § 932 Abs. 1 ff BGB.

Eine Gemeinsamkeit zwischen Besitz und Nutzungsrecht ist der gesetzliche Schutz, der unabhängig davon gewährt wird, dass das zugehörige dingliche (Mutter-) Recht nicht in der Hand des Besitzers bzw. Inhabers des Nutzungsrechts liegt. Der Schutz ist jedoch für den Besitz in den §§ 858 ff BGB und auch in § 823 Abs. 1 BGB gänzlich anders ausgestaltet als für das Nutzungsrecht in § 97 ff UrhG. Bereits diese unterschiedlichen Regelungen belegen, dass eine analoge Anwendung besitzrechtlicher Vorschriften auf das Nutzungsrecht nicht in Betracht kommt. Dies wird besonders deutlich an den Vorschriften, die unmittelbar an die Körperlichkeit der Sache anknüpfen, wie zum Beispiel §§ 862, 992, 994, 996, 1000 BGB. Hierzu gehört letztlich auch § 985 BGB, der von der Herausgabe „der Sache" spricht. Auch die dem § 985 BGB systematisch nahestehende Vorschrift des § 986 Abs. 1 S. 2 BGB knüpft an die Körperlichkeit an, indem sie von unbefugter Überlassung des Besitzes spricht – eine unbefugte Übertragung des Nutzungsrechts ist demgegenüber wegen § 34 Abs. 1 UrhG von vornherein ausgeschlossen.

Eine Analogie zu § 985 BGB im Urheberrecht verbietet sich aber nicht nur wegen der Wesensverschiedenheit von Besitz und Nutzungsrecht. Sie führt auch der Sache nach zu unbilligen Ergebnissen. § 985 BGB beruht auf dem Gedanken, dass das Recht zum Besitz Teil des Eigentumsrechts ist. Dieses auch bei Weggabe der Sache im Eigentum verbleibende Teilrecht soll durch § 985 BGB durchgesetzt werden. Anders liegt es nach der Einräumung eines Nutzungsrechts. Hier findet bezüglich der betroffenen Befugnisse ein Wechsel der Rechtszuständigkeit statt. Das Recht zur Nutzung des Werkes liegt zum Beispiel nach Einräumung eines ausschließlichen Nutzungsrechts nur noch bei dessen Inhaber, gegen den der Urheber dann keine dinglichen Rechte geltend machen kann. Wird das Nutzungsrecht im Rahmen des § 985 BGB mit dem Besitz gleichgesetzt, so kann dies nur mit der Überlegung gerechtfertigt werden, dass es dem Urheber ermöglicht werden muss, das Nutzungsrecht zurückzufordern, wenn die Rechtsordnung keine Rechtfertigung für einen Verbleib beim Inhaber hergibt. Anders formuliert: Es wird eine ungerechtfertigte Bereicherung herausverlangt – hierfür sind die §§ 812 ff BGB einschlägig. Deren Wertungen würden durch einen Anspruch auf Rückgewähr des Nutzungsrechts aus § 985 BGB umgangen.

---

[291] Schramm, Grundlagenforschung, S. 55.

Insgesamt sind die Unterschiede zwischen Besitz und Nutzungsrecht derart gravierend, dass aus den Vorschriften über den Besitz keine Rückschlüsse auf das Nutzungsrecht gezogen werden können.

## C. Die Rechtsfolgen von Abstraktion und Kausalität

Um Vor- und Nachteile von Abstraktion und Kausalität beurteilen zu können, sollen zunächst die in der bisherigen Diskussion wenig beachteten jeweiligen Rechtsfolgen untersucht und verglichen werden. Da die Parteien über das Verhältnis von Verpflichtung und Verfügung disponieren können[292], sollen im Folgenden sowohl die Rechtsfolgen des Abstraktionsprinzips als auch des Kausalprinzips untersucht werden.

Die Unterschiede zeigen sich vor allem im Bereicherungsrecht: Unter dem Kausalprinzip entstehen bei Wegfall des Verpflichtungsgeschäfts typischerweise Ansprüche auf Ersatz der gezogenen Nutzungen, während das Abstraktionsprinzip daneben noch einen Anspruch auf Herausgabe des Nutzungsrechts selbst zur Folge hat. Die Bereicherungshaftung im Urheberrecht ist allerdings in vielen Punkten umstritten[293]. Bereits der Bereicherungsgegenstand ist in der Diskussion, gleiches gilt für die Gewinnhaftung des Kondiktionsschuldners oder die Möglichkeit der Entreicherung. Hiervon hängen die Rechtsfolgen des Abstraktionsprinzips ebenso ab wie die des Kausalprinzips, weshalb die Klärung dieser und weiterer Vorfragen vorab erfolgt.

### I. Der bereicherungsrechtliche Anspruch auf Nutzungsersatz

#### 1. Bedeutung des Bereicherungsanspruchs

Das Bereicherungsrecht hat im Urheberrecht zwei Funktionen: Zunächst gewährt es Ausgleich für rechtsgrundlose Eingriffe und erfüllt damit eine ähnliche Aufgabe wie der Anspruch auf Schadensersatz aus § 97 Abs. 1 S. 2 UrhG. Im Gegensatz zu dieser Vorschrift fordert es aber weder Vorsatz noch Fahrlässigkeit. Die Bedeutung der Eingriffskondiktion liegt daher vor allem im Bereich der schuldlosen Urheberrechtsverletzungen. Ein Beispiel hierfür ist die Reichsgerichtsentscheidung *Frauenberufe*[294], in der ein Verleger ohne Verletzung der im Verkehr zu beachtenden Sorgfalt ein Plagiat veröffentlicht hatte. Erhält der Urheber in diesen Fällen keinen Schadensersatz, so kann er zumindest die Bereicherung abschöpfen.

Für die Frage nach Abstraktion und Kausalität ist vor allem die zweite Funktion des Bereicherungsrechts von Bedeutung, welche in der Rückabwicklung fehlgeschlagener Vertragsbeziehungen besteht. Auch in diesem Zusammenhang kann es zu Konstellationen kommen, in denen das Urheberrecht unberechtigt genutzt wird, ein Schadensersatzanspruch mangels Verschulden aber nicht vorliegt – so zum Beispiel bei kausaler Gestaltung, wenn sich nach langjähriger Auswertung des Werkes die Nichtigkeit des Kausalgeschäfts herausstellt. Unter dem Abstraktionsprinzip sind Fälle denkbar, in denen das Nutzungsrecht nach Vertragsbeendigung herauszugeben ist, der Verwerter

[292] Schricker, Schricker vor §§ 28 ff, Rn. 61; hierzu näher unter A II 4.
[293] Ullmann, GRUR 1978, S. 615, 617 spricht vom Stadium der Grundlagenforschung.
[294] RGZ 121, S. 258 ff.

sich aber weigert und das Werk weiter auswertet. Der Urheber kann dann Nutzungsersatz und Herausgabe des Rechts nach Bereicherungsrecht verlangen.

### 2. Anwendbarkeit des Bereicherungsrechts im Urheberrecht

Frühe reichsgerichtliche Entscheidungen zweifelten noch an der Anwendbarkeit des Bereicherungsrechts im Urheberrecht. Mit Verweis auf die Gesetzesmaterialien wurden die Vorschriften der §§ 812 ff BGB zunächst im Rahmen des KUG[295], aber sodann nicht im LUG angewendet. Zur Begründung führte das Reichsgericht an, das Urheberrecht enthalte abschließende Schadensersatzansprüche[296]. Auch könne nicht festgestellt werden, dass durch einen schuldlosen Eingriff etwas aus dem Vermögen des Urhebers erlangt sei[297]. Nach späteren Entscheidungen[298] und heute einhelliger Meinung ergänzen die bereicherungsrechtlichen Vorschriften des BGB das Urheberrecht dort, wo dieses keine Spezialregelungen enthält[299]. Eine Konkurrenz zwischen dem urheberrechtlichen Schadensersatzanspruch und den Vorschriften der §§ 812 ff BGB besteht dabei aufgrund der unterschiedlichen Regelungsziele nicht. Denn Schadensersatzansprüche bezwecken den Ausgleich einer Vermögenseinbuße beim Urheber, während die Herausgabe der Bereicherung auf die Abschöpfung eines ungerechtfertigt erzielten Vermögensvorteils beim Verwerter abzielt[300]. Das UrhG 1965 regelt in § 97 Abs. 3 ausdrücklich, dass der Schadensersatzanspruch weitere Ansprüche nicht ausschließt, was insbesondere als Hinweis auf das Bereicherungsrecht zu verstehen ist[301].

### 3. Der Bereicherungsgegenstand

§ 812 Abs. 1 S. 1 BGB setzt in beiden Alternativen voraus, dass der Anspruchsgegner auf Kosten des Gläubigers etwas erlangt hat. Im allgemeinen Zivilrecht war lange umstritten, wie dieses Erlangte zu definieren ist. Rechtsprechung und Literatur orientierten sich am Wortlaut des § 818 Abs. 3 BGB, der auf die Bereicherung abstellt. Hieraus wurde gefolgert, das Erlangte müsse das Vermögen des Kondiktionsschuldners mehren und dieser nach dem Bereicherungsvorgang besser stehen als zuvor[302]. Dagegen spricht aber nicht nur die Gesetzessystematik, sondern auch die unzulässige Vermengung von Fragen der Bereicherung mit solchen der Entreicherung. Sowohl in § 812 Abs. 1 S. 1 BGB als auch in § 818 Abs. 1 BGB ist vom „Erlangten" die Rede, von der „Bereicherung" hingegen erst in § 818 Abs. 3 BGB. Die mittlerweile h.M. folgt daher

---

[295] RGZ 90, S. 137. 138.

[296] RGZ 113, S. 413, 424.

[297] RGZ 113, S. 413, 424.

[298] RGZ 121, S. 258, 259 – *Frauenberufe*; BGHZ 56, S. 317, 320 – *Gasparone II*; BGH GRUR 1961, S. 97, 100 – *Sportheim*; BGHZ 20, S. 345, 354 – *Paul Dahlke*; zuvor bereits OLG Hamburg, GRUR 1953, S. 405, 406 und in einem obiter dictum BGHZ 5, S. 116, 123 – *Parkstraße*.

[299] Wandtke/Bullinger, v. Wolff, § 97, Rn. 81; Dreier/Schulze, Dreier, § 97, Rn. 86; Schricker, Wild, § 97, Rn. 86. Auch im Patentrecht hat mittlerweile ein Paradigmenwechsel stattgefunden, vgl. BGH GRUR 1977, S. 250, 253 – *Kunststoffhohlprofil*.

[300] BGHZ 20, S. 345, 355 – *Paul Dahlke*; BGHZ 77, S. 17, 25 – *Tolbutamid*; Schricker, Wild, § 97, Rn. 87; so bereits Schulz, AcP 105 (1909), S. 1, 445.

[301] Amtl. Begr. UFITA 45 (1965), S. 240, 322.

[302] RGZ 151, S. 123, 127; BGH 55, S. 128, 131; Flume, NJW 1970, S. 1161 ff; vgl. MünchKomm, Lieb, § 812, Rn. 340 sowie Staudinger, Lorenz, § 812, Rn. 65.

der so genannten gegenständlichen Betrachtungsweise und fragt nicht nach einem Vermögensvorteil. Verlangt wird lediglich, dass durch den Bereicherungsvorgang ein abschöpfbarer Gegenstand aus der Rechtszuständigkeit des Kondiktionsgläubigers in das Vermögen des Kondiktionsschuldners gelangt ist[303].

Bei der Nutzung fremder Rechte fällt aber gerade die konkrete Benennung eines solchen Gegenstandes schwer. Vor allem im Rahmen der Eingriffskondiktion wird darum gestritten, worin das „Etwas" besteht. Die hierzu angestellten Überlegungen gelten ebenso für die nur unter dem Abstraktionsprinzip denkbare Leistungskondiktion[304], da sich die Kondiktionsarten des § 812 Abs. 1 S. 1 BGB zwar hinsichtlich der Art des Erlangens, nicht aber hinsichtlich des Erlangten selbst unterscheiden[305]. In Literatur und Rechtsprechung werden zur Definition dieses Erlangten die folgenden Auffassungen vertreten:

### a) Ersparnis von Aufwendungen

Die ältere Rechtsprechung und Teile der Literatur sehen bei der Nutzung fremder Urheberrechte die Ersparnis eigener Aufwendungen als erlangt an[306], da der Berechtigte bei normalem Ablauf die Zahlung eines Entgeltes für die Nutzung seines Rechts hätte verlangen können. Wer in ein fremdes Recht eingreife, dürfe aber nicht besser stehen, als ein Vertragspartner des Urhebers, welcher sich ordnungsgemäß ein Nutzungsrecht verschafft habe[307]. Erlangt sei deshalb die Summe, die zur Verschaffung eines Nutzungsrechts normalerweise habe aufgewendet werden müssen. Da diese Ersparnis aufgrund ihrer Beschaffenheit nicht herausgegeben werden könne, sei gemäß § 818 Abs. 2 BGB Wertersatz zu leisten[308].

Ein Nachteil dieser Lösung ist, dass sie auf einer Hypothese beruht: Die Ersparnis von Aufwendungen setzt voraus, dass der Bereicherungsschuldner bei normalem Lauf der Dinge Aufwendungen getätigt hätte[309]. Er kann deshalb einwenden, bei Kenntnis der wahren Sachlage hätte er das fremde Recht nicht genutzt, weshalb ihm dann auch keine Kosten entstanden wären. Die Rechtsprechung hat darauf erwidert, der Schuldner müsse sich an der von ihm geschaffenen Sachlage festhalten lassen; schließlich sei eine Bereicherung tatsächlich eingetreten[310]. Ein solcher Rückgriff auf § 242 BGB[311] überzeugt aber nicht, wenn der Schuldner das Recht unbewusst genutzt hat[312].

---

303 MünchKomm, Lieb § 812, Rn. 340; Lieb, Ehegattenmitarbeit, S. 98 ff; Staudinger, Lorenz, § 812, Rn. 65; Kleinheyer, JZ 1961, S. 473, 474; Canaris JZ 1971, S. 560, 561.

304 BGH, NJW-RR 2001, S. 1332, 1333 – *Formunwirksamer Lizenzvertrag.*

305 MünchKomm, Lieb, § 812, Rn. 346.

306 BGHZ 56, S. 317, 322 – *Gasparone II*; BGHZ 20, S. 345, 355 – *Paul Dahlke*; GRUR 1979, S. 732, 734 – *Fußballtor*; vgl. auch RGZ 113, S. 414, 424; Ulmer, S. 560; Fromm/Nordemann, Nordemann, § 97, Rn. 56. Für das allgemeine Zivilrecht vgl. die sog. „Flugreiseentscheidung", BGHZ 55, S. 128, 131, 133.

307 BGHZ 20, S. 345, 353 – *Paul Dahlke.*

308 BGHZ 20, S. 345, 355 – *Paul Dahlke*; BGHZ 81, S. 75, 81 f – *Carrera.*

309 Kleinheyer, JZ 1961, S. 473, 474; Gursky JR 1972, S.279, 280; ders. JR 1998, S. 7, 10.

310 BGHZ 20, S. 345, 355 – *Paul Dahlke*; Ulmer, S. 560.

311 So zutreffend die Einordnung von Mestmäcker, JZ 1958, S. 521, 522 und Gursky, JR 1998, S. 7, 11.

312 Kleinheyer, JZ 1961, S. 473, 474.

Auch andere Fälle zeigen, dass die Ersparnis als Kriterium unbrauchbar ist. So zum Beispiel, wenn der rechtsgrundlos Nutzende nachweisen kann, der ihm zunächst noch wohlgesonnene Urheber hätte bei höflicher Anfrage ein Nutzungsrecht ohne Gegenleistung eingeräumt. Er hat dann keine Aufwendungen erspart und wäre demnach nicht bereichert, obwohl er durch die rechtsgrundlose Nutzung eindeutig einen Vorteil erlangt hat. Die frühere Rechtsprechung umging dieses Problem, indem sie bereits zur Bestimmung des Bereicherungsgegenstandes die Grundsätze der Lizenzanalogie anwendete. Auf diese Weise war stets eine Ersparnis in Höhe des marktüblichen Entgeltes erlangt[313]. Das führt aber letztlich dazu, dass die Bereicherung systemwidrig nicht mehr anhand des konkreten Einzelfalls festgestellt und außerdem die Frage des Wertersatzes mit der des Bereicherungsgegenstandes vermischt wird.

**b) Der durch die Vermarktung erzielte Gegenwert**

*Kleinheyer* differenziert in den Nutzungsfällen zwischen unberechtigtem Gebrauch, Verbrauch und Verwertung einer Rechtsposition[314]. Gebrauch und Verbrauch führen seiner Ansicht nach unmittelbar zur Bereicherung. Etwas anderes gelte aber für die rechtsgrundlose Verwertung eines Rechts. Hier erlange der Kondiktionsschuldner den Bereicherungsgegenstand erst im Rahmen der Vermarktung, in welcher er den Gegenwert der Nutzung realisiere. Der Verleger, der unter Verletzung des Urheberrechts ein Schriftwerk abdrucke, erhalte nicht schon durch die Herstellung, sondern erst durch den Absatz seiner Erzeugnisse einen Vorteil. Erst hierin bestehe die Anmaßung der fremden Befugnis[315].

Gerade das Beispiel des Verlegers zeigt jedoch, dass schon mit der unberechtigten Nutzung des Werkes „etwas erlangt" wird. Besonders deutlich wird dies anhand der Eingriffskondiktion: Nach §§ 15 Abs. 1 Nr. 1, 16 Abs. 1 UrhG hat ausschließlich der Urheber das Recht zur Vervielfältigung des Werkes. Schon durch den unautorisierten Buchdruck maßt sich der Verleger eine Befugnis an, die ihm nach der Rechtsordnung nicht zusteht[316]. Der späteren Verkauf vertieft den bereits bestehenden Zustand lediglich, indem zusätzlich noch das Verbreitungsrecht aus §§ 15 Abs. 1 Nr. 2, 17 Abs. 1 UrhG verletzt wird. Die Fokussierung auf den erzielten Gegenwert macht den Bereicherungsanspruch außerdem von der Geschäftstüchtigkeit des Kondiktionsschuldners abhängig sowie der Qualität und dem Marktwert seines Erzeugnisses. Schließlich verstößt der Ansatz *Kleinheyers* gegen den Beteiligungsgrundsatz der §§ 11 S. 2, 32 Abs. 1 UrhG[317], wenn die Nutzung des Urheberrechts von Beginn an nicht mit Gewinnerzielungsabsicht erfolgte. Ein Beispiel hierfür ist der Verlag, der urheberrechtsverletzende Druckerzeugnisse als Werbegeschenke verteilt[318]. Die Weggabe der Bücher hat dann allenfalls einen Imagegewinn zur Folge, der kaum messbar, zumindest aber nicht als Vermögenszuwachs bezifferbar ist. Der Urheber geht leer aus, obwohl die Geset-

313 BGHZ 82, S. 75, 82 – *Carrera.*
314 Kleinheyer, JZ 1961, S. 473, 474.
315 Kleinheyer, JZ 1961, S. 473, 474.
316 Gegebenenfalls trifft dies auch schon auf Vorbereitungshandlungen zu wie zum Beispiel die Herstellung von Druckvorlagen, vgl. Schricker, Loewenheim, § 16, Rn. 10.
317 Zur Anwendung des § 11 S. 2 UrhG im Bereicherungsrecht in D VI 1.
318 Fallgestaltung in Anlehnung an das Beispiel in BT Drucks. 14/6433, S. 15.

zesbegründung zu § 11 S. 2 UrhG auch in diesen Fällen ein angemessenes Entgelt fordert[319]. Rechtsprechung und Literatur haben die Lehre *Kleinheyers* nicht aufgegriffen.

#### c) Die Marktchance

Ebenfalls nicht durchsetzen konnte sich *Kraßer*, der den Bereicherungsgegenstand in der Erlangung einer Marktchance sieht[320]. Diese stehe nach dem genutzten Ausschließlichkeitsrecht allein dem Inhaber zu. Durch die Nutzung allein sei der Kondiktionsschuldner noch nicht bereichert, denn beim unberechtigten Zugriff auf fremde Immaterialgüter sei bis zu einem bestimmten Punkt die völlige Wiederherstellung der Ausgangssituation möglich. Der Rechtsinhaber könne beispielsweise das Inverkehrbringen unrechtmäßig produzierter Vervielfältigungsstücke verhindern und so den wirtschaftlichen Wert seines Rechts retten. *Kraßer* schlägt daher vor, den Bereicherungsvorgang erst dann als abgeschlossen anzusehen, wenn sich der Eingriff in das Schutzrecht „auf dem Markt auswirkt"[321].

Die Rechtsprechung hat dem in einer patentrechtlichen Entscheidung entgegengehalten, dass der Zuweisungsgehalt der Immaterialgüterrechte bereits Benutzungshandlungen umfasst, denen noch keine Marktchance zukommt. Darüber hinaus sei die Marktchance ein komplexer wirtschaftlicher Begriff, dessen Inhalt und Umfang sich nicht allein von der Schutzrechtsstellung, sondern auch von weiteren wirtschaftlichen Faktoren ableitete, die über den rechtlichen Zuweisungscharakter des Schutzrechts hinausgingen[322]. Für das Urheberrecht ist hinzuzufügen, dass auch die Lehre von der Marktchance Fragen der Bereicherung systemwidrig mit solchen der Entreicherung vermischt, indem sie das zeitliche Ende des Bereicherungsvorganges nach hinten verschiebt. Die Wiederherstellbarkeit der wirtschaftlichen Ausgangssituation ändert nichts daran, dass mit der Nutzung zunächst eine Handlung vorgenommen wurde, die dem Kondiktionsschuldner nicht erlaubt war und für die er normalerweise ein Entgelt an den Berechtigten hätte entrichten müssen.

#### d) Die Nutzung des Rechts

Mit der Entscheidung *Kunststoffhohlprofil II* hat der BGH die unter a) dargestellte Lehre der Ersparnisbereicherung aufgegeben und sieht seitdem die Nutzung des Rechts als Bereicherungsgegenstand an. Hierzu führt er aus, dass bei den gewerblichen Schutzrechten die ausschließliche Nutzungsbefugnis Gegenstand der Güterzuweisung sei. Durch die Nutzung maße sich der Verletzer eine Befugnis an, die nach der Rechtsordnung dem Schutzrechtsinhaber zustehe[323]. Die oben genannten, auf Hypothesen beruhenden Einwände des Kondiktionsschuldners sind dadurch von vornherein ausgeschlossen. Die Lehre fügt sich zudem nahtlos in die herrschende Lehre der gegenständlichen Betrachtungsweise ein: Unmittelbar erlangt sind die Nutzungen – dass

---

319 BT Drucks. 14/6433, S. 15.
320 Kraßer, GRUR Int. 1980, S. 259, 268.
321 Kraßer, GRUR Int. 1980, S. 259, 268.
322 BGH 82, S. 299, 307 – *Kunststoffhohlprofil II*.
323 BGHZ 82, S. 299, 306 – *Kunststoffhohlprofil II*; seitdem ständige Rechtsprechung auch im Immaterialgüterrecht, vgl. BGHZ 99, S. 244, 248 – *Chanel Nr. 5*.

hierdurch Aufwendungen erspart wurden, ist erst eine Folge des eigentlichen Bereicherungsvorganges[324].

Mittlerweile beherrscht die zustimmungswürdige Ansicht des BGH auch das urheberrechtliche Schrifttum[325].

### 4. Der Bereicherungsgegenstand bei nicht wahrgenommener tatsächlicher Nutzungsmöglichkeit

Ist die Nutzung selbst der Bereicherungsgegenstand, so stellt sich die Frage nach Fällen, in denen trotz tatsächlicher Möglichkeit keine Nutzung stattfindet. Das Problem wird deutlich am Beispiel des Drehbuchautors, der einem Produzenten vermeintlich ein ausschließliches Nutzungsrecht eingeräumt hat, ohne dass dieser das Werk verfilmt. Erst nach einiger Zeit stellt sich heraus, dass sowohl Verpflichtungs- als auch Kausalgeschäft gemäß § 138 Abs. 1 BGB nichtig sind. Ein weiteres Beispiel ist die Anfechtung beider Rechtsgeschäfte, welche gemäß § 142 Abs. 1 BGB rückwirkend zur Nichtigkeit führt. Der Produzent hat das Werk nicht genutzt und damit bei strenger Anwendung der herrschenden Meinung auch nichts erlangt.

Für den beschriebenen Fall bedeutet dies, dass der Urheber keinerlei Entgelt für die vermeintliche Einräumung des Nutzungsrechts erhält – selbst wenn dieses ausschließlicher Natur sein sollte und er sich der eigenen Werkauswertung enthalten hat. Denn ein Anspruch aus §§ 812 Abs. 1 S. 1, 818 Abs. 1 setzt tatsächlich gezogene Nutzungen voraus. Schuldhaft nicht gezogene Nutzungen erhält er gemäß §§ 819 Abs. 1, 818 Abs. 4, 292 Abs. 1, Abs. 2, 987 BGB nur dann, wenn es einen primär herauszugebenden Gegenstand gibt, aus dem diese Nutzungen entspringen können[326]. Schadensersatz wegen einer Vertragspflichtverletzung kann der Urheber nicht verlangen, da eine Auswertungspflicht in der Regel nicht besteht[327], zudem ist der Nutzungsvertrag nichtig. Ist an den Urheber ein Vorschuss gezahlt worden, so muss er diesen trotz alledem gemäß § 812 Abs. 1 S. 1, 1. Alt. BGB zurückzahlen.

Damit wird der Urheber so gestellt, als hätte er sein Werk im betreffenden Zeitraum nicht zur Nutzung zur Verfügung gestellt. Durch den zwischenzeitlich eingetretenen Zeitablauf mag eine eigene künftige Auswertung zudem schwierig sein, da sich vor allem bei Werken mit aktuellen Bezügen die Marktsituation schnell ändern kann. Zu überlegen ist daher, ob das herrschende Verständnis des Bereicherungsgegenstandes über die Nutzung hinaus erweitert werden muss.

---

[324] Batsch, Vermögensverschiebung, S. 44.

[325] Schricker, Wild, § 97, Rn. 86; Wandtke/Bullinger, v. Wolff, § 97, Rn. 82; Haberstumpf, Handbuch, Rn. 361; Wenzel, Urheberrecht für die Praxis, Rn. 10.35. Sie ist auch im sonstigen Zivilrecht auf Zustimmung gestoßen, vgl. Köhler, AcP 190 (1990), S. 498, 531; Gursky, JR 1972, S. 279, 281, ders. JR 1998, S. 7, 10; Larenz, Festschrift für Caemmerer, S. 209, 211.

[326] S.u. d).

[327] Dreier/Schulze, Schulze, vor § 31, Rn. 40; BGH GRUR 1958, S. 504, 506 f – *Die Privatsekretärin*.

### a) Die Nutzungsmöglichkeit

In der Literatur gibt es Bestrebungen, auch die Nutzungsmöglichkeit als erlangtes Etwas anzuerkennen[328]. Schließlich stellten bereits Gebrauchs- und Verwendungsmöglichkeiten selbständige Vermögenswerte dar, wie gerade die Verträge über immaterielle Vermögensgüter belegten, die häufig nicht auf die tatsächliche Nutzung (zum Beispiel Stücklizenz) abstellten. Weitere Beispiele seien Nutzungsmöglichkeiten, die sich aus der darlehensweisen Überlassung von Geld oder der Verfügbarkeit von Arbeitskraft und Dienstleistungen wie zum Beispiel der infolge einer BGH-Entscheidung[329] vieldiskutierte Flugreise ergeben[330]. Eine Einschränkung gelte lediglich für Nutzungsmöglichkeiten, die aus „eigenen“ Gegenständen erwachsen[331]. So habe der Käufer einer Sache, der diese nicht genutzt hat, keinen Wertersatz für die Nutzungsmöglichkeit zu leisten[332]. Geschuldet sei hier nur die Herausgabe der Sache selbst.

Gegen die Lehre von der Nutzungsmöglichkeit ist eingewendet worden, die Differenzierung zwischen der Nutzung eigener und fremder Güter sei nicht plausibel. Es sei nicht einzusehen, warum der Mieter oder Entleiher hinsichtlich der Nutzungen besser stehen soll als der Käufer einer Sache, der gemäß § 818 Abs. 1 BGB nur die tatsächlich gezogenen Nutzungen herauszugeben hat[333]. Im Gegensatz zum Kauf sind Miete, Leihe und Darlehen aber von vornherein auf die Verschaffung einer Nutzungsmöglichkeit gerichtet[334]. Es ist daher durchaus schlüssig, wenn gerade diese Nutzungsmöglichkeit im Rahmen der Rückabwicklung wieder abgeschöpft wird.

Schwerer wiegen dagegen Bedenken, die auf der Uferlosigkeit einer solchen Haftung beruhen. Denn die Möglichkeit der Nutzung steht allen offen, die den Inhalt des Schutzrechts kennen, es bedarf zu ihrem Erwerb keiner besonderen Handlung des Kondiktionsschuldners[335]. Hieran wird deutlich, dass die Nutzungsmöglichkeit nur eine Vorform der Bereicherung ist – zwischen dem potentiellen Bereicherungsgegenstand und dem Bereicherungsschuldner fehlt eine entscheidende Verbindung, die erst durch das Erlangen entsteht. In den genannten Beispielen des nichtigen Darlehens und der Flugreise des blinden Passagiers mag dies vorliegen, da in beiden Fällen eine Hürde genommen wurde. Dem Darlehensnehmer stehen nach der Auszahlung Geldmittel zur Verfügung, die ihm ansonsten nicht erreichbar gewesen wären, der blinde Flugpassagier kann nach dem Überwinden der Zugangskontrollen den Flug antreten. Anders steht es im Urheberrecht: Durch eine nichtige Rechtseinräumung kommt der Verwerter

[328] Lieb, NJW 1971, S. 1289, 1291; ders. MünchKomm, § 812, Rn. 364 ff; Wieling AcP 169 (1969), S. 137, 167.
[329] BGHZ 55, S. 128 ff.
[330] Lieb, NJW 1972, S. 1289, 1291.
[331] Lieb, MünchKomm, § 812, Rn. 364 ff.
[332] Reuter/Martinek, S. 532.
[333] Gursky, JR 1998, S. 7, 12; Canaris, Festschrift für Lorenz, S. 19, 50.
[334] So für die Miete Reuter/Martinek, S. 532. Der Wortlaut der §§ 535 Abs. 1 und 598 BGB spricht vom „Gebrauch“, der gemäß § 100 BGB ein Unterfall der Nutzung ist. Auch das Darlehen ist als Gebrauchsüberlassungsvertrag einzuordnen, da die Darlehensvaluta nicht das Vermögen des Darlehensnehmers dauerhaft mehren, sondern diesem nur zur Nutzung überlassen werden soll, vgl. RGZ 161, 52, 56.
[335] BGHZ 82, S. 299, 306 - *Kunststoffhohlprofil II*; Kraßer GRUR Int. 1980, S. 259, 268; Koppensteiner/Kramer, S. 118; Canaris, Festschrift für Lorenz, S. 19, 48 ff.

dem Werk keinen Schritt näher: Jederzeit kann er vom Urheber gemäß § 97 Abs. 1 S. 1 UrhG auf Unterlassung der Werknutzung in Anspruch genommen werden[336]. Sein Vorteil besteht allenfalls darin, dass das tatsächliche Risiko einer Inanspruchnahme infolge der scheinbar wirksamen Rechtseinräumung erheblich gesunken ist. Das ändert aber nichts daran, dass eine eventuelle Werknutzung von der Rechtsordnung missbilligt wird. Soweit der Nutzende von der Nichtigkeit der Rechtseinräumung Kenntnis hat, macht er sich sogar strafbar[337]. Erst durch die tatsächliche Wahrnehmung der faktischen Möglichkeit erlangt der Bereicherungsschuldner ein wertmäßig erfassbares „Etwas"[338]. Mit der Erweiterung des Verständnisses des Bereicherungsgegenstandes kann das vorliegende Problem von vornherein nicht gelöst werden, wenn das Verfügungsgeschäft nichtig ist.

Die Nutzungsmöglichkeit kann aber auch dann nicht Bereicherungsgegenstand sein, wenn nur das Verpflichtungsgeschäft fehlt[339]. Zwar ist der eines dinglichen Nutzungsrechts durch seine dingliche Rechtsposition aus der Schar derjenigen herausgehoben, die allein aufgrund ihrer tatsächlichen Kenntnis vom Werkinhalt die Möglichkeit der Nutzung haben. Andererseits regeln die §§ 819 Abs. 1, 818 Abs. 4, 292, 987 Abs. 2 BGB, in welchen Fällen auch für nicht gezogene Nutzungen Ersatz zu leisten ist. Nur der bösgläubige oder verklagte Schuldner soll haften. Eine weitergehende Verpflichtung würde diese Wertung untergraben und ist daher ausgeschlossen[340].

#### b) Die Unterlassung der anderweitigen Auswertung, Rechtsschein gegenüber Dritten

Denkbar ist es aber, die Unterlassung anderweitiger Werkauswertung als Bereicherung aufzufassen. Damit könnten die für den Urheber ungünstigen Rechtsfolgen zumindest in Fällen der vermeintlichen Einräumung absoluter Nutzungsrechte korrigiert werden. Hier besteht das größte Bedürfnis für einen Bereicherungsanspruch, da der Urheber sich eigener Verwertungshandlungen und der Einräumung anderweitiger Nutzungsrechte enthalten hat.

Das erlangte Etwas i.S.d. § 812 BGB kann auch in einem Unterlassen bestehen[341], so zum Beispiel, wenn der Bereicherungsgläubiger sich an ein unwirksames Wettbewerbsverbot hält. Konkret ist dann das Ausbleiben störender Handlungen erlangt. Für den hier diskutierten Fall hilft aber auch diese Überlegung nicht weiter. Wenn der Verwerter das Werk hat brachliegen lassen, so erlangt er auch nichts dadurch, dass das Werk nicht durch den Urheber oder Dritte ausgewertet wird[342]. Er wird vor Wettbe-

---

[336] vgl. Canaris, Festschrift für Lorenz, S. 19, 50, der als Beispiel den jederzeit möglichen Verlust der tatsächlichen Möglichkeit der Dienstleistung aufgrund nichtigen Vertrags nennt.

[337] Zum Vorsatz Dreyer/Kotthoff/Meckel, Kotthoff, § 106, Rn. 8. Insofern ergibt sich eine Übereinstimmung mit dem Flugreisefall aus BGZ 55, S. 128 ff; hier ist das Überwinden und der nachfolgende Genuss der Beförderungsleistung (nach heutigem Recht) gemäß § 265a StGB sanktioniert.

[338] BGH NJW-RR 2001, S. 1332, 1333 – *Formunwirksamer Lizenzvertrag*; Canaris, Festschrift für Lorenz, S. 19, 50; Koppensteiner/Kramer, S. 118.

[339] Dies ist nur unter dem Abstraktionsprinzip möglich.

[340] Larenz/Canaris II 2, § 71 I 2 a) (S. 256).

[341] Staudinger, Lorenz, § 812, Rn. 65; Köhler, AcP 190 (1990), S. 496, 531 f.

[342] Im Ergebnis ebenso Gursky, JR 1998, S. 7, 12.

werb auf einem Markt geschützt, an dem er selbst nicht teilnimmt. Aus dem gleichen Grund scheidet auch der gegenüber Dritten möglicherweise bestehende Rechtsschein[343] als Bereicherungsgegenstand aus.

### c) Ergebnis

Sind Nutzungsvertrag und Rechtseinräumung nichtig, so kann der Urheber für nicht gezogene Nutzungen keinen Ersatz verlangen. Dieses zunächst überraschende Ergebnis befindet sich im Einklang sowohl mit allgemeinen zivilrechtlichen als auch mit urheberrechtlichen Grundsätzen.

Denn das Risiko der Schlechterstellung im Falle der Nichtigkeit eines Vertrags ist letztlich bereits in den Nichtigkeitsgründen des Allgemeinen Teils des BGBs angelegt. Der liberale Gesetzgeber des späten 19. Jahrhunderts ging davon aus, dass die Vertragsparteien sich darüber informieren müssen, ob die geschlossenen Rechtsgeschäfte wirksam sind. Führen sie den nicht existierenden Vertrag durch, so liegt das Risiko bei ihnen, im Rahmen der Rückabwicklung nur das zu erhalten, was der Vertragspartner auch tatsächlich erlangt hat. Ein Irrtum über die Wirksamkeit eines Vertrags begründet keinen Anspruch auf Besserstellung im Rahmen der Rückabwicklung. Dementsprechend geht auch der Grundstückseigentümer leer aus, wenn das Nießbrauchsrecht nicht entstanden ist und der Nießbraucher sein vermeintliches Recht nicht genutzt hat.

Die Vorschriften des Urheberrechts enthalten keine andere Wertung. Hierauf deutet vor allem § 11 S. 2 UrhG hin, der eine angemessene Vergütung des Urhebers nur in den Fällen sicherstellt, in denen eine Nutzung tatsächlich stattfindet[344]. Die sonstigen urheberschützenden Vorschriften sind darauf ausgerichtet, der gestörten Vertragsparität im Urhebervertragsrecht entgegenzuwirken, die sich in der vorliegenden Konstellation aber nicht niederschlägt. Vielmehr realisiert sich das allgemeine Risiko des Fehlschlagens von Vertragsbeziehungen. Bei näherer Betrachtung verfängt auch nicht das oben genannte Argument der Gefahr einer Verschlechterung der Marktsituation für das Werk. Der Gedanke zielt letztlich darauf ab, dem Urheber einen Ausgleich für den bei ihm entstandenen Vermögensnachteil zu gewähren, was aber nicht Aufgabe des Bereicherungsrechts ist. Dieses schöpft lediglich das beim Kondiktionsschuldner Erlangte ab, ohne auf eventuelle Vermögenseinbußen des Gläubigers zu achten[345].

### d) Exkurs: Ersatz für schuldhaft nicht gezogene Nutzungen bei wirksamer Rechtseinräumung

In manchen Konstellationen kann der Urheber dennoch einen Anspruch wegen schuldhaft nicht gezogener Nutzungen geltend machen. Unter den Voraussetzungen der §§ 819 Abs. 1, 818 Abs. 4 BGB haftet der Verwerter nach den allgemeinen Vorschriften und insbesondere nach § 292 BGB, soweit er den Mangel des rechtlichen Grundes kannte. Die Norm verweist für den Nutzungsersatz auf die Vorschriften des

---

[343] Einen solchen nimmt Kohler, VersR 1988, S. 563, 565 für die Erteilung einer Lizenz an einem nicht bestehenden Patent an.
[344] BT Drucks. 14/6433, S. 15.
[345] BGHZ 20, S. 345, 355 – *Paul Dahlke*; BGHZ 77, S. 17, 25 – *Tolbutamid*; Schricker, Wild, § 97, Rn. 87.

Eigentümer-Besitzer-Verhältnisses und damit auch auf § 987 Abs. 2 BGB. Danach sind die entgegen den Regeln einer ordnungsgemäßen Wirtschaft schuldhaft nicht gezogene Nutzungen zu ersetzen.

Allerdings setzten die §§ 292 Abs. 1, 2, 987 Abs. 2 BGB einen primär herauszugebenden Gegenstand voraus, aus welchem die Nutzungen hätten gezogen werden müssen. Vor allem § 292 Abs. 1 BGB fordert ausdrücklich einen bestimmten Herausgabegegenstand, der auch ein Recht und insbesondere auch ein Immaterialgüterrecht sein kann[346]. Daraus folgt für das Urheberrecht, dass der Anspruch nur dann besteht, wenn ein Nutzungsrecht herauszugeben ist und dieses schuldhaft nicht ausgewertet wird. Unter dem Kausalprinzip ist der Anspruch daher aufgrund des sofortigen Rechterückfalls per se ausgeschlossen. Anders bei abstrakter Gestaltung – hier kann es passieren, dass das Nutzungsrecht trotz nichtigen oder beendeten Kausalgeschäfts ungenutzt in der Hand des Verwerters liegt. Ein Anspruch aus § 987 Abs. 2 BGB kommt allerdings nur dann in Betracht, wenn ein ausschließliches Nutzungsrecht eingeräumt ist. Denn Grundlage des § 987 Abs. 2 BGB ist eine Situation, in welcher der Berechtigte die Nutzungen selbst nicht ziehen konnte, weil er durch den Rückgabepflichtigen hieran gehindert wurde[347]. Im Fall des Eigentums und des rückgabepflichtigen Besitzers ist dies immer gegeben. Anders hingegen beim einfachen Nutzungsrecht, denn hier wird der Urheber durch den Verwerter nicht an eigenen Verwertungshandlungen gehindert; dies gilt um so mehr, wenn der Verwerter das Recht selbst nicht auswertet.

Ob die Fruchtziehung geboten war, bestimmt sich nach rein objektiven Kriterien[348]. Damit kommt der Anspruch aus § 987 Abs. 2 BGB auch dann in Betracht, wenn nach dem Nutzungsvertrag eine Pflicht zur Auswertung nicht bestand, was außerhalb des Verlagsvertrags die Regel ist[349]. Die Höhe des Ersatzanspruchs ergibt sich aus dem objektiven Wert der nicht gezogenen Nutzungen, insofern gelten die gleichen Grundsätze wie bei § 818 Abs. 2 BGB[350]. Unerheblich ist, ob der Urheber die Nutzungen selbst hätte ziehen können[351].

### 5. Bestimmung der einschlägigen Kondiktionsart

Die Frage nach Leistungs- oder Nichtleistungskondiktion hat im Urheberrecht ebenso wie im allgemeinen Zivilrecht entscheidende Bedeutung: Sie entscheidet über die Person des Bereicherungsschuldners und hat Einfluss auf die Anwendbarkeit weiterer Bestimmungen wie zum Beispiel § 814 BGB.

#### a) Kausalprinzip

Unter dem Kausalprinzip beschränkt sich die Rückabwicklung von Nutzungsverträgen auf die vom Verwerter gezogenen Nutzungen, denn das Nutzungsrecht selbst braucht infolge des sofortigen Rückfalls nicht herausgegeben werden. Fällt das Kausalgeschäft

---

346 RGZ 62, S. 320, 321 f; MünchKomm, Thode, § 292, Rn. 3.
347 Staudinger, Gursky, § 987, Rn. 32.
348 Staudinger, Gursky, § 987, Rn. 33.
349 Dreier/Schulze, Schulze, vor § 31, Rn. 40; BGH GRUR 1958, S. 504, 506 f – *Die Privatsekretärin.*
350 Staudinger, Gursky, § 987, Rn. 35.
351 Palandt, Bassenge, § 987, Rn. 7.

ex nunc zum Beispiel durch Kündigung weg, so stellt die weitere Nutzung des Werkes ab diesem Zeitpunkt eine ungerechtfertigte Bereicherung dar. War der Nutzungsvertrag von Beginn an nichtig, so sind sämtliche Nutzungen herauszugeben.

Es stellt sich die Frage, ob in den genannten Fallgruppen eine Leistungskondiktion vorliegt, was eine bewusste, zweckgerichtete Mehrung fremden Vermögens erfordert[352]. Eine solche Zuwendung ist von vornherein in jenen Fällen ausgeschlossen, in denen der Nutzungsvertrag nachträglich beendet und das Werk weiter ausgewertet wird. Eine Mehrung fremden Vermögens durch den Urheber ist hier nicht ersichtlich – vielmehr ist es der Verwerter selbst, der sein Vermögen durch einen Eingriff in das Urheberrecht vergrößert.

Weniger eindeutig ist die Lage, wenn von Beginn an kein Nutzungsrecht bestand, der Urheber hiervon aber erst später erfährt, so zum Beispiel im Fall der Sittenwidrigkeit gemäß § 138 Abs. 1 BGB oder der Anfechtung. Die zwischenzeitlich vorgenommene Verwertung des Rechts hat der Urheber in diesen Fällen bewusst geduldet, worin eine Leistung liegen könnte. Auf diesen Standpunkt hat sich das OLG Düsseldorf in der Entscheidung *Nichtiger Lizenzvertrag* gestellt[353]. Im Fall ging es um eine vertragliche Abrede über die Nutzung eines Patentes, welche aufgrund eines Verstoßes gegen Kartellrecht ex tunc nichtig war, ohne dass die Parteien hiervon wussten. Das OLG nahm eine Leistungskondiktion an und argumentierte, durch die Duldung seitens des Patentinhabers habe der vermeintliche Lizenznehmer die Nutzungen erlangt[354]. Obwohl kein Recht zur Benutzung des Patentes bestand, habe der Patentinhaber das Vorgehen seines Vertragspartners gebilligt, der hierüber fortlaufend Abrechnungen erteilt habe. Hierin liege eine Einwilligung oder zumindest eine Zustimmung gemäß § 184 BGB[355]. Der BGH hat dies in der Revisionsentscheidung *Formunwirksamer Lizenzvertrag* bestätigt, sich mit der durch das OLG vorgenommenen Bestimmung der Kondiktionsart jedoch nicht mehr auseinandergesetzt[356].

Die Argumente des OLG Düsseldorf überzeugen indes nicht. Sowohl Einwilligung als auch nachträgliche Zustimmung stellen Willenserklärungen dar. Die Voraussetzungen hierfür sind in der beschriebenen Fallgestaltung nicht gegeben, da es am Rechtsbindungswillen des Schutzrechtsinhabers fehlt. Aus der Sicht eines objektiven Empfängers bezweckt dieser mit seinem Verhalten während der Nutzung nicht den Eintritt einer Rechtsfolge. Denn dem Schutzrechtsinhaber ist überhaupt nicht bewusst, dass ein Recht des Vertragspartners zur Nutzung in Wahrheit nicht besteht. Stattdessen beachtet der Schutzrechtsinhaber erkennbar lediglich das vermeintlich bestehende Recht seines Vertragspartners, womit es sich um einen reinen Realakt handelt. Auch der Annahme von Lizenzzahlungen kann kein darüber hinausgehender Erklärungswert beigemessen werden. Dies ist keine Besonderheit des Urheber- und Immaterialgüterrechts: Schließen Pächter und Verpächter einen unerkannt nichtigen Pachtvertrag, so

---

[352] H.M., BGHZ 58, S. 184, 188; BGHZ 40, S. 272, 277; Staudinger, Lorenz, § 812, Rn. 4; kritisch MünchKomm, Lieb, § 812, Rn. 5, 26 ff.
[353] OLG Düsseldorf, GRUR 1999, S. 45, 46 - *Nichtiger Lizenzvertrag.*
[354] OLG Düsseldorf, GRUR 1999, S. 45, 46 - *Nichtiger Lizenzvertrag.*
[355] OLG Düsseldorf, GRUR 1999, S. 45, 47 - *Nichtiger Lizenzvertrag.*
[356] BGH NJW-RR 2001, S. 1332, 1333 - *Formunwirksamer Lizenzvertrag.*

ergibt sich aus der darauf folgenden Überlassung der Sache auch keine rechtsgeschäftliche Einwilligung des Verpächters in die Nutzung durch den Pächter.

Damit fehlt es allerdings nicht nur an einer Willenserklärung, sondern notwendigerweise auch an einem zentralen Bestandteil des Leistungsbegriffes: Die Mehrung des fremden Vermögens muss durch den Bereicherungsgläubiger bewusst und zweckgerichtet vorgenommen werden. Die bloße Untätigkeit eines Schutzrechtsinhabers erfüllt diese Voraussetzungen nicht. Hierdurch wird lediglich eine tatsächliche Nutzungsmöglichkeit geschaffen, die bereits keinen tauglichen Bereicherungsgegenstand darstellt[357]. Wie der BGH noch in der Entscheidung *Formunwirksamer Lizenzvertrag* ausführt, hat der Bereicherungsschuldner ein wertmäßig erfassbares Etwas i.S.d. § 818 Abs. 2 BGB erst dadurch erlangt, dass er „die rein faktisch gegebene Nutzungsmöglichkeit auch tatsächlich genutzt hat"[358]. Bemerkenswert daran ist, dass der BGH entgegen seiner zuvor geäußerten Ansicht feststellt, dass nicht etwa das Verhalten des Schutzrechtsinhabers die Bereicherung herbeiführt, sondern der Bereicherungsgläubiger sich die Nutzungen aus eigener Kraft nimmt und sie seinem Vermögen einverleibt. Dies ist der klassische Fall der Eingriffskondiktion[359].

Die Entscheidung *Formunwirksamer Lizenzvertrag* behandelt ein Zweipersonenverhältnis. Es hat sich daher nicht ausgewirkt, dass das Kriterium der bewussten Vermögensmehrung außer Acht gelassen wurde. Das ändert sich, soweit Dritte beteiligt sind, wie das folgende Beispiel verdeutlicht: Der Urheber räumt einem Verwerter ein ausschließliches und frei übertragbares Nutzungsrecht ein, welches dieser sofort weiterveräußert. Der Erwerber nutzt das Werk, bis auffällt, dass der Nutzungsvertrag zwischen Urheber und Verwerter nichtig ist. Folgt man der Rechtsprechung, so ist hier kaum feststellbar, wo die Leistungsbeziehungen liegen. In Betracht kommt zunächst eine Leistung des Urhebers gegenüber dem Verwerter. Nimmt man diese an, so wird die Leistung durch Duldung vollends zur Fiktion – denn geduldet wird ja gerade nicht das Verhalten des Verwerters, sondern das des Erwerbers. Geht man hingegen von einer Leistung an den Erwerber aus, so wird exakt das Ergebnis erzielt, welches auch eine Nichtleistungskondiktion zur Folge hätte, denn es erfolgt der direkte Zugriff auf den tatsächlichen Werknutzer. Noch schwieriger zu beantworten ist die Frage nach dem Zuwendungsempfänger, wenn der Urheber von der Übertragung des Nutzungsrechts keine Kenntnis hat.

Gerade solche Unwägbarkeiten im Dreipersonenverhältnis sollen durch das Kriterium der bewussten zweckgerichteten Vermögensmehrung vermieden werden[360], auf das deshalb auch hier nicht verzichtet werden kann. Das führt dazu, dass unter dem Kausalprinzip stets eine Nichtleistungskondiktion vorliegt, die gegen denjenigen gerichtet ist, der das Werk ohne Nutzungsrecht auswertet. Hiergegen sprechen nicht etwa die zugrunde liegenden schuldrechtlichen Wertungen, denn schließlich ist der Nutzungsvertrag nichtig oder beendet, so dass der Verwerter dem Urheber nicht näher steht als ein unbeteiligter Dritter. Eine Sonderverbindung wird nicht durch den nichtigen Vertrag, sondern erst durch die tatsächliche Nutzung geschaffen. Aus Sicht des Nutzenden

---

[357] Hierzu oben 4 a).
[358] BGH NJW-RR 2001, S. 1332, 1333 - *Formunwirksamer Lizenzvertrag.*
[359] MünchKomm, Lieb, § 812, Rn. 232 ff.
[360] Staudinger, Lorenz, § 812, Rn. 4 mit Verweis auf BGHZ 48, 70, 73 und RGZ 87, 36, 39 f.

ist eine Inanspruchnahme durch den ihm möglicherweise sogar unbekannten Urheber zwar überraschend. Andererseits nutzt dieser Dritte ein ihm nicht zustehendes absolutes Recht; mit einer Inanspruchnahme durch den Rechtsinhaber musste er daher bei Kenntnis der wahren Rechtslage rechnen.

#### b) Abstraktionsprinzip

Bei Anwendung des Abstraktionsprinzips kann die Kondiktionsart ohne Probleme bestimmt werden. Wird das Werk aufgrund eines bestehenden Nutzungsrechts, jedoch ohne Rechtsgrund genutzt, so liegt eine Leistungskondiktion gemäß § 812 Abs. 1 S. 1, 1. Alt. vor. Gleiches gilt gemäß S. 2, wenn der Rechtsgrund später wegfällt. Die Leistung liegt in der Einräumung des Nutzungsrechts durch den Urheber, welches den primären Gegenstand der Rückabwicklung darstellt. Gemäß § 818 Abs. 1, 1. Alt. BGB sind darüber hinaus die gezogenen Nutzungen sekundärer Bereicherungsgegenstand.

Auch unter dem Abstraktionsprinzip kann es zu Fällen kommen, in denen sowohl Kausal- als auch Erfüllungsgeschäft unwirksam oder nichtig sind, so zum Beispiel bei Fehleridentität. Nutzt der Verwerter das Werk dennoch, so erlangt er die Nutzung „auf sonstige Weise". Hier besteht die gleiche Situation wie bei Anwendung des Kausalprinzips: Eine Leistung des Urhebers liegt mangels seinerseits veranlasster Zuwendung nicht vor. Der Urheber kann deshalb im Wege der Nichtleistungskondiktion gegen denjenigen vorgehen, der das Werk tatsächlich genutzt hat.

### 6. Umfang des Bereicherungsanspruchs

Zu klären bleibt, in welchem Umfang der Bereicherte Ersatz für die Nutzungen zu leisten hat. Die hierfür entscheidende Vorschrift ist nicht auf den ersten Blick ersichtlich. Unter dem Kausalprinzip stellt die Nutzung des Urheberrechts selbst das „erlangte Etwas" i.S.d. § 812 Abs. 1 S. 1, 2. Alt. BGB dar. Bei abstrakter Gestaltung bestehen zwei Fallgruppen: Ist das dingliche Geschäft wirksam, so ergeben sich die Nutzungen aus dem Nutzungsrecht. Sind beide Rechtsgeschäfte nichtig, so ergibt sich die Nutzung wiederum unmittelbar aus dem Urheberrecht; es bestehen keine Unterschiede zur Rechtslage bei Anwendung des Kausalprinzips. Allen Fällen gemeinsam ist, dass die Nutzung aufgrund ihrer Beschaffenheit nicht mehr herausgegeben werden kann, weshalb gemäß § 818 Abs. 2 BGB Wertersatz zu leisten ist.

Für Eingriffs- und Leistungskondiktion gelten hierbei die gleichen Maßstäbe[361]. Der Wert der Nutzung ist stets objektiv zu bestimmen und richtet sich nach der angemessenen und üblichen Lizenzgebühr[362], wobei alle objektiven Umstände des Einzelfalls zu berücksichtigen sind[363]. Geschuldet ist das Entgelt, welches die Parteien vernünftigerweise vereinbart hätten, wenn sie bei Vertragsschluss sämtliche wertbildenden Um-

---

[361] BGH NJW-RR 2001, S. 1332, 1333 - *Formunwirksamer Lizenzvertrag*; Jestaedt, WRP 2000, S. 899, 901.

[362] Wandtke/Bullinger, v. Wolff, § 97, Rn. 83; Schricker, Wild, § 97, Rn. 87; Fromm/Nordemann, Nordemann, § 97, Rn. 56; Möhring/Nicolini, Lütje, § 97, Rn. 256.

[363] BGH NJW-RR 2001, S. 1332, 1334 - *Formunwirksamer Lizenzvertrag*; BGH GRUR 1962, S. 401, 402 – *Kreuzbodenventilsäcke*; Schricker, Wild, § 97, Rn. 87.

stände gekannt und auch den Umfang der künftigen Nutzung vorausgesehen hätten[364]. Die im nichtigen oder beendeten Vertrag vereinbarte Gegenleistung spielt demgegenüber nur eine untergeordnete Rolle und kann allenfalls als Anhaltspunkt für die übliche Lizenzgebühr dienen[365].

Damit ist es möglich, dass der Wertersatzanspruch erheblich über das vertraglich vereinbarte Entgelt hinausgeht. Verläuft die kommerzielle Auswertung beispielsweise unerwartet erfolgreich, so kann dies bei der Wertbestimmung ohne weitere Voraussetzungen berücksichtigt werden. Demgegenüber muss für eine Anpassung der Gegenleistung bei wirksamem Vertrag gemäß § 32a Abs. 1 UrhG ein *auffälliges* Missverhältnis zwischen Vergütung und Ertrag bestehen.

Umstritten ist, ob § 818 Abs. 2 BGB auch den Ersatz von Zinsen auf die angemessene Vergütung seit Entstehung des Bereicherungsanspruchs ermöglicht. Die Rechtsprechung befürwortet dies mit dem Argument, der Kondiktionsschuldner dürfe nicht besser stehen als derjenige, der gegen vertraglich vereinbartes Entgelt nutzt[366]. Hiergegen ist in der Literatur der überzeugende Einwand erhoben worden, dass das Bereicherungsrecht keine Sanktionen bewirken, sondern lediglich ungerechtfertigte Güterverschiebungen rückgängig machen soll[367].

### 7. Berücksichtigung von Gewinn und Verlust des Bereicherungsschuldners

Von großer Bedeutung ist der Streit um den Einfluss subjektiver Elemente auf den Umfang des Wertersatzes.

#### a) Streitstand

Teile der Literatur beziehen den vom Kondiktionsschuldner erwirtschafteten Gewinn und Verlust in die Ermittlung der Bereicherung ein. So fragt *Koppensteiner* danach, inwiefern die Nutzung das Vermögen des Kondiktionsschuldners tatsächlich vermehrt hat. Entscheidend ist ihm zufolge der „Eigenwert des Eingriffserfolges". Aufgewendete Kosten könnten daher vom grundsätzlich maßgeblichen Reinerlös abgezogen werden[368]. Dies fordere der in § 818 Abs. 3 BGB niedergelegte Grundsatz des Bereicherungsrechts, nach dem der Bereicherte nicht in die „eigene Tasche" greifen müsse. Damit stimmt die Ansicht *Ulmers* überein, der nur den Reingewinn als Bereicherung ansieht[369]. Eine Ausnahme gelte, soweit der Urheber einen entsprechenden Gewinn selbst nicht hätte erzielen können, denn dann sei der Gewinn nicht auf Kosten des Urhebers erlangt. Entscheidend seien die subjektiven Vorstellungen des Berechtigten – wer Nutzungsrechte aufgrund von Verlagsverträgen, Aufführungsverträgen usw. ein-

---

[364] Wandtke/Bullinger, v. Wolff, § 97, Rn. 68; BGH NJW-RR 2001, S. 1332, 1333 - *Formunwirksamer Lizenzvertrag*; BGH 44, S. 372, 380 – *Messmer Tee II.*

[365] BGH GRUR 1997, S. 781, 783 – *Sprengwirkungshemmende Bauteile*; BGH NJW-RR 2001, S. 1332, 1334 - *Formunwirksamer Lizenzvertrag.*

[366] BGHZ 82, S. 309 f – *Kunststoffhohlprofil II*; BGHZ 82, S. 311, 319 f – *Fersenabstützvorrichtung.*

[367] Falk, GRUR 1983, S. 488, 491.

[368] Koppensteiner, NJW 1971, S. 1769, 1770. Im Ergebnis genauso Jakobs, Eingriffserwerb, S. 77 ff sowie S. 74.

[369] Ulmer, S. 559 f.

zuräumen pflege, werde durch die Bereicherungshandlung nur in seiner Aussicht auf das übliche Honorar gestört[370].

Auch *Rehbinder* stellt auf den Gewinn ab, soweit der Urheber ihn selbst hätte erzielen können. Eine weitere Einschränkung ergebe sich jedoch daraus, dass der Gewinn auch Folge eigener Leistung des Bereicherungsschuldners sein könne. Eine Herausgabe komme daher nur hinsichtlich desjenigen Gewinnanteiles in Betracht, der gerade durch die Nutzung des fremden Rechts erwirtschaftet wurde[371]. Dies entspricht im Wesentlichen der Auffassung *Brandners*, der insbesondere das vom Kondiktionsschuldner eingebrachte Know-How sowie dessen persönliche Fähigkeiten bei der Bestimmung des Wertersatzes berücksichtigen möchte. Der nach Abzug dieser Positionen herauszugebende Gewinnanteil sei in analoger Anwendung des § 287 Abs. 1 ZPO durch Schätzung zu ermitteln[372]. Zur Begründung führt *Brandner* die Lehre vom Zuweisungsgehalt an. Nach dieser zielt das Bereicherungsrecht darauf ab, einen Ausgleich nur insofern herzustellen, als gerade durch den Übergriff in den fremden Rechtskreis etwas erlangt wurde[373]. Der objektive Wertersatz gemäß § 818 Abs. 2 BGB umschreibe daher die Rechtsfolge des Herausgabeanspruchs nicht vollständig. Vielmehr sei darüber hinaus § 818 Abs. 1 BGB anwendbar, der mit dem Begriff der Nutzung einen subjektiven Einschlag aufweise[374] und damit die Abschöpfung des Gewinnes erlaube.

Rechtsprechung[375] und herrschende Lehre[376] stellen demgegenüber ausschließlich auf objektive Kriterien ab. Insbesondere komme es nicht darauf an, ob und wie der Urheber sein Werk selbst hätte auswerten können und ob der Bereicherungsschuldner im Einzelfall tatsächlich einen vermögenswerten Vorteil infolge der Nutzung erwirtschaften konnte[377].

**b) Stellungnahme**

Auszugehen ist vom Wortlaut des § 818 Abs. 2 BGB, nach dem der Wertersatz an die Stelle des Erlangten tritt[378]. Durch die Unmöglichkeit der Herausgabe soll sich die Situation des Kondiktionsschuldners nicht ändern. Bereits diesen ersten Schritt gehen

---

370 Ulmer, S. 560. Die Berücksichtigung subjektiver Elemente bei der Wertermittlung befürwortet auch Kleinheyer, JZ 1961, S. 473, 474.
371 Rehbinder, Urheberrecht, Rn. 454.
372 Brandner, GRUR 1980, S. 359, 361; vgl. auch MünchKomm, Lieb, § 818, Rn. 23.
373 Brandner, GRUR 1980, S. 359, 362.
374 Brandner, GRUR 1980. S. 359, 360.
375 BGH 82, S. 299, 308 – *Kunststoffhohlprofil II*; BGH 5, S. 117, 123 – *Parkstraße*; 99, S. 244, 248 – *Chanel Nr. 5*; BGH MDR 1987, S. 817, 818; BGH NJW-RR 2001, S. 1332 f - *Formunwirksamer Lizenzvertrag*. Demgegenüber hatte die Vorinstanz OLG Düsseldorf GRUR 1999, S. 45, 47 - *Nichtiger Lizenzvertrag* noch die Auffassung vertreten, die Höhe der vertraglich vereinbarten Lizenzgebühr sei entscheidend für den Umfang des Bereicherungsanspruchs.
376 Schricker, Wild, § 97, Rn. 87; Fromm/Nordemann, Nordemann, § 97, Rn. 57; Möhring-Nicolini, § 97, Rn. 257; Wandtke/Bullinger, v. Wolff, § 97, Rn. 83; Ullmann, GRUR 1980, S. 615, 619; v. Caemmerer, Festschrift für Rabel, S. 333, 356; ausführlich Larenz, Festschrift für Caemmerer, S. 209, 211 ff.
377 BGH 81, S. 75, 82 – *Carrera*; Wandtke/Bullinger, v. Wolff, Rn. 83; Jestaedt, WRP 2000, S. 899, 902.
378 Vgl. MünchKomm, Lieb, § 818, Rn. 1, 2.

einigen Vertreter der subjektiven Theorie nur halbherzig, indem sie den Wert der Nutzung eines Schutzrechts unterschätzen[379]. Die Nutzung ist nicht nur ein unselbständiger Zwischenschritt im Verwertungsprozess. Zwar mag es sein, dass der Kondiktionsschuldner mit dem Gesamt-Bereicherungsvorgang keinen wirtschaftlichen Erfolg hat. An der Werthaltigkeit der einzelnen „Zutaten" ändert dies aber nichts. Niemand käme auf die Idee, den gegenständlichen Grundstoff eines Produktes als wertlos zu bezeichnen, nur weil mit dem fertigen Produkt kein Gewinn erzielt werden kann. Für die Nutzung immaterieller Güter kann nichts anderes gelten.

Umgekehrt ist aber auch fraglich, ob über den bloßen Nutzungswert hinausgehende Faktoren berücksichtigt werden können. Der durch die Nutzung erwirtschaftete Gewinn ist darüber hinaus nur schwer von wertsteigernden Faktoren aus der Sphäre des Bereicherungsschuldners zu trennen[380]. Bei näherer Betrachtung wachsen die Zweifel daran, ob es einen ausschließlich aus der Nutzung resultierenden Gewinn überhaupt gibt. Wird ein Roman rechtsgrundlos vervielfältigt, so entsteht aus dem Druckvorgang selbst keinerlei Gewinn. Hierfür sind weitere Arbeitsschritte und vor allem Absatzbemühungen nötig[381]. Hat das gedruckte Buch bereits aufgrund seines Inhaltes gute Marktchancen, so gibt dies nur über den hohen Wert der Nutzung selbst Aufschluss[382]. Der durch die Vermarktung entstehende Gewinn wird dann mit Hilfe von Vorteilen erwirtschaftet, die nur mittelbar aus dem vorangegangenen Übergriff resultieren[383].

Eine Gewinnhaftung des Bereicherten ist auch auf methodischem Wege nur schwer zu begründen. In der Literatur wird hierzu die Vorschrift des § 687 Abs. 2 BGB angeführt, aus der geschlossen werden könne, dass auch eine Gewinnherausgabe des schuldlos Handelnden möglich ist. Denn die Ansprüche aus unerlaubter Eigengeschäftsführung und § 812 Abs. 1 S. 1 BGB ständen mit unterschiedlichen Voraussetzungen und unterschiedlichen Zielen selbständig nebeneinander[384]. Die Möglichkeit einer solchen Haftung erklärt aber nicht, weshalb das „erlangte Etwas" des § 812 Abs. 1 S. 1 BGB sich im Rahmen des § 818 Abs. 2 BGB auch auf den Gewinn erstrecken soll.

*Lieb*[385] und *Brandner*[386] begründen dies mit § 818 Abs. 1 BGB. Wenn die Nutzung primärer Bereicherungsgegenstand gemäß § 818 Abs. 1 S. 1 BGB sein könne, so sei es möglich, die Erwirtschaftung eines Gewinnes als Nutzung dieses Bereicherungsge-

---

379 So zum Beispiel Koppensteiner, NJW 1971, S. 1769, 1774, der eine konkrete Mehrung des Empfängervermögens durch die bloße Nutzung nicht feststellen kann und zu dem Ergebnis kommt, dass lediglich die Ersparnis von Aufwendungen einen wirklichen Vorteil darstellt.

380 Heermann, GRUR 1999, S. 625, 635. Delahaye verweist in GRUR 1985, S. 856, 860 auf die Erfahrung mit der Gewinnhaftung im amerikanischen Patentrecht. Hier habe der Gesetzgeber die Möglichkeit der Gewinnabschöpfung nach 35 Jahren wieder abgeschafft, nachdem deutlich geworden sei, dass in der Praxis weder eine mathematische Sicherheit noch vernünftige Schätzmöglichkeit bestehe. Die Schwierigkeiten werden zum Teil auch von den Anhängern der Gewinnhaftung eingeräumt, vgl. Brandner, GRUR 1980, S. 359, 361.

381 Delahaye, GRUR 1985, S. 856, 859.

382 Larenz/Canaris, § 72 III 3 a).

383 Delahaye, GRUR 1995, S. 856, 858.

384 Brandner, GRUR 1980, S. 359, 362; BGH GRUR 1977, S. 250, 254 – *Kunststoffhohlprofil*.

385 MünchKomm, Lieb, § 818, Rn. 23.

386 GRUR 1980, S. 359, 360.

genstandes im Sinne dieser Vorschrift aufzufassen[387]. Dem ist zunächst entgegenzuhalten, dass mit der angemessenen Lizenz gemäß § 818 Abs. 2 BGB die Zahlung eines erschöpfenden Wertersatzes sichergestellt ist, so dass für eine über den Wortlaut hinausgehende Anwendung des § 818 Abs. 1 BGB kein Bedürfnis besteht. Die im Rahmen der objektiven Wertermittlung gefundenen Ergebnisse enthalten keine Unbilligkeiten. Die vorgeschlagene „Nutzung der Nutzung" ist auch mit den Legaldefinitionen der §§ 99 f BGB kaum in Einklang zu bringen. Danach beziehen sich Nutzungen stets auf die Ausbeute einer Sache oder eines Rechts. Wenn im Rahmen des Verwertungsprozesses die Vorteile der Nutzung des fremden Rechts zur Erzielung eines Gewinnes eingesetzt werden, so stellt dies aber nicht eine erneute Ausbeute des fremden Rechts dar. Gegenstand der „weiteren Verarbeitung" ist vielmehr der aus der Nutzung entstandene tatsächliche Vorteil. Damit ist das Tatbestandsmerkmal der Nutzung i.S.d. § 818 Abs. 1 BGB nicht erfüllt[388].

Auch das UrhG selbst weist in § 11 S. 2 UrhG auf eine Orientierung an objektiven Maßstäben hin, indem es lediglich eine „angemessene Vergütung" für die Nutzung des Werkes fordert. Bei einer Orientierung am erzielten Gewinn kann diese Mindestgrenze unterschritten werden. Dies scheint wenig sachgerecht angesichts der Tatsache, dass der Kondiktionsschuldner rechtsgrundlos (wenn auch schuldlos) handelt. Die Gefahr eines wirtschaftlichen Misserfolges muss er in diesen Fällen selbst tragen – ansonsten würde derjenige belohnt, der sich gedankenlos aus fremden Schutzrechten bedient, anstatt sich ordnungsgemäß ein Nutzungsrecht einräumen zu lassen. Umgekehrt darf der Urheber aber auch nicht zusehen, wie der Verwerter die wirtschaftlichen Risiken der unberechtigten Nutzung eingeht, um im Fall des Erfolges den Gewinn abzuschöpfen[389].

Den Vorzug verdient daher die Ansicht, die sich am objektiven Wert der Nutzung orientiert.

### 8. Entreicherung

Ist Wertersatz für die rechtsgrundlose Nutzung fremder Schutzrechte geschuldet, so stellt sich die Frage, ob der Bereicherungsschuldner sich auf den Wegfall der Bereicherung gemäß § 818 Abs. 3 BGB berufen kann. Hier stehen sich seit Jahrzehnten zwei Auffassungen unversöhnlich gegenüber:

#### a) Ablehnende Haltung der h.M.

Seit der Entscheidung *Gasparone II* lehnt der BGH die Möglichkeit einer Entreicherung in ständiger Rechtsprechung ab[390]. Eine solche sei schon aus tatsächlichen Gründen möglich[391], da die erlangte Nutzung nicht rückwirkend entfallen könne[392]. Der

---

[387] MünchKomm, Lieb, § 818, Rn. 23.
[388] BGHZ 82, S. 299, 308 – *Kunststoffhohlprofil II.*
[389] V. Caemmerer, Festschrift für Rabel, S. 333, 356.
[390] BGHZ 56, S. 317, 322 – *Gasparone II.* Der Entscheidung lag die mittlerweile aufgegebene Lehre von der Entreicherung durch Ersparnis zugrunde. Der BGH hat seine Rechtsprechung aber auch nach Abkehr von dieser Lehre fortgesetzt, vgl. BGH NJW-RR 1987, S. 230, 232; BGH NJW 1992, S. 2084, 2085; BGHZ 81, S. 75, 82 – *Carrera.*
[391] BGHZ 56, S. 317, 322 – *Gasparone II.*

Bereicherungsschuldner müsse sich an der selbst geschaffenen Sachlage festhalten lassen[393]. Große Teile der Literatur folgen dem[394]. Laut *Canaris* stellt die Rechtsprechung eine einzelfallbezogene und –abhängige Korrektur aufgrund des Missbrauchseinwandes gemäß § 242 BGB dar[395]. Durch die Benutzung des fremden Rechts sei der Bereicherungsschuldner häufig selbst dann bereichert, wenn sich der erlangte Vorteil in Geld nicht ausdrücken lasse. Im Rahmen der Rechtsfigur des venire contra factum sei aber anerkannt, dass niemand einen nicht herausgabefähigen Vorteil unentgeltlich behalten soll[396]. Die mit der Ablehnung des Entreicherungseinwandes verbundene harte Rechtsfolge für den Bereicherungsschuldner will *Mestmäcker* mit einer analogen Anwendung des § 254 BGB abfedern, wenn der Verletzte selbst einen Beitrag dazu geleistet hat, dass die rechtsgrundlose Nutzung erfolgt ist[397].

**b) Gegenstimmen in der Literatur**

Weite Teile des umfangreichen Schrifttums sprechen sich für eine Anwendung des § 818 Abs. 3 BGB aus[398]: Die mit der Rechtsprechung verbundenen Rechtsfolgen beruhten auf einem „rigorosen Ansatz"[399], insbesondere sei es „unerfindlich", weshalb sich selbst der gutgläubige Bereicherungsschuldner an dem von ihm geschaffenen Tatbestand festhalten lassen müsse[400]. Die Vielzahl der Beiträge lässt zwei Strömungen erkennen:

Vertreten wird zunächst eine nach Fallgruppen differenzierende Lösung, die nach dem hypothetischen Verhalten des Kondiktionsschuldners fragt, wenn er die wahre Rechtslage gekannt hätte[401]. Wären auch in diesem Fall keine Vertragsverhandlungen aufgenommen worden, so sei der Einwand der Entreicherung abgeschnitten. Anders hingegen, wenn der Kondiktionsschuldner sich um einen Vertrag bemüht, diesen aber nicht erhalten hätte – hier mindere sich die Zahlungspflicht, soweit der erzielte Gewinn hinter der Lizenzgebühr zurückbleibe. Hätte der Kondiktionsschuldner die Nut-

---

392 So auch Mestmäcker, JZ 1958, S. 522, 524.

393 So bereits BGHZ 20, S. 245, 355 – *Paul Dahlke*; BGH NJW-RR 1987, S. 230, 232; BGH NJW 1992, S. 2084, 2085.

394 Schricker, Wild, § 97, Rn. 87; Wandtke/Bullinger, v. Wolff, § 97, Rn. 83; Möhring/Nicolini, Lütje, § 97, Rn. 263; Mestmäcker, JZ 1958, S. 522, 524; Kleinheyer, JZ 1961, S. 473, 475; Larenz/Canaris, Schuldrecht II/2, S. 307; Lieb, Ehegattenmitarbeit, S. 97; Batsch, Vermögensverschiebung, S.114; ders. NJW 1972, S. 611, 614.

395 Larenz/Canaris, Schuldrecht II/2, S. 307; ähnlich für die Entreicherung im Allgemeinen Zivilrecht Rengier, AcP 177 (1977), S. 418, 439.

396 Larenz/Canaris, Schuldrecht II/2, S. 308.

397 JZ 1958, S. 521, 524. Darüber hinaus plädiert Canaris a.a.O. für eine entsprechende Anwendung des Rechtsgedankens des § 987 Abs. 1 BGB, wonach der Gutgläubige die Nutzungen behalten darf.

398 Gursky, JR 1972, S. 279, 282; ders. JR 1998, S. 7, 11 ff; Koppensteiner, NJW 1971, S. 588, 1774; Kraßer, GRUR Int. 1980, S. 259, 268; Brandner, GRUR 1980, S. 359, 362; Ullmann, GRUR 1978,S. 615, 620 f; Pinger, MDR 1972, S. 101, 103; Lieb, NJW 1971, S. 1289, 1293; Busse, Keukenschrijver, § 139, Rn. 179; Falk, GRUR 1983, S. 488, 491; Heermann, GRUR 1999, S. 625, 635; Rengier, AcP 177 (1977), S. 418, 445.

399 So Heermann, GRUR 1999, S. 625, 635.

400 Gursky, JR 1998, S. 7, 11.

401 Kraßer, GRUR 1980, S. 259, 268; Heermann, GRUR 1999, S. 625, 635; offenbar auch Benkard, PatG, § 139, Rn. 86.

zung insgesamt unterlassen, so sei nicht Ersatz in Höhe der fiktiven Lizenzgebühr geschuldet, sondern der Gewinn herauszugeben, der ohne die Nutzung des Schutzrechts erzielt worden wäre[402]. Vor reinen Lippenbekenntnissen des Kondiktionsschuldners im Sinne der letzten Variante sei der Schutzrechtsinhaber bereits dadurch geschützt, dass der Kondiktionsschuldner die Beweislast trage[403]. Auch lasse bereits die tatsächliche Nutzung des Schutzrechts vermuten, dass der Kondiktionsschuldner bei Kenntnis der wahren Rechtslage ebenfalls genutzt hätte[404].

Die Mehrzahl der Autoren verweist hingegen auf grundlegende Wertungen des Bereicherungsrechts. So ließen die §§ 818 Abs. 4, 819 Abs. 1 BGB generell einen Schutz zumindest des gutgläubigen Bereicherungsschuldners erkennen[405]. Weiterhin müsse vermieden werden, dass der angeblich Bereicherte den Wertersatz nur durch den Griff in die „eigene Tasche" leisten könne, was insbesondere dann der Fall sei, wenn nach Abzug der Kosten kein Verwendungserfolg verbleibe. Soweit der gutgläubige Bereicherungsschuldner überhaupt hafte, setze dies voraus, dass er zumindest einen Überschuss in Höhe der fiktiven Lizenzgebühr erwirtschaftet habe[406]. Gleiches gelte, wenn der Bereicherte den erwirtschafteten Gewinn für außergewöhnliche Dinge verwende, die er sich ansonsten nicht geleistet hätte[407].

#### c) Stellungnahme

Im Kern geht es hier um die Frage, von welchen Vermögenspositionen der Bereicherungsschuldner überhaupt entreichert sein kann. Soll die Betrachtung an dem Erlangten selbst anknüpfen, oder ist der Saldo des gesamten Vermögens vor und nach dem Bereicherungsvorgang zu bilden? Die erstere Ansicht vertritt offenbar die Rechtsprechung, indem sie feststellt, dass der Bereicherte sich an der von ihm geschaffenen Sachlage festhalten lassen muss[408]. Dies kann dahingehend interpretiert werden, dass der Bereicherungsgegenstand – also die Nutzung des Werkes – nicht rückwirkend entfallen kann. Ausdrückliche Ausführungen des BGH zu seinem Verständnis des Tatbestandsmerkmals der Entreicherung fehlen allerdings, so dass die Position der Rechtsprechung aus Sicht derjenigen, welche eine Saldierung aller erlangten Vor- und Nachteile vornehmen wollen, geradezu unverständlich bleibt[409].

Die in der Diskussion zum Teil angeführten rechtshistorischen Argumente können kaum überzeugen. Eine gesetzliche Definition wurde bewusst vermieden, um Rechtsprechung und Lehre nicht vorzugreifen[410]. Der historische Gesetzgeber selbst verstand das Bereicherungsrecht als reine Billigkeitshaftung, entsprechend schwach sollte demnach der Bereicherungsanspruch ausgestaltet sein. Dem entspricht es, das

---

402 Heermann, GRUR 1999, S. 625, 636.
403 Heermann, GRUR 1999, S. 625, 636.
404 Benkard, PatG, § 139, Rn. 86.
405 Pinger, MDR 1972, S. 101, 103.
406 Falk, GRUR 1983, S. 488, 491; Ullmann, GRUR 1978, S. 615, 620.
407 Ullmann, GRUR 1978, S. 615, 620.
408 BGHZ 20, S. 245, 355 – *Paul Dahlke*.
409 Dies ist wohl auch der Grund für die zum Teil harsche Kritik aus dem Schrifttum, so zum Beispiel bei Gursky, JR 1998, S. 7, 11.
410 Motive II, S. 837.

gesamte Vermögen in die Betrachtung einzubeziehen[411]. Für die heutige Zeit hilft dies indes wenig. Zum einen hat sich das Verständnis von der Funktion des Bereicherungsrechts mittlerweile grundlegend gewandelt. Dieses wird von der herrschenden Meinung als Instrument zur Behebung eines der Güterordnung widersprechenden Zustandes angesehen[412], die Eingriffskondiktion zum Teil auf eine Stufe mit § 985 BGB und dem Deliktsrecht gestellt[413]. Zum anderen hat der Gesetzgeber die unberechtigte Nutzung fremder (Immaterialgüter-) Rechte möglicherweise nicht hinreichend gewürdigt. Mit Sicherheit kann jedenfalls davon ausgegangen werde, dass er die künftige überragende wirtschaftliche Bedeutung der Immaterialgüterrechte und des Urheberrechts nicht vorhergesehen hat.

Dennoch ist es fragwürdig, das Tatbestandsmerkmal der Entreicherung im Sinne eines „Wegfalls des Erlangten" auszulegen[414]. Denn im Gegensatz zu §§ 812 Abs. 1, 818 Abs. 1 und 2 BGB stellt der Wortlaut des § 818 Abs. 3 gerade nicht auf „das Erlangte" ab. Damit besteht ein Widerspruch zwischen dem heute herrschenden Verständnis von der Funktion des Bereicherungsrechts und dem Wortlaut des § 818 Abs. 3 BGB. In der Literatur ist vorgeschlagen worden, diesen Konflikt fallgruppenbezogen durch normative Wertungen zu lösen und dadurch den unbestimmten Rechtsbegriff der Entreicherung zu konkretisieren[415]. So sollen Minderjährige und Geschäftsunfähige sich stets darauf berufen können, die Verwendung des Erlangten habe keinen Erfolg erbracht[416]. Eine Einschränkung der Vorschrift zur angemessenen Verteilung des Risikos sei jedenfalls nicht durch die §§ 818 Abs. 4, 819, 820 BGB ausgeschlossen. Diese würden zwar konkrete Fälle benennen, in denen sich der Kondiktionsschuldner nicht auf Entreicherung berufen könne. Abschließend seien die Regelungen jedoch nicht; sie beträfen vielmehr typische Fälle, in denen das Entreicherungsrisiko vom Kondiktionsschuldner selbst zu tragen sei. Auch die Anwendung der Saldotheorie durch die Rechtsprechung zeige, dass § 818 Abs. 3 BGB einer weiteren Reduktion zugänglich sei[417].

Es soll hier nicht der Versuch unternommen werden, die oben dargestellte Lehre zu verifizieren oder allgemeingültige Kriterien zu entwickeln. Festzuhalten bleibt jedoch, dass es sich bei der Entreicherung um einen unbestimmten Rechtsbegriff handelt, welcher ausgehend vom Willen des historischen Gesetzgebers der Konkretisierung durch weitere Wertungen geradezu bedarf. Dies kann durchaus über die Heranziehung gesetzlicher Wertentscheidungen erreicht werden, was aus methodischer Sicht einen Unterfall der systematischen Auslegung darstellt.

Im Rahmen der rechtsgrundlosen Nutzung eines Urheberrechts ergibt sich eine solche Wertung aus § 11 S. 2 UrhG, wonach das Urheberrecht der Sicherung einer angemessenen Vergütung für die Nutzung des Werkes dient. Diese Vorschrift ist über die Normen des UrhG hinaus überall dort anzuwenden, wo die Nutzung des Werkes abge-

---

[411] Vgl. Rengier AcP 177 (1977), S. 418, 419.
[412] MünchKomm, Lieb, § 818, Rn. 64 ff m.w.N.
[413] V. Caemmerer, Festschrift für Rabel, S. 352 ff.
[414] So Rengier, AcP 177 (1977), S. 418, 432.
[415] MünchKomm, Lieb, § 818, Rn. 101 ff.
[416] MünchKomm, Lieb, § 818, Rn. 105.
[417] MünchKomm, Lieb, § 818, Rn. 101.

golten werden soll – unabhängig davon, ob es sich um vertragliche oder gesetzliche Ansprüche handelt[418]. Der Be-griff der angemessenen Vergütung soll an dieser Stelle nicht konkretisiert werden. Es kann aber festgestellt werden, dass es jedenfalls § 11 S. 2 UrhG widerspricht, wenn das Werk – unter Umständen umfangreich - genutzt wird, hierfür aber keinerlei Ersatz zu leisten ist, weil der Verwerter letztlich keinen wirtschaftlichen Erfolg verbuchen konnte. Hier kommt es primär auf den Wert der Nutzung und nicht auf die dadurch realisierten Erträge an[419].

Dieser Grundsatz des Urheberrechts wiegt schwerer als die durch den Ausschluss entstehenden Nachteile für den Bereicherungsschuldner. Richtig ist zwar, dass der Bereicherungsanspruch hierdurch zum scharfen Schwert in der Hand des Urhebers wird. In Fällen, in denen zwischen Urheber und Verwerter keinerlei vertragliche Beziehung bestand, hat der Verwerter bis zur Geltendmachung des Bereicherungsanspruchs jedoch auch keine Vergütung gezahlt. Anstelle des in Nutzungsverträgen üblichen nach Zeitabschnitten bemessenen Entgeltes ist er einem sofort fälligen Gesamtanspruch ausgesetzt. Die Eröffnung des Entreicherungseinwandes würde aber einer Selbstbedienungsmentalität Vorschub leisten – wer sich unbekümmert aus dem Rechtskreis des Urhebers bedient, müsste stets nur im Falle des wirtschaftlichen Erfolges die Nutzung vergüten. Hiergegen kann nicht argumentiert werden, dass dies in vielen Fällen genau der Regelung entspricht, die die Parteien vertraglich vereinbart hätten. Soweit es in bestimmten Branchen üblich ist, den Urheber lediglich prozentual am Gewinn zu beteiligen, ist dies bereits im Rahmen der Ermittlung des Wertersatzes gemäß § 818 Abs. 2 BGB zu berücksichtigen.

Der Begriff der Entreicherung bezieht sich daher zumindest im Zusammenhang mit der Nutzung fremder Urheberrechte und Nutzungsrechte ausschließlich auf das Erlangte und damit auf die Nutzung selbst. Diese kann nachträglich nicht mehr wegfallen, wodurch es dem Bereicherungsschuldner generell verwehrt ist, sich auf Entreicherung gemäß § 818 Abs. 3 BGB zu berufen.

### 9. Verjährung

Bereicherungsrechtliche Ansprüche verjähren nach den allgemeinen Vorschriften der §§ 194 ff BGB innerhalb von 3 Jahren. Auch hinsichtlich der Herausgabe des Nutzungsrechts unter dem Abstraktionsprinzip ist die dreißigjährige Verjährungsfrist aus § 197 Abs. 1 Nr. 1 BGB nicht anwendbar, da der Anspruch nicht aus Eigentum oder einem anderen dinglichen Recht resultiert. Wenngleich das Urheberrecht ein dingliches Recht i.S. dieser Vorschrift ist, hat der Herausgabeanspruch aus § 812 Abs. 1 S. 1, 1. Alt. BGB doch nur schuldrechtliche Natur.

Die Verjährung beginnt gemäß § 199 Abs. 1 BGB am Schluss des Jahres, in welchem der Anspruch entstanden ist und der Kondiktionsschuldner Kenntnis hiervon erlangt hat oder Kenntnis hätte erlangen müssen. Unabhängig von Kenntnis oder Kennenmüssen verjährt der Anspruch gemäß § 199 Abs. 4 BGB spätesten in zehn Jahren nach der Entstehung. Dies gilt gleichermaßen für Ansprüche aus Leistungs- und Eingriffskondiktion.

---

[418] S.u. D VI 1.
[419] BT Drucks. 14/6433, S. 14, 15.

Die Verjährungsregelungen der §§ 102 S. 2 UrhG, 852 S. 2 BGB betreffen dagegen ausschließlich deliktische Ansprüche[420]. Die Verweisung aus § 102 S. 2 UrhG bewirkt im Ergebnis, dass der Schadensersatzanspruch aus § 97 Abs. 1 BGB nach seiner Verjährung dahingehend modifiziert wird, dass nunmehr lediglich Herausgabe des Erlangten begehrt werden kann, wenn zunächst die Voraussetzungen des Schadensersatzanspruchs gegeben sind. Der modifizierte deliktische Anspruch verjährt gemäß § 852 S. 2 BGB innerhalb von 30 Jahren ab der Begehung der Verletzungshandlung. Vor allem unter dem Kausalprinzip kann sich hierdurch im Ergebnis auch eine Verlängerung von Herausgabeansprüchen im Zusammenhang mit der Rückabwicklung fehlgeschlagener Vertragsverhältnisse ergeben. Handelte der Verwerter hinsichtlich des Nichtbestehens des schuldrechtlichen Geschäfts bei der Auswertung des Werkes vorsätzlich oder fahrlässig, so entsteht also neben dem Anspruch aus § 812 BGB ein Anspruch aus § 97 Abs. 1 UrhG, der innerhalb von 30 Jahren verjährt.

### 10. Gegenanspruch des Verwerters auf Ersatz der Gewinnungskosten?

Wer zur Herausgabe von Früchten verpflichtet ist, kann nach § 102 BGB im Gegenzug Ersatz der Kosten verlangen, die er auf die Gewinnung der Früchte verwendet hat. Wie bereits aus dem Wortlaut hervorgeht, handelt es sich um eine selbständige Anspruchsgrundlage und nicht nur um eine Einrede[421]. Der erforderliche Anspruch auf Herausgabe der Früchte kann sich aus sämtlichen einschlägigen Vorschriften des BGB und insbesondere aus Bereicherungsrecht ergeben[422]. Aus dem engen systematischen Zusammenhang mit § 99 BGB ist ersichtlich, dass die Vorschrift auch auf die Herausgabe von Rechtsfrüchten[423] und damit auch auf das Urheberrecht anwendbar ist.

Die rechtsgrundlos erlangte Werknutzung stellt auch eine herauszugebende Frucht im Sinne des § 102 BGB dar. Früchte eines Rechts sind gemäß § 99 Abs. 2 BGB die Erträge, welche das Recht seiner Bestimmung gemäß gewährt; abzustellen ist auf den Inhalt des Rechts[424]. Wer das Werk unbefugt, also ohne entsprechendes schuldrechtliches oder dingliches Recht nutzt, der greift in das Urheberrecht selbst ein, welches gemäß § 11 S. 2 UrhG unmittelbar auf die Gewinnung derartiger Erträge gerichtet ist. Dies gilt erst recht für das Nutzungsrecht, welches seine Existenz dem Willen der Parteien zur Verwertung des Werkes verdankt.

Dem Verwerter können aber keine Kosten im Sinne des § 102 BGB entstehen. Schon der Wortlaut der Norm zeigt, dass nicht jegliche Ausgaben, sondern nur dasjenige geltend gemacht werden kann, was unmittelbar für die Gewinnung der Früchte eingesetzt wurde. Dementsprechend wird in der Literatur als ersatzfähig angesehen, was zur ordnungsgemäßen Bestellung, Erhaltung oder Ernte der Früchte an Kosten entstanden ist[425]. Gesetzlicher Normalfall ist die Fruchtziehung in der Landwirtschaft, welche umfangreiche Kosten für das Saatgut, die Bestellung des Feldes und die Ernte

---

[420] MünchKomm, Wagner, § 852, Rn. 2.
[421] Staudinger, Jickeli/Stieper, § 101, Rn. 2; Soergel, Marly, § 102, Rn. 2.
[422] Staudinger, Jickeli/Stieper, § 101, Rn. 3; MünchKomm, Holch, § 102, Rn. 3.
[423] Soergel, Marly, § 102, Rn. 2.
[424] MünchKomm, Holch, § 99, Rn. 8; Staudinger, § 99, Rn. 11.
[425] Soergel, Marly, § 102, Rn. 3; MünchKomm, Holch, § 99, Rn. Staudinger, Jickeli/Stieper, § 102, Rn. 4.

mit sich bringt, bis die getrennte Frucht entnommen ist und eingelagert werden kann. Die Nutzung des Urheberrechts erfordert keine derartigen Anstrengungen. Sie gleicht eher dem Gang in den Supermarkt, in welchem der Verwerter nur noch ins Kühlregal greifen muss, um die Frucht zu erlangen. Dieser Griff selbst verursacht keine Kosten. Um das Werk nutzen zu können, muss dieses nicht „bestellt" werden – die Kenntnis vom Inhalt genügt, um es zu vervielfältigen, zu bearbeiten, zu veröffentlichen. Die hierbei entstehenden Kosten sind nicht auf die Nutzung des Werkes zurückzuführen, sondern darauf, dass ein Produkt hergestellt wird, welches die Nutzung lediglich voraussetzt. Wird das in der Landwirtschaft geerntete Getreide sofort zu Brot weiterverarbeitet, so kommt niemand auf die Idee, auch die hierbei entstehenden Kosten als Fruchtgewinnungskosten anzusehen.

In der umfangreichen Rechtsprechung zum Nutzungsersatz im Urheberrecht hat die Norm des § 102 BGB daher zu keinem Zeitpunkt eine Rolle gespielt.

### 11. Verwendungskondiktion des Verwerters?

Viele Werke müssen umfangreich beworben werden, bevor an eine kommerzielle Verwertung überhaupt zu denken ist, so zum Beispiel Filme oder Werke der Popmusik. In der Regel übernimmt der Verwerter dies. Wird der Nutzungsvertrag beendet, so erhält der Urheber das Nutzungsrecht unter dem Kausalprinzip durch Rechterückfall und unter dem Abstraktionsprinzip durch Rückgewähr zurück. Er hat nun die Möglichkeit, die entsprechenden Befugnisse anderweitig zu vergeben, wobei ihm der mittlerweile stark erhöhte Bekanntheitsgrad des Werkes helfen und auch zu einem höheren Entgelt führen kann. Für den Verwerter stellt sich die Frage, ob er die auf das Werk getätigten Aufwendungen ersetzt bekommt, soweit sie zu einem Vermögenszuwachs beim Urheber geführt haben. Die Voraussetzungen einer solchen Verwendungskondiktion sind bereits im allgemeinen Zivilrecht stark umstritten und im Urheberrecht bislang noch vollkommen ungeklärt. Probleme ergeben sich insbesondere bei der genauen Abgrenzung des Bereicherungsgegenstandes sowie beim Schutz vor aufgedrängter Bereicherung[426]. Da eine umfassende Erörterung der Problematik den Rahmen dieser Arbeit sprengen würde, soll nachfolgend nur einigen speziell urheberrechtlichen Erwägungen nachgegangen werden.

Denkbar wäre es, die Rechtsprechung zum Entreicherungseinwand heranzuziehen, die eine Verwendungskondiktion im Urheberrecht per se ausschließen könnte. Denn wenn die Aufwendungen des Verwerters den gegen ihn gerichteten Anspruch nicht vermindern können[427], dann dürften sie erst recht keinen Gegenanspruch gegen den Urheber auslösen. Im Ergebnis greift diese Überlegung aber nicht durch, denn es macht einen Unterschied, ob das eigene Vermögen durch Aufwendungen gemindert wird, oder ob diese Aufwendungen fremdes Vermögen mehren[428].

Allerdings fällt die Feststellung einer Bereicherung des Urhebers außerordentlich schwer. Ob der Urheber aus den Vermögensopfern des Verwerters einen Vorteil erlangt, ist zum Zeitpunkt der Rückgewähr überhaupt noch nicht entschieden. Es steht

[426] Zum Streitstand ausführlich MünchKomm, Lieb, § 812, Rn. 295 ff.
[427] BGHZ 20, S. 245, 355 – *Paul Dahlke*; BGHZ 56, S. 317, 322 – *Gasparone II*.
[428] MünchKomm, Lieb, § 812, Rn. 297.

dem Urheber frei, das Werk künftig nicht kommerziell auszuwerten – in diesem Fall hat er durch die Bemühungen des Verwerters nichts erlangt. Erst wenn eine erneute Verwertung des Werkes in Angriff genommen wird, kann der Urheber hieraus einen Vorteil erzielen. Damit beruht ein möglicher Vermögenszuwachs aber nicht mehr unmittelbar auf dem Tätigwerden des Verwerters. Erlangt ist also nicht mehr als eine Marktchance, die keinen eigenständigen Bereicherungsgegenstand darstellt[429]. Um eine uferlose Haftung des Urhebers zu vermeiden, ist eine Verwendungskondiktion im Urheberrecht daher generell abzulehnen. Dies entspricht auch der Wertung der Entscheidung *Künstlerverträge*, in welcher die Rechtsprechung das wirtschaftliche Risiko im Hinblick auf die Kosten für Werbung dem Verwerter auferlegt hat[430].

## II. Anwendbarkeit der Vorschriften über die Geschäftsführung ohne Auftrag

Wechselseitige Ansprüche zwischen Urheber und Verwerter können sich auch aus den Vorschriften der GoA ergeben, die im Urheberrecht allgemein für anwendbar gehalten werden[431]. Etwas anderes gilt aber, soweit es wie hier um die Rückabwicklung fehlgeschlagener Vertragsbeziehungen geht. Entgegen der Rechtsprechung[432] ist insoweit der herrschenden Meinung in der Literatur zu folgen, welche eine Anwendung der §§ 677 ff BGB insgesamt ablehnt[433]. Richtig ist zwar, dass nach dem Wortlaut des § 677 BGB bei nichtigen oder beendeten Verträgen kein Auftrag vorliegt. Auch der Fremdgeschäftsführungswille kann nicht verneint werden; dieser wird beim hier vorliegenden „auch-fremden" Geschäft selbst dadurch nicht ausgeschlossen, dass der Geschäftsführer sich irrtümlich für berechtigt und verpflichtet hält[434]. Im Bereich der Rückabwicklung werden die Vorschriften der GoA aber durch das insofern speziellere Bereicherungsrecht verdrängt. Dieses enthält ausdifferenzierte Vorschriften für die Rückgewähr, die durch eine Anwendung der Vorschriften über die GoA umgangen würden[435].

Damit gelten die Regeln der GoA im Rahmen der Rückabwicklung nur dann, wenn das Gesetz ausdrücklich auf sie verweist, so zum Beispiel in § 539 Abs. 1 BGB.

## III. Das Schicksal der Nutzungsrechte zweiter Stufe bei Fortfall des Mutterrechts

Kommt es zum Heimfall des ausschließlichen Nutzungsrechts, so geht dieses im Urheberrecht auf. Gleiches gilt bei einer rechtsgeschäftlichen Rückübertragung auf den Urheber. Sowohl bei abstrakter als auch kausaler Gestaltung stellt sich daher die Frage, ob das Nutzungsrecht zweiter Stufe ohne sein Mutterrecht existieren kann. Dies ist in Rechtsprechung und Lehre seit langem umstritten und soll als Vorfrage für die Bewertung der Rechtsfolgen von Abstraktion und Kausalität vorab diskutiert werden.

---

[429] S.o. 3 c).
[430] BGH GRUR 1989, S. 198, 201 ff – *Künstlerverträge*.
[431] Wandtke/Bullinger, v. Wolff, § 97, Rn. 85; Möhring/Nicolini, Lütje, § 97, Rn. 265 ff.
[432] BGH NJW 1993, S. 3196; ohne Begründung BGH NJW 1997, S. 1997, 47, 48.
[433] MünchKomm, Seiler, § 677, Rn. 47 ff; Lorenz, NJW 1996, S. 883, 886; Canaris, NJW 1985, S. 2404, 2405.
[434] BGH WM 2000, S. 973 m.w.N; hiergegen Lorenz, NJW 1996, S. 883, 885.
[435] MünchKomm, Seiler, § 677, Rn. 48.

## 1. Streitstand

Einige Autoren gehen vom Fortbestand aus[436]. Hierfür wird angeführt, dass die Einräumung eines dinglichen Rechts wie eine Belastung des Mutterrechts wirke, die dem Nießbrauch ähnlich sei. Gemäß § 1071 Abs. 1 BGB könne das mit dem Nießbrauch belastete Eigentum aber nur mit Zustimmung des Nießbrauchers aufgehoben werden[437]. Darüber hinaus schütze § 33 UrhG den Inhaber eines einfachen Nutzungsrechts vor nachfolgenden Verfügungen über das Mutterrecht. Das Interesse des Inhabers des Nutzungsrechts werde dadurch höher bewertet als das Interesse desjenigen, der später ein Ausschließlichkeitsrecht erwerbe. Der Gedanke sei auf das Aufgehen eines ausschließlichen Nutzungsrechts im Urheberrecht entsprechend anwendbar, so dass der Bestand der Tochterrechte höherer Stufe durch § 33 UrhG garantiert sei[438]. Aus Sicht des Inhabers des Tochterrechts bestehe zwischen einem Erlöschen und der Verfügung über das Hauptrecht kein Unterschied[439].

Die herrschende Meinung plädiert demgegenüber für ein Erlöschen der Nutzungsrechte höherer Stufe[440]. Die mittlerweile um S. 2 ergänzte Vorschrift des § 33 UrhG beziehe die Konstellation des Heimfalls gerade nicht in den Sukzessionsschutz mit ein[441]. Hieraus möglicherweise entstehende Härten will *Ulmer* in Ausnahmefällen dadurch beseitigen, dass der Hauptlizenzvertrag dahingehend ausgelegt wird, dass der Urheber mit dem Fortbestand des Nutzungsrechts zweiter Stufe einverstanden ist[442].

## 2. Stellungnahme

Der herrschenden Meinung ist zu folgen. Zwar ist es richtig, dass der Verlust des Nutzungsrechts höherer Stufe für den Betroffenen erhebliche Härten darstellen kann – insbesondere im Hinblick auf die bereits getätigten und möglicherweise noch nicht amortisierten Investitionen[443]. Anderseits ist zu berücksichtigen, dass gerade kein Vollrecht, sondern nur ein Tochterrecht erworben wurde. Für die Einräumung von Nutzungsrechten zweiter Stufe gelten die Grundsätze der Einräumung des Nutzungsrechts durch den Urheber entsprechend. Es bestehen enge Bindungen zum Mutterrecht.

Offensichtlich ist dies, soweit man von der Geltung des Kausalprinzips ausgeht: Hier wäre eine Umgehung möglich, wenn umfassende Nutzungsrechte zweiter Stufe eingeräumt werden. Bei einem Heimfall des ausschließlichen Nutzungsrechts erhielte der Urheber dieses dann als leere Hülle. Aber auch bei abstrakter Gestaltung kann das

---

[436] Schwarz/Klingner, GRUR 1998, S. 103, 110; Beck, Lizenzvertrag, S. 86, 87; Lange, Lizenzvertrag, S. 96; Platho, FuR 1984, S. 135, 138; nach außerordentlicher und ordentlicher Beendigung differenzierend Behrendt, GRUR 1933, S. 199, 201 und Haberstumpf, Rn. 418 – danach soll das Tochterrecht nur bei außerordentlicher Beendigung des Hauptlizenzvertrags erlöschen.
[437] Beck, Lizenzvertrag, S. 86.
[438] Hausmann, Festschrift für Schwarz, S. 81, 97.
[439] Schwarz/Klingner, GRUR 1998, S. 103, 111 f.
[440] RGZ 142, S. 168, 171; Wandtke/Bullinger, Wandtke/Grunert, § 33, Rn. 5; Schricker, Schricker, § 33 Rn. 11; Fromm/Nordemann, Hertin, § 33, Rn. 2 und § 34 Rn. 15; Wente/Härle, GRUR 1997, S. 96, 100; Ulmer, S. 467; Nordemann, GRUR 1970, S. 174, 175. A.A. LG Stuttgart, FuR 1983, S. 608, 611.
[441] Wandtke/Bullinger, Wandtke/Grunert, § 33, Rn. 5.
[442] Ulmer, S. 467.
[443] So Behrendt, GRUR 1933, S. 199, 201.

Tochterrecht nicht fortbestehen: Der Inhaber eines ausschließlichen Nutzungsrechts kann nicht mehr Rechtsmacht einräumen als ihm selbst zur Verfügung steht[444] und insbesondere keine Rechtspositionen schaffen, die stärker sind als sein eigenes Recht.

### IV. Die Rechtsfolgen des Kausalprinzips

Nachfolgend werden die Rechtsfolgen der Anwendung des Kausalprinzips dargestellt. Die Untersuchung bezieht sich hierbei lediglich auf die oben vorgestellten typischen Fallkonstellationen[445], wobei zwischen einfachen und ausschließlichen Nutzungsrechten nicht unterschieden wird[446].

#### 1. Nachträgliche Beendigung des Nutzungsvertrags im Zweipersonenverhältnis

In dieser praxisrelevanten Fallgruppe hat der Urheber dem Verwerter ein Nutzungsrecht eingeräumt, der Nutzungsvertrag wird sodann nachträglich beendet. Als Beendigungsgrund kommt zunächst die Kündigung in Betracht, zum Beispiel gemäß § 314 Abs. 1 BGB oder aufgrund eines vertraglich vereinbarten (ordentlichen) Kündigungsrechts. Weitere Fälle sind der Wegfall der Geschäftsgrundlage gemäß § 313 Abs. 1 BGB[447], die auflösende Bedingung und der Aufhebungsvertrag.

##### a) Heimfall des Nutzungsrechts und Unterlassungsanspruch

Die Auswirkung der Vertragsbeendigung auf das Nutzungsrecht wurde bereits mehrfach erwähnt: Es kommt zum sogenannten Heimfall, bei dem das Nutzungsrecht erlischt und im Urheberrecht aufgeht[448]. Denn das Nutzungsrecht ist nach dem Kausalprinzip nicht nur von der anfänglichen Wirksamkeit des Vertrags, sondern auch von dessen Fortbestand abhängig[449]. Der Verwerter steht dem Werk fortan wie ein unbeteiligter Dritter gegenüber. Er hat sich gemäß § 97 Abs. 1 S. 1 UrhG ab sofort jeder weiteren Verwertungshandlung zu enthalten, die eine Verletzung des Urheberrechts darstellen und zwingend zu Bereicherungs- und möglicherweise auch zu Schadensersatzansprüchen führen würde.

Bei teilweiser Beendigung des Kausalverhältnisses fallen nur diejenigen Nutzungsrechte zurück, welche ihre Rechtsgrundlage in dem beendeten Teil haben. So hat der BGH einen automatischen Rechterückfall in der Entscheidung *Allwetterbad* bereits deshalb abgelehnt, weil das eingeräumte Nachbaurecht von dem auch nach der Kündigung bestehenden Vertragsteil gedeckt war[450].

---

[444] RGZ 142, S. 168, 170; Wente/Härle, GRUR 1997, S. 96, 100.

[445] Siehe hierzu A I 2.

[446] In beiden Fällen handelt es sich um dingliche Rechte, so dass sich hinsichtlich der Rechtsfolgen des Heimfalls keine Abweichungen ergeben. Zur Rechtsnatur des Nutzungsrechts s.o. B III 5.

[447] In der Regel wird es hierbei zu einer Vertragsanpassung kommen, wobei die Anhänger des Kausalprinzips von einem teilweisen Rechterückfall ausgehen, soweit die Anpassung zu einer Einschränkung der Rechtseinräumung führt, vgl. Wandtke/Bullinger, Wandtke/Grunert, vor §§ 31 ff, Rn. 16.

[448] Fromm/Nordemann, Hertin, vor § 31, Rn. 29; Wandtke/Bullinger, Wandtke/Grunert, vor §§ 31 ff, Rn. 12; Schricker, Schricker, §§ 31/32, Rn. 23.

[449] Wente/Härle, GRUR 1997, S. 96, 99; Hausmann, Festschrift für Schwarz, S. 81, 96.

[450] BGH GRUR 1982, S. 369, 371 – *Allwetterbad*. Zwischen Abstraktion und Kausalität musste sich der BGH daher nicht entscheiden.

### b) Vernichtung und Herausgabe von Vervielfältigungsstücken

Bereits hergestellte Vervielfältigungsstücke sind gemäß § 98 Abs. 1, 3. Alt. UrhG zu vernichten oder gemäß § 98 Abs. 2 UrhG gegen Zahlung einer angemessenen Vergütung an den Urheber herauszugeben, selbst wenn sie während der Vertragslaufzeit und damit rechtmäßig produziert wurden. Denn der Vernichtungsanspruch erstreckt sich auch auf solche Vervielfältigungsstücke, die lediglich zur künftigen rechtswidrigen Verbreitung bestimmt sind[451]. Ausschlaggebend sind die subjektiven Ziele des Verwerters[452], die in der Regel auf den Verkauf gerichtet sind. Hierin liegt eine Verbreitungshandlung i.S.d. § 17 Abs. 1 UrhG, welche dem Verwerter mit Rückfall des Urheberrechts nicht mehr erlaubt ist.

### c) Ausnahmen von den deliktischen Ansprüchen

Ist die Forderung nach Unterlassung, Vernichtung und Herausgabe ausnahmsweise unverhältnismäßig und kann der Zweck auch durch ein weniger einschneidendes Mittel erreicht werden, so hat der Urheber nach § 98 Abs. 3 UrhG nur Anspruch auf die entsprechende Minusmaßnahme. § 98 Abs. 1 und 2 UrhG gelten darüber hinaus gemäß § 101 Abs. 2 UrhG nicht für Bauwerke und abtrennbare Teile von Vervielfältigungsstücken.

Eine weitere Einschränkung enthält die Vorschrift des § 101 Abs. 1 UrhG. Danach kann der schuldlose Verletzer die Ansprüche aus den §§ 97 ff UrhG abwenden, wenn ihm hierdurch unverhältnismäßig hoher Schaden entstehen würde. Er hat dann eine Entschädigung in Geld zu zahlen. Zweifelhaft ist, ob diese Norm auch dann greift, wenn aufgrund des Kausalprinzips ein Rechterückfall eingetreten ist, da § 101 Abs. 1 UrhG die „Verletzung eines nach diesem Gesetz geschützten Rechts“ voraus setzt. In den Fällen des nachträglichen Rechterückfalls liegt eine Rechtsverletzung aber gerade nicht vor, denn die bisherige Nutzung des Werkes erfolgte rechtmäßig. Lediglich die weitere Auswertung würde das Urheberrecht verletzen. Andererseits kann es dem Verwerter nicht zum Nachteil gereichen, dass sein bisheriges Verhalten rechtmäßig war. Hierdurch würde der zum Beispiel der Raubkopierer besser gestellt als derjenige, der sich ordnungsgemäß ein Nutzungsrecht für die Vervielfältigung einräumen lässt und dieses nach Herstellung der Vervielfältigungsstücke wieder verliert. Man wird das Merkmal der Rechtsverletzung also dahingehend auszulegen haben, dass die künftige Auswertung das Urheberrecht verletzen muss. Sowohl der Unterlassungsanspruch aus § 97 UrhG als auch der Vernichtungsanspruch aus § 98 UrhG sind zukunftsbezogen. Insbesondere der auch für rechtmäßig hergestellte Vervielfältigungsstücke geltende § 98 UrhG nimmt künftige Ereignisse vorweg, da er sich auf Vervielfältigungsstücke bezieht, die lediglich zur künftigen rechtswidrigen Verbreitung bestimmt sind. Dann muss es aber auch im Rahmen der Gegenrechte erlaubt sein, die geplante Verbreitungshandlung als bereits gegeben zu unterstellen.

Ist eine bereits erfolgte Verletzung für die Abwendung nicht erforderlich, so ergibt sich allerdings ein Folgeproblem: Die Befugnis des § 101 Abs. 1 UrhG ist ausgeschlossen, wenn dem Verwerter Vorsatz oder Fahrlässigkeit zur Last fällt. Wie ge-

---

[451] Schricker, Wild, § 98, Rn. 4.
[452] Dreier/Schulze, Dreier, § 98, Rn. 5.

zeigt, setzt der Vernichtungsanspruch aber nicht zwingend eine bereits begangene rechtswidrige Handlung voraus. Gleiches gilt für den Unterlassungsanspruch aus § 97 Abs. 1 UrhG, der auch schon bei Vorliegen einer sogenannten Erstbegehungsgefahr besteht[453]. Gerade wenn die Vervielfältigungsstücke rechtmäßig hergestellt wurden, ist deshalb unklar, welches vorsätzliche oder fahrlässige Verhalten in § 101 Abs. 1 UrhG gemeint ist[454].

Es ist möglich, die Merkmale Vorsatz und Fahrlässigkeit nicht auf eine Urheberrechtsverletzung, sondern auf den Verlust des Nutzungsrechts oder die Vertragsbeendigung zu beziehen. Es wäre dann danach zu fragen, ob der Verwerter schuldhaft dazu beigetragen hat, dass er die rechtmäßig produzierte Ware jetzt nicht mehr verkaufen darf. Die hiermit erzielten Ergebnisse überzeugen nicht. Bestimmte Arten der Vertragsbeendigung würden per se mit dem Verlust der Abwendungsbefugnis sanktioniert. So würde zum Beispiel eine ordentliche Kündigung des Verwerters stets den Verschuldensvorwurf auslösen – im Gegensatz zum Ablauf eines befristeten Nutzungsvertrags, den der Verwerter nicht beeinflussen kann. Es ist keine Wertung ersichtlich, die eine solche Differenzierung rechtfertigt. Darüber hinaus würde sich ein Widerspruch zur Terminologie des BGB ergeben. Dort beziehen sich die Begriffe Vorsatz und Fahrlässigkeit als Verschuldensformen auf vorwerfbaren Handlungen[455] wie zum Beispiel die Verletzung von Vertragspflichten oder absolut geschützten Rechtsgütern. Wie bereits erwähnt, kann ein solcher Vorwurf hier nicht gemacht werden.

Stattdessen ist darauf abzustellen, ob der Täter vorsätzlich oder fahrlässig handelte, als er die Voraussetzungen für die Ansprüche aus den §§ 97 ff UrhG schuf. Wusste er zum Zeitpunkt der Herstellung bereits, dass das Vertragsverhältnis in Kürze beendet sein wird und eine Verbreitung der Vervielfältigungsstücke danach nur durch rechtswidrige Handlung möglich ist? Musste er bei den zur Erstbegehungsgefahr führenden Vorbereitungshandlungen erkennen, dass künftig ein Unterlassungsanspruch gegen ihn bestehen würde? Allein hierdurch werden sachgerechte Rechtsfolgen geschaffen. Derjenige, der bis zum erkennbaren Ende des Nutzungsvertrags so weiterproduziert, dass die Vervielfältigungsstücke nur in der Zeit danach absetzbar sind, verhält sich treuwidrig und kann die Ansprüche aus den §§ 97 ff UrhG nicht abwenden. Anders hingegen, wenn zum Beispiel überraschend ein Wegfall der Geschäftsgrundlage eintritt.

Eine darüber hinausgehende Aufbrauchsfrist steht dem Verwerter nicht zu[456]. Hierin läge eine Rechtsfortbildung, die durch die detaillierte gesetzliche Regelung in den §§ 98 ff UrhG ausgeschlossen ist.

**d) Anspruch des Verwerters auf Aufwendungsersatz**

Es kann vorkommen, dass Nutzungsrechte während der Vertragslaufzeit einen erheblichen Wertzuwachs erfahren. Das kann einerseits an der Qualität des Werkes liegen,

---

[453] BGH WRP 2001, S. 1076, 1078 – *Berühmungsaufgabe*; BGH GRUR 1992, S. 318, 319 – *Jubiläumsverkauf*.

[454] Hierüber geben auch die ansonsten umfangreichen Gesetzesmaterialien zu § 101 UrhG keinen Aufschluss, vgl. Amtl. Begr. UFITA 45 (1965), S. 240, 323 f.

[455] Staudinger, Löwisch, § 276, Rn. 10.

[456] Schricker, Wild, § 101, Rn. 1; Berlit, WRP 1998, S. 250, 256.

andererseits an Zeitgeist und dem Geschmack der Konsumenten. Es ist aber auch möglich, dass die Wertsteigerung auf Anstrengungen des Verwerters beruht, so zum Beispiel wenn dieser das Werk durch umfangreiche Werbemaßnahmen populär macht. Es wurde bereits oben dargelegt, dass ein Aufwendungsersatzanspruch aus Bereicherungsrecht jedenfalls nicht besteht. Fraglich ist jedoch, ob vertragliche Ansprüche in Betracht kommen.

Diese könnten sich aus den Vorschriften der §§ 539 Abs. 1, 677, 683, 670 BGB ergeben. § 539 Abs. 1 BGB gewährt Aufwendungsersatz nach den Vorschriften über die Geschäftsführung ohne Auftrag. Auf pachtähnliche Nutzungsverträge kann die Vorschrift auch im Urheberrecht angewendet werden. Allerdings müssen die Voraussetzungen der berechtigten Geschäftsführung ohne Auftrag gemäß §§ 677, 683 BGB vorliegen, da es sich um eine Rechtsgrundverweisung handelt[457]. Im Fall der nachträglichen Beendigung des Nutzungsvertrags scheidet ein Aufwendungsersatzanspruch daher aus. Denn der Verwerter handelte nicht ohne Auftrag[458] – der Nutzungsvertrag regelt das Ob und Wie der Werkauswertung.

#### e) Nutzungsersatz und andere bereicherungsrechtliche Ansprüche

Der Urheber hat keine bereicherungsrechtlichen Ansprüche, die sich auf das Nutzungsrecht selbst beziehen. Zwar hat der Verwerter ursprünglich das Nutzungsrecht erlangt. Dieses ist aber durch den Heimfall ersatzlos erloschen. Da der Rechterückfall mit der Beendigung des Kausalgeschäfts zusammentrifft, hat der Verwerter das Nutzungsrecht zu keinem Zeitpunkt ohne Rechtsgrund erlangt. Da schon der Tatbestand des § 812 Abs. 1 S. 1 BGB nicht vorliegt, handelt es sich bei dem Rechterückfall also nicht um eine nachträglich eingetretene Entreicherung.

Ansprüche auf Nutzungsersatz entstehen, wenn der Verwerter auch nach Vertragsbeendigung die Nutzung fortsetzt. Dann wird aber in der Regel auch ein Schadensersatzanspruch aus § 97 Abs. 1 S. 2 UrhG vorliegen, neben dem der Bereicherungsanspruch nur geringe Bedeutung hat.

Einen möglicherweise geleisteten Vorschuss kann der Verwerter gemäß § 812 Abs. 1 S. 1, 1. Alt. BGB zurückfordern[459], soweit dieser nicht von den bislang vorgenommenen Verwertungshandlungen gedeckt ist. Dem Urheber steht gegenüber diesem Anspruch allerdings der Entreicherungseinwand aus § 818 Abs. 3 BGB offen. Mangels eines bereicherungsrechtlichen Gegenanspruchs des Urhebers können die Auswirkungen dieser Vorschrift auch nicht über die Saldotheorie abgeschwächt werden. Hierin kann ein bedeutender Vorteil für den Urheber in den Fällen liegen, in denen ein Vorschuss gezahlt und dieser durch die nachfolgende Nutzung noch nicht gedeckt ist, weil zum Beispiel mit der Auswertung noch nicht begonnen wurde.

---

[457] MünchKomm, Schilling, § 539, Rn. 8.

[458] Vgl. MünchKomm, Seiler, § 677, Rn. 43.

[459] Zum Streit um die Anwendbarkeit des Bereicherungsrechts bei nachträglicher Vertragsbeendigung s.o. B II 2.

## 2. Von Beginn an nicht bestehender Nutzungsvertrag im Zweipersonenverhältnis

Eine von Beginn an bestehende Unwirksamkeit des Nutzungsvertrags kann sich zum Beispiel aus den Nichtigkeitsgründen der §§ 134, 138 BGB, aber auch aus einer gemäß § 142 Abs. 1 BGB rückwirkenden Anfechtung ergeben. Das Nutzungsrecht hat in diesen Fällen zu keinem Zeitpunkt bestanden, da die vermeintliche Rechtseinräumung von Anfang an nicht von einer schuldrechtlichen Causa gedeckt war.

### a) Anspruch auf Schadensersatz gemäß § 97 Abs. 1 UrhG

Soweit eine Auswertung erfolgt ist, kann in diesen Fällen ein Anspruch auf Schadensersatz bestehen. Die hierfür erforderliche Verletzung des Urheberrechts liegt vor, da der Verwerter das Werk ohne Berechtigung genutzt hat[460]; ein Nutzungsrecht hat zu keinem Zeitpunkt bestanden. Die Duldung der Werknutzung durch den Urheber kann auch nicht im Sinne der erneuten Einräumung eines Nutzungsrechts verstanden werden – diese hätte aufgrund des Kausalprinzips nur dann Bestand, wenn gleichzeitig ein Nutzungsvertrag geschlossen würde. Gerade an einem solchen fehlt es in der hier untersuchten Konstellation aber[461]. Aus dem gleichen Grunde kommt auch eine schuldrechtliche Gestattung nicht in Betracht, die unmittelbarer Bestandteil des Nutzungsvertrags ist[462].

Das darüber hinaus erforderliche Verschulden liegt bei Kenntnis des Nichtbestehens des Nutzungsvertrags oder fahrlässiger Unkenntnis vor. Wer die Nichtigkeit des schuldrechtlichen Vertrags kannte oder hätte kennen müssen, der hätte sich auch über die Folgen für das dingliche Rechtsgeschäft informieren und hieraus den Rückschluss auf die Rechtswidrigkeit der Nutzung ziehen müssen. Bei Anfechtung ist § 142 Abs. 2 BGB zu beachten, der auch im Rahmen des § 97 Abs. 1 UrhG anwendbar ist. Dagegen spricht nicht der deliktische Charakter der Anspruchsgrundlage, denn als Grundsatz des allgemeinen Teils des BGB ist § 142 Abs. 2 BGB auf alle zivilrechtlichen Tatbestände und insbesondere auch auf das Deliktsrecht anzuwenden. Entscheidend ist danach die Kenntnis oder fahrlässige Unkenntnis des Anfechtungsgrundes.

Die Höhe des Schadens kann der Urheber nach der Methode der Lizenzanalogie, seinem entgangenen Gewinn oder im Wege der Gewinnabschöpfung beziffern[463].

### b) Weitere deliktische Ansprüche

Auch bei einer ex tunc wirkenden Unwirksamkeit des Nutzungsvertrags besteht gegen den Verwerter ein Unterlassungsanspruch aus § 97 Abs. 1 UrhG. Bereits hergestellte Vervielfältigungsstücke sind gemäß § 98 Abs. 1, 1. Alt. UrhG zu vernichten oder gemäß Abs. 2 an den Urheber herauszugeben. Hinsichtlich der Ausnahmen und der Ab-

---

460 Vgl. Schricker, Wild, § 97, Rn. 17.

461 Es muss hier daher nicht darauf eingegangen werden, in welchen Fällen nicht nur eine rein tatsächliche Duldung, sondern eine auf Abschluss eines Nutzungsvertrags gerichtete konkludente Willenserklärung vorliegt. Hinzuweisen ist aber darauf, dass bei der vorzunehmenden Auslegung Vorsicht geboten ist, da die Parteien häufig nicht wissen, dass der Nutzungsvertrag nichtig oder unwirksam ist; zweifelhaft insofern OLG Düsseldorf, GRUR 1999, S. 45, 46 - *Nichtiger Lizenzvertrag*.

462 OLG Hamburg, UFITA 67 (1973), S. 245, 257; Haberstumpf, Handbuch, Rn. 248.

463 St. Rspr., BGH GRUR 1990, S. 1008, 1009 – *Lizenzanalogie*; Dreier/Schulze, Dreier, § 97, Rn. 58 ff; Wandtke/Bullinger, v. Wolff, § 97, Rn. 60.

wendungsbefugnis aus § 101 UrhG ergeben sich gegenüber den Ausführungen unter 1. keine Besonderheiten.

#### c) Bereicherungsrechtliche Ansprüche

Aus Bereicherungsrecht hat der Verwerter dem Urheber Nutzungsersatz zu leisten, während Ersatz für schuldhaft nicht gezogene Nutzungen bei Anwendung des Kausalprinzips nicht geschuldet sind[464]. Auf Entreicherung kann der Verwerter sich nicht berufen[465]. Der Urheber erhält somit im Ergebnis den objektiven Wert der tatsächlich vorgenommenen Werkauswertung.

Dem steht ein Anspruch des Verwerters auf Rückgewähr des bislang gezahlten Entgeltes gegenüber, der sich aus Leistungskondiktion gemäß § 812 Abs. 1 S.1, 1. Alt. BGB ergibt. Im Gegensatz zum Verwerter kann sich der Urheber auf Entreicherung gemäß § 818 Abs. 3 UrhG berufen, was den Anspruch des Verwerters erheblich schmälern kann[466]. Die gegenseitigen Rückabwicklungsansprüche sind allerdings durch die Saldotheorie miteinander verknüpft; die Entreicherung des Urhebers wird somit zum Abzugsposten im Rahmen seines eigenen Bereicherungsanspruchs[467].

#### d) Schadensersatzanspruch aus § 122 Abs. 1 BGB

Neben einem eventuellen Bereicherungsanspruch steht dem Verwerter ein Schadensersatzanspruch gemäß § 122 Abs. 1 BGB zu, soweit der Urheber nach § 119 BGB angefochten hat. Der Verwerter kann also insbesondere Ersatz für nunmehr nutzlos gewordene Investitionen verlangen[468], weshalb der Anspruch aus § 122 Abs. 1 BGB seinen bereicherungsrechtlichen Anspruch erheblich übersteigen kann.

### 3. Nachträgliche Beendigung des Nutzungsvertrags in der Rechtekette

#### a) Rechterückfall

Wird der Nutzungsvertrag nach der Übertragung des Nutzungsrechts beendet, so tritt nach dem Kausalprinzip ebenso ein Rechterückfall ein, als wenn nur eine eingliedrige Konstellation bestünde. Diese vor allem für den Erwerber harte Rechtsfolge versucht *Schwarz* durch eine Einschränkung des Kausalprinzips zu verhindern. Seiner Ansicht nach verhält sich der Urheber treuwidrig, wenn er sich auf einen Rechterückfall beruft, nachdem der Verwerter das Nutzungsrecht bereits weiterübertragen hat[469]. Dies gelte jedenfalls dann, wenn der Urheber der Weiterübertragung ausdrücklich oder konkludent zugestimmt habe, was außerhalb des Filmrechts wegen § 34 Abs. 1 UrhG stets erforderlich ist. In diesen Fällen könne der Urheber diese Zustimmung nicht widerrufen, wenn der Erwerber hierzu keinen Anlass gegeben habe. Der Erwerber sei insofern auch durch § 185 Abs. 1 BGB geschützt, wonach auch eine Verfügung wirksam sei,

---

464 S.o. I 4.
465 S.o. I 8.
466 Fromm/Nordemann, Hertin, vor § 31, Rn. 25.
467 BGH GRUR 1997, S. 781, 783 – *Sprengwirkungshemmende Bauteile*.
468 Soergel, Hefermehl, § 122, Rn 4.
469 V. Hartlieb/Schwarz, Schwarz, Kap. 160, Rn. 7.

die durch einen Nichtberechtigten vorgenommen werde. Umso mehr müsse dies gelten, wenn die Verfügung von einem Berechtigten vorgenommen werde, der erst später zum Nichtberechtigten werde[470].

Dem liegt allerdings ein unzutreffendes Verständnis des Kausalprinzips zugrunde, welches nicht etwa zur Folge hat, dass der veräußernde Verwerter durch die Beendigung des Nutzungsvertrags zum Nichtberechtigten wird – seine für die Vergangenheit bestehende Berechtigung bleibt unberührt. Die Aussage des Kausalprinzips beschränkt sich vielmehr darauf, dass das dingliche Geschäft ohne das schuldrechtlich nicht bestehen kann[471]. Es kommt daher unabhängig davon zum Rechterückfall, ob der Veräußernde dinglich berechtigt ist. Damit liegen die Voraussetzungen des § 185 Abs. 1 BGB nicht vor, denn der Verwerter war stets zur Verfügung über das Nutzungsrecht berechtigt. Unter dem Kausalprinzip steht einem Verbleib des Nutzungsrechts beim Erwerber darüber hinaus entgegen, dass der Verwerter dem Erwerber nicht mehr Rechtsmacht verschaffen kann als er selbst hat – andernfalls würde aus dem auflösend bedingten Nutzungsrecht durch die Übertragung ein bedingungslos eingeräumtes Nutzungsrecht. Es liegt auf der Hand, dass hierdurch einer Umgehung des Kausalprinzips die Tür geöffnet würde.

Der Rechterückfall ergibt sich damit zwingend bereits aus dem Kausalprinzip und ohne Zutun des Urhebers, weshalb der Rückfall an sich nicht treuwidrig sein kann. Es wäre höchstens zu überlegen, ob der Urheber gegen Treu und Glauben verstößt, wenn er einen Unterlassungsanspruch geltend macht. Die Verwirkung der deliktischen Ansprüche aus den §§ 97 ff UrhG lässt sich aber nicht allein damit begründen, dass der Urheber einer Übertragung zuvor zugestimmt hatte[472]. Dies ist unter dem Kausalprinzip dahingehend zu deuten, dass ein Einverständnis besteht, so lange der schuldrechtliche Vertrag wirksam ist.

Auch in der Rechtekette löst der Wegfall des Nutzungsrechts unter dem Kausalprinzip daher einen Rechterückfall aus[473].

#### b) Rechtsverhältnis zwischen dem Urheber und dem Erwerber des Nutzungsrechts

Im Hinblick auf die deliktischen Ansprüche des Urhebers ergeben sich in der Rechtekette keine Besonderheiten gegenüber der Rechtslage im Zweipersonenverhältnis. Der Erwerber hat die Nutzung des Werkes sofort einzustellen. Verstößt er hiergegen, haftet er aus § 97 Abs. 1 UrhG auf Schadensersatz und aus Bereicherungsrecht auf Wertersatz. Die möglicherweise in seinen Lagerbeständen befindlichen Vervielfältigungsstücke sind gemäß §§ 98 ff UrhG an den Urheber herauszugeben oder zu vernichten[474], wenn nicht eine Ausnahmevorschrift oder die Abwendungsbefugnis nach § 101 Abs. 1

---

[470] V. Hartlieb/Schwarz, Schwarz, Kap. 160, Rn. 7.

[471] Jauernig, JuS 1994, S. 721, 722; Büchler, Übertragung, S. 73.

[472] Die Rechtsprechung stellt insofern hohe Anforderungen, vgl. BGH GRUR 1985, S. 378, 380 – *Illustrationsvertrag*; BGH GRUR 1981, S. 652, 653 – *Stühle und Tische*.

[473] So – unter der Prämisse der Geltung des Kausalprinzips – zutreffend Wente/Härle, GRUR 1996, S. 96, 99.

[474] S.o. 1 b).

UrhG greift. Im Hinblick auf das Nutzungsrecht selbst besteht infolge des sofortigen Rechterückfalls auch hier kein Rückgewährsanspruch.

### c) Rechtsverhältnis zwischen dem Urheber und dem Verwerter

Bereicherungsrechtliche Ansprüche auf Herausgabe der Nutzung bestehen gegen den Verwerter nicht, da eine eventuell von ihm selbst vorgenommene Auswertung vor der Übertragung des Nutzungsrechts mit Rechtsgrund stattfand. Allerdings sind Fälle denkbar, in denen der Verwerter mit der Veräußerung des Nutzungsrechts einen Gewinn erzielt. So zum Beispiel, wenn er dieses gegen ein pauschales einmaliges Entgelt vom Urheber erworben und für ein höheres Entgelt auf den Erwerber übertragen hat. Es stellt sich dann die Frage, ob der Urheber den Veräußerungsgewinn nach § 818 Abs. 1, Abs. 2 BGB herausverlangen kann. Der hierüber bestehende Streit[475] kann vorliegend aber dahinstehen. Denn bereits der Tatbestand des § 812 Abs. 1 S. 1 BGB liegt nicht vor – zu keinem Zeitpunkt hielt der Verwerter ein Nutzungsrecht ohne Rechtsgrund in den Händen. Einen möglicherweise erwirtschafteten Veräußerungsgewinn darf er daher behalten.

Der Urheber hat auch hier dem Verwerter die geleisteten Vorschüsse nach § 812 Abs. 1 S. 1, 1. Alt. BGB zurückzuerstatten, soweit diese durch die Nutzung nicht bereits abgedeckt sind.

## 4. Von Beginn an nicht bestehender Nutzungsvertrag in der Rechtekette

War der Nutzungsvertrag ex nunc unwirksam oder nichtig, so ging auch die Übertragung des vermeintlich bestehenden Nutzungsrechts vom Verwerter auf den Erwerber ins Leere. Im Anfechtungsfall ergibt sich diese Rechtsfolge aus § 142 Abs. 1 BGB.

Für das Rechtsverhältnis zwischen Urheber und Erwerber kann erneut auf die obenstehenden Ausführungen verwiesen werden. Für die gesamte bisherige Nutzung ist Wertersatz aus Bereicherungsrecht und möglicherweise auch Schadensersatz aus § 97 Abs. 1 UrhG zu leisten.

Soweit der Verwerter das Werk selbst ausgewertet hat, bestehen auch gegen ihn Ansprüche auf Ersatz für die Nutzung. Er kann seinerseits die bereits gezahlte Vergütung vom Urheber zurückverlangen und im Fall der Anfechtung den Anspruch aus § 122 Abs. 1 BGB geltend machen. Die Anfechtungserklärung ist ihm gegenüber abzugeben, da nur er Vertragspartner des Urhebers ist. § 34 Abs. 4 UrhG ordnet nur das Entstehen einer Gesamtschuld, nicht aber die Einbeziehung des Erwerbers in den Vertrag an.

## 5. Die Situation des Endkunden bei Veräußerung von Vervielfältigungsstücken

Zu untersuchen bleiben die Auswirkungen des Rechterückfalls auf denjenigen, der die Produkte des Verwerters erwirbt. Hierunter fallen vor allem Käufer von hergestellten Vervielfältigungsstücken wie zum Beispiel mit Musik bespielten CDs.

---

[475] Gegen eine Gewinnherausgabe Staudinger, Lorenz, § 818, Rn. 27; Palandt, Sprau, § 818, Rn. 14; BGH NJW 1980, S. 178. Dafür MünchKomm, Lieb, § 818, Rn. 31; Koppensteiner, NJW 1971, 1769, 1771; Jakobs, Eingriffserwerb, S. 72 f; Lange, NJW 1951, S. 685, 687.

a) Fällt das Nutzungsrecht des Verwerters ex nunc zurück, so wirkt sich dies auf die bereits verkauften Vervielfältigungsstücke nicht aus. Insbesondere kann der Urheber die weitere Verbreitung nicht untersagen, da durch den erstmaligen Verkauf gemäß § 17 Abs. 2 UrhG Erschöpfung eingetreten ist. Ein Großhändler darf deshalb seine Lagerbestände an den Vervielfältigungsstücken weiterverkaufen; gleiches gilt für den Endkunden, der eine CD im Einzelhandel erworben hat.

b) Unübersichtlicher ist die Rechtslage bei einem ex tunc wirkenden Rechterückfall. Die vom Verwerter bereits veräußerten Vervielfältigungsstücke wurden hier rechtswidrig hergestellt.

Soweit es um Software geht, kann der Urheber gemäß § 69f Abs. 1 UrhG von jedem Eigentümer oder Besitzer eines rechtswidrig hergestellten Vervielfältigungsstückes die Vernichtung verlangen. Etwas anderes gilt hingegen bei den anderen Werkarten, für welche die allgemeinen Regelungen der §§ 98 ff UrhG einschlägig sind. Einen Zugriff des Urhebers auf das Werkstück braucht der Endkunde danach nicht zu fürchten, obwohl er Besitz und regelmäßig auch Eigentum an dem rechtswidrig hergestellten Vervielfältigungsstück hat. Er ist jedoch nicht Verletzer im Sinne der §§ 97, 98 Abs. 1 UrhG[476], denn die Verletzung des Urheberrechts ist durch die Herstellung erfolgt, an welcher der Endkunde nicht beteiligt war. Die Veräußerung durch den Verwerter mag weiterhin gegen §§ 15 Abs. 1 Nr. 2, 17 Abs. 1 UrhG verstoßen haben; der Ankauf stellt jedenfalls keinen Eingriff in das Urheberrecht dar.

Auf die Verwendung des Werkstückes durch den Endkunden hat der Rückfall ebenfalls keine Auswirkungen: Das gekaufte Buch darf weiterhin gelesen, die CD abgespielt werden[477]. Etwas anderes gilt natürlich, soweit bereits der bestimmungsgemäße Gebrauch eine Kopie oder eine andere dem Urheber nach vorbehaltene Nutzungshandlung vorsieht. So ist das Laden, Anzeigen und Ablaufen von Computerprogrammen gemäß § 69 c Nr. 1 UrhG allein dem Urheber vorbehalten.

Fraglich ist, ob der Endkunde das rechtswidrig hergestellte Vervielfältigungsstück weiterveräußern darf. Denn hierin könnte eine Verbreitungshandlung i.S.d. § 17 Abs. 1 UrhG liegen, die dem Urheber vorbehalten ist. Das erforderliche Inverkehrbringen liegt auch bei einem Verkauf unter Privatleuten vor, insbesondere genügt die Veräußerung eines Einzelexemplars[478]. Allerdings muss das Angebot gegenüber der Öffentlichkeit erfolgen, was in sinngemäßer Anwendung des § 15 Abs. 3 UrhG nur dann gegeben ist, wenn der Verkäufer zu den Käufern keine persönlichen Beziehungen pflegt[479]. Die Veräußerung des rechtswidrig hergestellten Vervielfältigungsstückes im Freundes- und Bekanntenkreis ist dem Endkunden daher erlaubt.

Damit ist aber noch nicht gesagt, dass der Urheber die Veräußerung an unbekannte Dritten – zum Beispiel im Wege einer Internetauktion – verhindern kann. Denn das Verbreitungsrecht des Urhebers könnte mit der erstmaligen Veräußerung des Vervielfältigungsstückes an den Endkunden erschöpft sein. Gemäß § 17 Abs. 2 UrhG sind die Voraussetzungen der Erschöpfung das Inverkehrbringen des Vervielfältigungsstückes im Wege der Veräußerung sowie die Zustimmung des Urhebers. Erfüllt die Duldung

---

[476] Vgl. Dreier/Schulze, Dreier, § 97, Rn. 26.
[477] Berger, AcP 201 (2001), S. 411, 446.
[478] BGH GRUR 1980, S. 227, 230 – *Monumenta Germanicae Historica.*
[479] Dreier/Schulze, Schulze, § 17, Rn. 8; KG GRUR 1983, 174 - *Videoraubkaussetten.*

der Auswertung des Werkes aufgrund eines nichtigen oder unwirksamen Nutzungsvertrags die hieran zu stellenden Anforderungen?

Die Zustimmung i.S.d. § 17 Abs. 2 UrhG ist eine Willenserklärung[480], die vom Berechtigten abgegeben werden muss. Das ist zunächst der Urheber selbst[481]. Werden Vervielfältigungsstücke durch den Inhaber eines entsprechenden Nutzungsrechts in Verkehr gebracht, so ist auch dieser zur Erteilung der Zustimmung berechtigt[482]. Bei einem ex tunc wirkenden Rechterückfall bestand zu keinem Zeitpunkt ein Nutzungsrecht, so dass der Verwerter als Berechtigter ausscheidet. Abzustellen ist damit auf das Verhalten des Urhebers, der zumindest nichts gegen die Verbreitung unternommen hat. Wie bereits oben dargelegt[483], liegt hierin keine konkludente Willenserklärung. Allenfalls in den Fällen, in denen der Urheber sich bewusst mit der an sich nicht zulässigen Verbreitung einverstanden gezeigt hat, kann eine Duldung und damit einhergehend eine Zustimmung i.S.d. § 17 Abs. 2 UrhG angenommen werden.

Das Verbreitungsrecht des Urhebers an den im Verkehr befindlichen Vervielfältigungsstücken lebt damit auch bei einer Anfechtung des Nutzungsvertrags wieder auf, was auch der Wertung des § 96 Abs. 1 UrhG entspricht. Hierdurch entstehen Einbußen hinsichtlich der Verkehrsfähigkeit der bereits veräußerten Vervielfältigungsstücke. Diese können auf methodisch korrektem Wege aber nur vermieden werden, indem entgegen der herrschenden Meinung die Möglichkeit eines Rechterückfalls ex tunc per se verneint wird. Eine solche Einschränkung der Nichtigkeitsgründe ist aber abzulehnen[484].

### V. Die Rechtsfolgen der Anwendung des Abstraktionsprinzips

Nachfolgend werden die Rechtsfolgen der Abstraktion untersucht. Neben zahlreichen anderen Abweichungen von der Rechtslage unter dem Kausalprinzip ist hierbei charakteristisch, dass keine deliktischen Ansprüche nach § 97 ff UrhG entstehen. An deren Stelle treten Rückabwicklungsansprüche, unter denen Ansprüche auf Rückgewähr des Nutzungsrechts zentrale Bedeutung haben. Es gilt hierbei, ein System zu entwickeln, welches den Urheber nicht übervorteilt und insbesondere den Grundsatz des § 29 Abs. 1 UrhG wahrt, wonach das Nutzungsrecht nicht endgültig übertragen werden kann. Andererseits sind die Interessen der Verwerterseite an der Verkehrsfähigkeit des Nutzungsrechts zu beachten.

Aufgrund der Vielzahl der in Betracht kommenden Ansprüche ist die Rechtslage unter dem Abstraktionsprinzip zwingend komplexer als unter der Kausalprinzip – insofern gilt nichts anderes als bei der Rückabwicklung fehlgeschlagener Kaufverträge im BGB, wo Ansprüche aus Vertrag, Bereicherungsrecht und möglicherweise auch EBV miteinander konkurrieren. Zur Wahrung der Übersicht sollen daher einige allgemeine Fragen vor die Klammer gezogen werden, bevor die einzelnen Fallgruppen näher untersucht werden.

---

480 Berger, AcP 201 (2001), S. 411, 425.
481 Schricker, Loewenheim, § 17, Rn. 45; Berger, AcP 201 (2001), S. 411, 425.
482 Schricker, Loewenheim, § 17, Rn. 45.
483 S.o. I 5 a).
484 S.o. B II 3.

### 1. Anforderungen aus § 29 Abs. 1 UrhG

Nach § 29 Abs. 1 UrhG ist das Urheberrecht weder in Teilen noch als Ganzes übertragbar. Das Kausalprinzip wird diesem Grundsatz gerecht, indem es das Nutzungsrecht bei Vertragsbeendigung automatisch auf den Urheber zurückfallen lässt. Das Abstraktionsprinzip steht hingegen von vornherein in einem Spannungsverhältnis zur monistischen Lehre, da aus dem allgemeinen Zivilrecht Konstellationen bekannt sind, in denen der Verfügende sein Recht hierdurch endgültig verliert[485]. Es ist fraglich, ob § 29 Abs. 1 UrhG ein solches Ergebnis im Urheberrecht zulässt. Möglicherweise muss dem Urheber stets ein Anspruch auf Rückgabe des Nutzungsrechts zustehen.

Dagegen spricht, dass § 29 Abs. 1 UrhG nicht jede endgültige Abtrennung von Teilen des Urheberrechts verhindert. So ist es dem Urheber nach herrschender Meinung möglich, auf Verwertungsrechte mit dinglicher Wirkung zu verzichten[486]. Als Vergleichsgrundlage taugt diese Konstellation bei näherer Betrachtung aber nicht. Denn eine Übertragung im Sinne des § 29 Abs. 1 UrhG scheidet beim Verzicht aber schon deshalb aus, weil es keinen Rechtsträger gibt, der die Rechtsmacht erhält, die Gegenstand der Verfügung ist.

Anders liegt es, wenn ein Nutzungsrecht eingeräumt ist und der Urheber keinen Rückgewährsanspruch geltend machen kann. Hier profitiert derjenige, der das Nutzungsrecht behalten darf. Andererseits ist das Recht auch in diesem Fall durch konstitutive Rechtseinräumung nach § 29 Abs. 1, 1. Alt., 31 Abs. 1 UrhG entstanden, so dass die vollständige Trennung von dieser Ausnahmevorschrift gedeckt sein könnte. Es stellt sich also die Frage, wie eine Übertragung im Sinne des § 29 Abs. 1 UrhG von einer Rechtseinräumung abzugrenzen ist.

Keine Rolle spielt hierbei die zeitliche Komponente. Wie sich im Umkehrschluss aus § 31 Abs. 1 S. 2 UrhG ergibt, ist die zeitlich unbefristete Einräumung von Nutzungsrechten problemlos möglich. Obwohl hierin eine endgültige Weggabe des Nutzungsrechts liegt, ist dies von § 29 Abs. 2, 1. Alt. UrhG gedeckt und stellt daher keine Übertragung dar. Anhaltspunkte für die Abgrenzung ergeben sich aber aus dem Zweck des § 29 Abs. 1 UrhG. Die Regelung konkretisiert die monistische Theorie des Urheberrechts und soll den Urheber vor übereilter und in ihrer Tragweite nicht einschätzbarer Weggabe seiner Rechtsmacht bewahren[487]. Das eingeräumte Nutzungsrecht verbleibt daher stets in einem gewissen Grad im „Banne des Urhebers“[488]. Hierfür hält das Gesetz Kontrollinstrumentarien wie die Zustimmung zur Weiterübertragung gemäß § 34 UrhG oder die Rückrufsrechte der §§ 41, 42 UrhG bereit. Mit der Rechtseinräumung gibt der Urheber zwar entscheidende Fäden zur Kontrolle der Auswertung aus der Hand, einige wenige verbleiben ihm aber. Die Grenze zur Übertragung ist überschritten, wenn diese Fäden zerschnitten werden.

Dies ist nach dem Schutzzweck jedenfalls dann der Fall, wenn der Urheber keine Möglichkeit hat, das Nutzungsrecht durch Vertragsbeendigung zurückzuerlangen. Ins-

---

[485] So zum Beispiel, wenn der neue Eigentümer eine Sache diese erneut übereignet, hierzu S.o. A I.

[486] BGHZ 129, S. 66, 72 – Mauerbilder; Schricker, Schricker, § 29, Rn. 18; Ulmer, S. 366. Dagegen Fromm/Nordemann, Hertin, vor § 28, Rn. 2; v. Gamm, § 29, Rn. 6.

[487] Schricker, Schricker, § 29, Rn. 4.

[488] Amtl. Begr. UFITA 45 (1965), S. 240, 270.

besondere das Kündigungsrecht aus wichtigem Grund würde leer laufen, wenn der Urheber nach schwersten Pflichtverletzungen des Verwerters oder eines Erwerbers des Urheberrechts die weitere Auswertung durch diese Personen hinnehmen müsste. Es muss ihm ferner möglich sein, die weitere Verwertung durch einen Rückgabeanspruch zu stoppen, wenn seine Entgeltansprüche nicht bedient werden – dies ergibt sich bereits aus § 11 S. 2 UrhG. Andernfalls würde § 29 Abs. 1 UrhG umgangen: Das Nutzungsrecht mag dann zwar durch Rechtseinräumung entstanden sein, die nachfolgenden Wirkungen dieser Einräumung sind aber denen der Übertragung eines Teilrechts stark angenähert. Gerade die Situation des Urhebers nach der Rechtseinräumung sollte durch die Einführung der monistischen Lehre aber verbessert werden.

Im Folgenden ist daher ein System der Rückabwicklung zu entwickeln, welches den Anforderungen des § 29 Abs. 1 UrhG gerecht wird. Nach Vertragsbeendigung muss der Urheber in jeder denkbaren Konstellation die Möglichkeit haben, das Nutzungsrecht zurückzufordern.

### 2. Die Ansprüche aus §§ 97 ff UrhG

Grundlage der Rückgewähr unter dem Abstraktionsprinzip können nur Ansprüche aus Vertrag und Bereicherungsrecht sein. Die für das Kausalprinzip typischen Ansprüche auf Unterlassung, Schadensersatz sowie Herausgabe oder Vernichtung aus §§ 97 ff UrhG scheiden hier von vornherein aus, da sie eine Verletzung des Urheberrechts voraussetzen. Eine solche ist nicht gegeben, wenn das Werk zwar rechtsgrundlos, aber aufgrund eines bestehenden Nutzungsrechts ausgewertet wird. Denn die § 97 ff gewähren den Schutz eines absoluten Rechts. Eine Verletzung liegt daher nur vor, wenn von außen in das Urheberrecht eingegriffen wird. Hieran fehlt es, wenn ein Nutzungsrecht eingeräumt ist[489], denn in diesem Fall steht das Recht zur Werknutzung dem Inhaber dinglich zu[490].

### 3. Zur Rückgewähr des Nutzungsrechts

Bereits hieraus ergibt sich die Notwendigkeit von Ansprüchen, die auf eine Rückgewähr des Nutzungsrechts gerichtet sind. Diese werden erfüllt, indem der Verwerter den Verzicht auf das Nutzungsrecht erklärt oder ein Angebot des Urhebers auf Rückübertragung annimmt. Mit Abgabe der Erklärung geht das Nutzungsrecht in dem Urheberrecht auf und es tritt der Rechtszustand ein, der vor der Rechtseinräumung bestanden hat[491]. Bei der Vereinigung von Urheberrecht und Nutzungsrecht erlöschen dann auch eventuelle Nutzungsrechte zweiter Stufe[492]. Wird über die Rückgabe vor Gericht gestritten, so gilt die Erklärung des Verwerters gemäß § 894 Abs. 1 ZPO als abgegeben, sobald ein hierauf lautendes Urteil Rechtskraft erlangt. Der Urheber braucht nach einem obsiegenden Urteil also keine Vollstreckungsmaßnahmen zu er-

---

489 Schricker, Wild, § 97, Rn. 17.

490 Im Fall des ausschließlichen Nutzungsrechts verkehrt sich die Lage sogar: Hier kann der Verwerter gegen den Urheber die §§ 97 ff UrhG geltend machen, wenn nicht ausnahmsweise der Urheber gemäß § 31 Abs. S. 2 UrhG zur Nutzung berechtigt ist.

491 Vgl. Wandtke/Bullinger, Wandtke/Grunert, vor §§ 31 ff, Rn. 43 ff.

492 S.o. III.

greifen. Wird die Nutzung des Werkes auch nach Erfüllung des Rückgewährsanspruchs noch fortgesetzt, so greifen die §§ 97 ff UrhG. Es kommt dann auch der Erlass einer auf Unterlassung gerichteten einstweiligen Verfügung in Betracht[493].

Für die Rückgewährsansprüche gelten die allgemeinen Verjährungsvorschriften der §§ 194 ff BGB. Hierin liegt ein bemerkenswerter Unterschied zur Rechtslage unter dem Kausalprinzip: Danach fällt das Nutzungsrecht bei Vertragsbeendigung automatisch zurück. Der Urheber braucht keinerlei Ansprüche geltend zu machen und läuft nicht Gefahr, diese wegen Verjährung nicht durchsetzen zu können[494].

Besteht ein Anspruch auf Rückgewähr, so hat dies keinen Einfluss auf die Rechtsposition des Inhabers des Nutzungsrechts. Wer ein ausschließliches Nutzungsrecht in den Händen hält, kann zum Beispiel weiterhin Unterlassungsansprüche auch gegen den Urheber geltend machen. Der Urheber kann dem kein Zurückbehaltungsrecht aus § 273 Abs. 1 BGB i.V.m. dem Rückgewährsanspruch entgegensetzen. Die insofern erforderliche Konnexität fehlt, da der Verwerter mit seinem Nutzungsrecht keinen vertraglichen Anspruch gegen den Urheber durchzusetzen sucht, sondern lediglich eine ihm dinglich zustehende Rechtsposition nutzt. Gleiches gilt für den dolo agit-Einwand aus § 242 BGB. Im Normalfall wird auch kein Missbrauch einer formalen Rechtsstellung durch den Verwerter vorliegen[495]. Es bestehen daher keine Unterschiede zur Konstellation nach Anfechtung eines Kaufvertrags im allgemeinen Zivilrecht – auch hier kann es dem Käufer nicht untersagt werden, die noch in seinem Eigentum befindliche Kaufsache weiterhin nach Belieben zu nutzen und möglicherweise sogar zu beschädigen.

Rückgewährsansprüche können sich sowohl aus vertraglichen Vorschriften als auch aus Gesetz ergeben:

#### a) Vertragliche Rückgewährsansprüche

Es wurde bereits erwähnt, dass urheberrechtliche Nutzungsverträge typengemischte Verträge sind, auf die je nach Interessenlage die Vorschriften der Vertragstypen des BGB sowie des allgemeinen Teils des Schuldrechts anwendbar sind[496]. Dementsprechend kommen verschiedene Anspruchsgrundlagen für die Rückübertragung des Nutzungsrechts in Betracht:

##### aa) Rückgewähr der Pachtsache gemäß §§ 581 Abs. 1 und 2, 546 Abs. 1 BGB

(1) Die Mehrzahl der urheberrechtlichen Nutzungsverträge beinhaltet eine pachtähnliche Komponente. Der Filmproduzent nutzt das Werk bei der Verfilmung und der Her-

---

[493] Schack, Rn. 704; Gutsche, Festschrift für Nordemann, S. 75, 77. Bei den Gerichten ist in letzter Zeit sogar verstärkt die Tendenz zur Entscheidung komplexer urheberrechtlicher Streitigkeiten im einstweiligen Verfügungsverfahren zu beobachten, vgl. LG Mannheim, CR 2004, S. 811 ff; LG München I, CR 2004, S. 774 ff.

[494] Das Problem wird dadurch aber nicht gelöst. Wenn Unterlassungsansprüche nach langer Zeit geltend gemacht werden, stellt sich daher die Frage, ob diese durchsetzbar sind. Die Rechtsprechung hat sich zur wirksamen Anspruchsbegrenzung mit der Anwendung der Regeln über die Verwirkung beholfen, vgl. LG Berlin, GRUR 1983, S. 438 ff - *Joseph Roth*.

[495] Hiergegen ohne Begründung KG, UFITA 86 (1975), S. 230, 239.

[496] Wandtke/Bullinger, Wandtke/Grunert, vor §§ 31 ff, Rn. 58; hierzu ausführlich in B I 1.

stellung der Filmkopien, der Tonträgerhersteller bei der Herstellung entsprechender Vervielfältigungsstücke, der Onlinedienst bei der Bereithaltung des Werkes zum Download. Wird der Vertrag nach Einräumung des Nutzungsrechts beendet, so ist nicht etwa eine eventuell vorgeschaltete werkvertragliche Komponente, sondern der pachtrechtliche Teil betroffen, der das „Ob und Wie" der Nutzung regelt. Die Rückgewähr des Nutzungsrechts bemisst sich dann nach der auch im Pachtrecht anzuwendenden Vorschrift des 546 Abs. 1 BGB[497], wonach der Mieter einer Sache nach Vertragsbeendigung zur Rückgabe verpflichtet ist. Gegenüber dem Bereicherungsrecht stärkt dieser Anspruch die Rechtsposition des Verpächters erheblich: § 570 BGB schließt Zurückbehaltungsrechte aus[498] und die verspätete Rückgabe führt zu einem Entschädigungsanspruch nach § 584b S. 1 BGB[499].

(2) Die Anwendung des § 546 Abs. 1 BGB leuchtet in solchen Konstellationen unmittelbar ein, in denen ein zeitlich befristetes Nutzungsrecht eingeräumt ist. Hier sind alle Voraussetzungen des Pachtvertrags erfüllt, insbesondere stehen die Nutzungen der Pachtsache im Einklang mit dem Wortlaut des § 581 Abs. 1 S. 1 BGB im Vordergrund des Leistungsaustauschs. Die Nutzungsüberlassung erfolgt auf Zeit, was ebenfalls Kennzeichen der Pacht ist[500]. Weniger eindeutig ist die Klassifizierung als Pachtvertrag, wenn das Nutzungsrecht zeitlich unbefristet überlassen wird. Bei normalem Lauf der Dinge erhält der Urheber das Nutzungsrecht dann nicht zurück. Bei wirtschaftlicher Betrachtung ist damit nicht die Nutzung, sondern das Nutzungsrecht selbst Gegenstand des Leistungsaustausches, was auf einen Rechtskauf hindeutet. Hinzu kommt, dass der Verwerter ein dingliches Recht erhält, was im allgemeinen Zivilrecht ein Indiz für einen Kaufvertrag und im Pachtrecht des BGB nicht vorgesehen ist. Durch die Vereinbarung eines pauschalen einmaligen Entgeltes kann der Abstand zum Kauf noch weiter verringert werden – hierin hat der BGH ein Indiz für das Vorliegen eines Pachtvertrags gesehen[501]. Erteilt der Urheber im Voraus die Zustimmung gemäß § 34 Abs. 1 UrhG, so kann der Verwerter das Nutzungsrecht wie ein Käufer weiterveräußern.

Es stellt sich daher die Frage, ob auf Nutzungsverträge in diesen Fällen auch Kaufrecht anwendbar sein kann. Mit der Einordnung als Kauf sind einschneidende Rechtsfolgen zulasten des Urhebers verbunden: Zum einen kennt das Kaufrecht keine dem § 546 Abs. 1 BGB entsprechende Rückgewährsvorschrift. Die zumindest ähnliche Norm des § 346 Abs. 1 BGB kann nicht zur Anwendung gelangen, da ein Rücktritt nach Einräumung des Nutzungsrechts ausgeschlossen und nur noch die Kündigung möglich ist[502]. Diese hat aber nur vergleichsweise schwache bereicherungsrechtliche Ansprüche zur Folge, insbesondere ist die Entschädigungsvorschrift des § 584b S. 1 BGB nicht anwendbar.

Ungeachtet der beschriebenen Annäherungen an den Kaufvertrag kann die pachtvertragliche Komponente des Nutzungsvertrags jedoch nicht vollständig beseitigt wer-

---

[497] Palandt, Weidenkaff, § 581, Rn. 14.
[498] Hierzu sogleich unter 3.
[499] Siehe unten c) bb).
[500] Vgl. MünchKomm, Harke, § 581, Rn. 14.
[501] BGH NJW 1976, S. 2264, 2265.
[502] Fromm/Nordemann, Hertin, vor § 31, Rn. 25; ausführlich hierzu in B II 2 b).

den. Dies liegt zunächst an den gesetzlichen Regelungen über das Nutzungsrecht selbst, die ja gerade verhindern sollen, dass das Urheberrecht zum Handelsgut degradiert wird[503]. Der Verwerter erlangt daher trotz aller vertraglicher Gestaltungsmöglichkeiten nie die endgültige Herrschaft über das Werk. So zeigt zum Beispiel § 42 Abs. 1 UrhG, dass der Verwerter mit dem Nutzungsrecht nicht vollkommen nach eigenem Ermessen verfahren kann. Beginnt er nicht rechtzeitig mit der Nutzung, so läuft er Gefahr, das Nutzungsrecht zu verlieren. Die Bestimmung kann gemäß § 42 Abs. 4 UrhG zwar eingeschränkt, aber nicht ausgeschlossen werden. Auch weitere dem Persönlichkeitsrecht entspringende Vorschriften wie zum Beispiel das Recht auf Anerkennung der Urheberschaft gemäß § 13 UrhG oder der Schutz vor Entstellung widersprechen einer rein kaufrechtlichen Einordnung. Der Nutzungsvertrag kann also im Ergebnis dem Kaufrecht stark angenähert werden, für einen Ausschluss des § 546 Abs. 1 BGB reicht dies aber nicht aus.

(3) Gegenüber dem Anspruch aus § 546 Abs. 1 BGB kann der Verwerter gemäß §§ 581 Abs. 2, 570 BGB kein Zurückbehaltungsrecht geltend machen[504]. Die mietrechtliche Vorschrift des § 570 BGB ist aufgrund ihrer Zielsetzung auch auf pachtrechtsähnliche urheberrechtliche Nutzungsverträge anwendbar. Sie soll vermeiden, dass die Rückgewähr verzögert und damit die zügige weitere wirtschaftliche Nutzung des Vertragsgegenstandes verhindert wird[505]. Hierbei hatte der historische Gesetzgeber Grundstücke und Wohnräume vor Augen. Ein ähnlich dingendes Interesse an der weiteren – selbst gesteuerten - Nutzung des Werkes hat aber auch der Urheber nach Vertragsbeendigung. Viele Werke bedürfen einer zeitlich lückenlosen Auswertung und Präsenz am Markt, um überhaupt erfolgreich verwertet werden zu können. Beispiele hierfür sind Softwareprodukte oder Werke der Popmusik. Zweifelhaft erscheint hingegen, ob auch der zweite Beweggrund des historischen Gesetzgebers auf das Urhebervertragsrecht übertragbar ist. Dieser bestand darin, die Weigerung der Rückgabe aufgrund geringwertiger und zweifelhafter Forderungen zu verhindern. Hierbei ging der Gesetzgeber davon aus, dass zwischen dem Wert des zurück zu gewährenden Vertragsgegenstandes und der Höhe der Gegenforderung typischerweise eine erhebliche Wertdifferenz besteht. Auf die Übertragbarkeit dieser Wertung für das Urheberrecht kommt es im Ergebnis aber nicht an. Denn die Tragfähigkeit dieses Beweggrundes ist auch bereits im klassischen Miet- und Pachtrecht umstritten[506]. Es ist jedenfalls davon auszugehen, dass auch der erstgenannte Grund die Existenz der Vorschrift hinreichend rechtfertigt.

§ 570 BGB schließt ein Zurückbehaltungsrecht nicht nur aus vertraglichen Gegenansprüchen aus. Der Ausschluss erstreckt sich vielmehr auf alle Ansprüche des Verwerters[507]. Die von der Rechtsprechung entwickelte Ausnahme für Schadensersatzansprüche aus vorsätzlicher unerlaubter Handlung[508] wird im Urheberrecht kaum eine Rolle spielen.

---

[503] Vgl. Ulmer, S. 359.
[504] Staudinger, Rolfs, § 570, Rn. 5.
[505] Staudinger, Rolfs, § 570, Rn. 3.
[506] Staudinger, Rolfs, § 570, Rn. 3.
[507] Vgl. Palandt, Weidenkaff, § 570, Rn. 4.
[508] RGZ 160, S. 88, 91 f.

#### bb) Herausgabe des zur Ausführung des Auftrages Erhaltenen nach § 667, 1. Alt. BGB

Bestimmte Verträge haben primär die Vermarktung des Werkes zum Ziel – der Verwerter nutzt nicht selbst, sondern benötigt das Nutzungsrecht, um mit interessierten Dritten Verträge über die Nutzung schließen zu können. In diese Gruppe gehören vor allem Wahrnehmungsverträge, aber auch Musikverlagsverträge[509]. Hier ist Auftragsrecht sowie das Recht der entgeltlichen Geschäftsbesorgung gemäß § 675 ff BGB anzuwenden. Für die Rückgewähr ist dann § 667, 1. Alt. BGB anzuwenden, da der Verwerter durch die Rechtseinräumung rechtlich in die Lage versetzt werden sollte, die Geschäftsbesorgung auszuführen[510].

#### cc) Rückgabe von Gegenständen gemäß § 732 S. 1 BGB

Nutzungsrechte können auch als Gesellschafterbeitrag eingeräumt werden. Nach § 732 S. 1 BGB sind dann im Zuge der Gesellschaftsauflösung jene Gegenstände an die Gesellschafter zurückzugeben, welche der Gesellschaft zur Benutzung überlassen wurden. Damit bezieht sich die Vorschrift ihrem Wortlaut nach nicht auf solche Beiträge, die mit dinglicher Wirkung eingebracht sind[511], worunter auch das Nutzungsrecht fällt. Dies bedeutete, dass der Urheber bei seinem Ausscheiden aus der Gesellschaft nur eine Rückerstattung in Geld verlangen könnte – eine Wertung, die sicherlich auch im Rahmen des Bereicherungsrechts zu berücksichtigen wäre, so dass hier nur Wertersatz nach § 818 Abs. 2 BGB in Betracht käme.

Allerdings wird man bei der Auslegung der Vorschrift auch deren Zielsetzung berücksichtigen müssen, die darin besteht, dem Gesellschafter die Erlangung solcher Gegenstände zu ermöglichen, die er der dem Gesellschaftsvermögen nicht endgültig einverleiben wollte. Das gilt auch für das Nutzungsrecht, welches gemäß § 29 Abs. 1 und 2 UrhG eben gerade nicht endgültig übertragen, sondern nur zur Nutzung eingeräumt werden kann. Bei wirtschaftlicher Betrachtung sollte das Nutzungsrecht daher durch die Einbringung in die Gesellschaft nicht endgültig vom Mutterrecht getrennt werden. Es ist daher trotz des dinglichen Erwerbs nur zur Nutzung im Sinne des § 732 S. 1 BGB überlassen.

#### dd) Rückgewährsanspruch aus § 346 Abs. 1 BGB

Rückgewährsansprüche aus Rücktrittsrecht kommen bezüglich des Nutzungsrechts nicht in Betracht. Denn wie bereits ausgeführt, ist nach der Einräumung des Nutzungsrechts statt des Rücktritts nur noch die Kündigung des Nutzungsvertrags möglich. Die Rechtsfolgen richten sich hierbei nach § 812 ff BGB[512].

---

[509] Rossbach/Hoos, Festschrift für Schricker, S. 333, 348.
[510] Vgl. MünchKomm, Seiler, § 667, Rn. 3.
[511] MünchKomm, Ulmer, § 732, Rn. 1.
[512] H.M., vgl. Wandtke/Bullinger, Wandtke/Grunert, vor §§ 31 ff, Rn. 12; Möhring/Nicolini, Spautz, § 40, Rn. 15; hierzu im Einzelnen in B II 2 c).

### ee) Ergebnis

Im Gegensatz zur Rechtslage unter dem Kausalprinzip hat der Wegfall des Kausalgeschäfts unter dem Abstraktionsprinzip je nach Vertragstyp und Interessenlage unterschiedliche Rechtsfolgen. Es können verschiedene Rückgewährsansprüche entstehen, unter denen dem Anspruch aus § 546 Abs. 1 BGB die größte Bedeutung zukommt.

## b) Gesetzliche Rückgewährsansprüche

### aa) Rückgewährsanspruch aus § 812 Abs. 1 S.1, 1. Alt. BGB

Unabhängig von der Typik des beendeten Vertrags besteht in jedem Fall der Vertragsbeendigung der bereicherungsrechtliche Rückgewährsanspruch aus § 812 Abs. 1, S. 1, 1. Alt. BGB. Der Verwerter hat das Nutzungsrecht durch Leistung des Urhebers erlangt und ist mangels Rechtsgrundes zur Rückgewähr verpflichtet. Möglicherweise hat auch der Erwerber bereicherungsrechtliche Ansprüche gegen den Urheber, so zum Beispiel wenn ein Vorschuss gezahlt wurde. In diesem Fall erfolgt die Rückabwicklung Zug um Zug, wobei beiderseits Zurückbehaltungsrechte geltend gemacht werden können. Hierin liegt ein wesentlicher Unterschied zu den vertraglichen Ansprüchen, da zum Beispiel § 570 BGB Zurückbehaltungsrechte generell ausschließt.

Vertragliche Ansprüche und Ansprüche aus den §§ 812 ff BGB bestehen in elektiver Konkurrenz nebeneinander. Denn die vertraglichen Ansprüche sollen den Rückgewährsschuldner gegenüber der gesetzlichen Regelung besser stellen. Damit verträgt es sich nicht, wenn ihre Anwendung zum Ausschluss weiterer, vorteilhafter Ansprüche führt[513].

### bb) Rückgabepflicht des Nießbrauchers aus § 1055 Abs. 1 BGB

Ein Anspruch auf Rückgewähr könnte sich weiterhin aus § 1055 Abs. 1 BGB ergeben. Danach hat der Nießbraucher dem Eigentümer die Sache nach Beendigung des Nießbrauches zurückzugeben. Zweifelhaft ist aber die Vergleichbarkeit von Nutzungsrecht und Nießbrauch.

Wenngleich das urheberrechtliche Nutzungsrecht einige Parallelen zum Nießbrauch aufweist[514], so bestehen auch gravierende Unterschiede. So ist der Nießbrauch nicht übertragbar, wovon gemäß § 1059a BGB nur für den Fall der Gesamtrechtsnachfolge eine Ausnahme gemacht wird. Hier tritt der Erwerber gemäß § 1059c Abs. 1 BGB anstelle des bisherigen Nießbrauchers in das Rechtsverhältnis ein. Die Übertragung führt also zu einer privativen Schuldübernahme mit befreiender Wirkung gegenüber dem bisherigen Rechtsinhaber. Das Gesetz zwingt damit Erwerber und Eigentümer in ein umfassend ausgestaltetes gesetzliches Schuldverhältnis mit gegenseitigen Rechten und Pflichten. Gerade dieses Näheverhältnis besteht im Urheberrecht aber nicht. Der Gesetzgeber hat sich in § 34 Abs. 4 UrhG vielmehr dazu entschlossen, den Erwerber lediglich gesamtschuldnerisch für die Verpflichtungen des Veräußerers haften zu lassen,

---

513 Vgl. für den Anspruch aus § 546 Abs. 1 die Rechtsprechung zur Nutzungsentschädigung bei verspäteter Rückgabe, BGH NJW 1977, S. 1335, 1336; NJW 1968, S. 197.

514 Amtl. Begr. UFITA 45 (1965), S. 240, 270; zu Gemeinsamkeiten und Unterschieden im Einzelnen bereits unter B III 6 a).

ohne dass er selbst die Ansprüche aus dem mit dem Verwerter geschlossenen Vertrag gegen den Urheber geltend machen kann.

Davon abgesehen erfüllt die vorliegende Konstellation auch nicht den Tatbestand des § 1055 Abs. 1 BGB. Der setzt die Beendigung des Nießbrauchs voraus, also das Erlöschen des dinglichen Nutzungsrechts am Grundstück. In der vorliegend zu beurteilenden Situation ist das urheberrechtliche Nutzungsrecht jedoch gerade nicht erloschen, sondern es fehlt lediglich der zugrunde liegende schuldrechtliche Vertrag. Aus dinglicher Sicht muss der Urheber aufgrund des bestehenden Nutzungsrechts die weiteren Auswertungshandlungen des Erwerbers dulden, im Gegensatz zur Konstellation in § 1055 Abs. 1 BGB, in der das Recht erloschen ist und deshalb der Besitz an der Sache zurückgefordert werden kann. Letztlich gehört § 1055 Abs. 1 BGB damit in die Reihe der sachenrechtlichen Vorschriften, die auf das Urheberrecht bereits deshalb nicht anwendbar sind, weil sie eine Körperlichkeit voraussetzen. Zwischen § 1055 Abs. 1 BGB und dem nach h.M. daneben bestehenden § 985 BGB besteht eine erhebliche Ähnlichkeit[515]. Wie gezeigt, ist aber § 985 BGB im Hinblick auf das Nutzungsrecht nicht einschlägig. Im Gegensatz zum Besitz ist das Nutzungsrecht eine dingliche subjektive Rechtsposition und nicht lediglich eine Tatsache, an die gesetzliche Rechtsfolgen geknüpft sind[516].

#### c) Verspätete Rückgewähr des Nutzungsrechts

##### aa) Verzug und Verzugsschaden

Für die Rückgewährsansprüche gelten die allgemeinen Vorschriften über den Verzug. Das wirft die Frage nach der Berechnung des Verzugsschadens auf: Kann der Urheber diesen nach den drei im Immaterialgüterrecht anerkannten Arten der Gewinnabschöpfung, Bereicherungsherausgabe und Lizenzanalogie beziffern? Von Interesse ist insbesondere die Möglichkeit der Gewinnabschöpfung, die von den daneben bestehenden bereicherungsrechtlichen Ansprüchen nicht umfasst wird. Diese ursprünglich von der Rechtsprechung entwickelte Berechnungsart ist mittlerweile in § 97 Abs. 2 S. 2 UrhG als Rechtsfolge der schuldhaften Verletzung des Urheberrechts aufgeführt. Eine Anwendung im vorliegenden Fall würde eine Härte des Abstraktionsprinzips mildern: Zwar müsste der Urheber auch während des Verzugs des Verwerters mit dem Rückübertragungsanspruch die weitere Werkauswertung bis zur Erlangung eines Titels auf Rückgabe hinnehmen. Er könnte dann aber zumindest den vollen Gewinn abschöpfen, den der Verwerter dadurch erwirtschaftet, dass er schuldhaft, möglicherweise sogar vorsätzlich eine Rechtsposition auswertet, welche nach der Rechtsordnung bereits wieder dem Urheber zusteht.

Hierzu ist zunächst festzustellen, dass der nachträglich eingefügte § 97 Abs. 1 S. 2 UrhG nicht dazu geführt hat, dass die Berechnungsmethode der Gewinnabschöpfung im Rahmen anderer Ansprüche nicht mehr statthaft ist. Weder § 139 Abs. 2 PatG, noch § 24 Abs. 2 GebrMG oder die §§ 14, 15 MarkenG enthalten eine entsprechende Regelung, dennoch ist die Möglichkeit der Gewinnabschöpfung als allgemeiner

---

515 Vgl. Staudinger, Frank, § 1055, Rn. 3.

516 S.o. B III 6 c).

Grundsatz des Immaterialgüterrechts[517] auch für diese Ansprüche anerkannt. § 97 Abs. 1 S. 2 UrhG schließt eine Gewinnabschöpfung im Rahmen des § 286 BGB daher nicht von vornherein aus.

Für die Übernahme dieses Gedankens in das Verzugsrecht ist vielmehr ausschlaggebend, welche Zwecke die Gewinnabschöpfung erfüllen soll. In der ersten Entscheidung des Reichsgerichts zu dieser Frage heißt es, dass nicht die Verletzung des Urheberrechts selbst das schadenstiftende Ereignis darstelle. Ausschlaggebend sei vielmehr die Tatsache, dass Früchte gezogen wurden, die dem Urheber zugestanden hätten[518], wofür ein Ausgleich zu schaffen sei. Auf den Anspruch aus Verzugsschaden trifft dies genauso zu wie auf einen deliktsrechtlichen Anspruch. Die spätere Rechtsprechung führte weiterhin eine Analogie zur Geschäftsführung ohne Auftrag und insbesondere zu § 687 Abs. 2 S. 1 BGB an[519]. Der Verletzer müsse sich so behandeln lassen, als ob er das fremde Recht in Geschäftsführung für den Inhaber benutzt habe[520].

Es sprechen aber gewichtige Argumente dagegen, die Gewinnabschöpfung überhaupt auf diesen Wegen zu begründen. Dem erstgenannten Ansatz steht bereits die Norm des § 249 Abs. 1 BGB im Weg, nach der nur Vermögenseinbußen beim Geschädigten einen Schaden begründen können, nicht aber ein unberechtigter Vermögenszuwachs beim Schädiger. Die Rechtsprechung hat dem entgegengehalten, die allgemeine Lebenserfahrung spreche dafür, dass der Urheber bei normalem Lauf der Dinge den Gewinn aufgrund des Ausschließlichkeitscharakters seines Rechts selbst hätte erwirtschaften können[521]. Diese auf eine Beweiserleichterung abzielende Begründung beruht allerdings auf einer Fiktion: Ob der Urheber – gegebenenfalls unter Einschaltung Dritter – einen beim Verwerter angefallenen Gewinn auch selbst erlangt hätte, ist bei der typischerweise unsicheren Marktlage in vielen Bereichen der Urheberindustrien äußerst fraglich und daher stets im Einzelfall nachzuweisen. Auch der auf einer Analogie zu Geschäftsführung ohne Auftrag fußende Ansatz überzeugt nicht. Denn § 687 Abs. 2 S. 1 BGB erfordert Vorsatz, während § 97 Abs. 1 UrhG schon bei Fahrlässigkeit eingreift. Auch stellt § 687 Abs. 1 S. 2 BGB eine eigenständige Anspruchsgrundlage dar und nicht bloß „eine Hilfsnorm zur Ausfüllung der in anderen Schutzvorschriften vorgesehenen Rechtsfolgen“[522].

Es bleibt somit nur der Begründungsansatz der neueren Rechtsprechung, der auf der leichteren Verletzbarkeit von Immaterialgüterrechten beruht. Hier wird argumentiert, der Urheber bedürfe eines besonderen Schutzes, da er aufgrund der fehlenden Körperlichkeit kaum Abwehrmaßnahmen gegen eine Verletzung treffen könne. Darüber hinaus seien Rechtsverletzer auch nur schwer aufzufinden[523]. Diese Überlegung ist auf die hier zu beurteilende Konstellation nicht übertragbar, da sie von der „klassischen“ Verletzung durch einen unbeteiligten Dritten ausgeht. Im vorliegenden Fall begründen der zunächst bestehende schuldrechtliche Vertrag und die andauernde Rechtseinräumung

---

[517] Vgl. Schricker, Wild, § 97, Rn. 57.
[518] RGZ 35, S. 63, 70 – *Ariston.*
[519] RGZ 130, S. 109, 110; RGZ 156, S. 65, 67.
[520] BGH GRUR 1962, S. 509, 511 – *Dia-Rähmchen II.*
[521] BGH GRUR 1972, S. 189, 190 – *Wandsteckdose II.*
[522] Beuthien/Wasmann, GRUR 1997, S. 255, 256.
[523] BGH GRUR 1972, S. 189, 190 – *Wandsteckdose II.*

ein Näheverhältnis zwischen Urheber und demjenigen, der sein Werk nutzt. Die vorliegend zu beurteilende, formell rechtmäßige Nutzung könnte ohne Mitwirkung des Urhebers überhaupt nicht erfolgen.

Eine „Rechtsverletzung" könnte höchstens daraus abgeleitet werden, dass man auf die materielle Berechtigung des Verwerters zur Nutzung des Rechts abstellt. Diese fehlt in der Tat – gegen den Verwerter besteht ein Herausgabeanspruch. Letztlich werden mit einer solchen Betrachtung aber Billigkeitserwägungen angestellt. Dies hat die Rechtsprechung bei der Entwicklung der Gewinnabschöpfungslehre in § 97 Abs. 1 UrhG zwar auch getan. Dort allerdings hat der Gesetzgeber die über lange Jahre praktizierte dreifache Schadensberechnung schließlich mit § 97 Abs. 1 S. 2 UrhG gebilligt. Nur auf die bis dahin bekannten Fälle bezog sich diese Zustimmung; mit Ausweitungen dieses Grundsatzes ist daher vorsichtig umzugehen, zumal das Abstraktionsprinzip bestimmte Härten bewusst in Kauf nimmt: Bei der Rückabwicklung von gescheiterten Kaufverträgen nach Bereicherungsrecht hat der Käufer, der Eigentümer geworden ist, ebenfalls den Gewinn nicht herauszugeben, den er infolge der Nutzung des Kaufgegenstandes erwirtschaftet.

Der Urheber muss daher im Fall des Verzugs eine konkrete Vermögenseinbuße bei sich selbst beweisen. Die für die Verletzung des Urheberrechts entwickelte Schadensberechnungsmethode der Gewinnabschöpfung scheidet aus.

#### bb) Nutzungsentschädigung gemäß § 584b S.1 BGB

Eine Sanktion für die verspätete Rückgabe hält aber § 584b S. 1 BGB bereit, der in pachtrechtsähnlichen Konstellationen erhebliche Beweiserleichterungen gewährt. Danach hat der Pächter für den Zeitraum der Vorenthaltung eine Entschädigung zu zahlen, wenn er die Pachtsache nach Vertragsbeendigung nicht zurückgibt.

Der Anspruch aus § 584b S.1 BGB setzt neben der fehlenden Rückgabe voraus, dass der Verpächter die Sache auch zurücknehmen will. Denn das Gesetz fordert eine „Vorenthaltung" der Pachtsache[524]. Ausreichend ist ein grundsätzlicher Rückerlangungswille[525]. Die Entschädigung steht dem Urheber daher auch für den Zeitraum zu, für den er eine Frist zur Rückgabe gesetzt hat. Ein Verschulden des rückgabepflichtigen Erwerbers ist im Gegensatz zum Verzug nicht erforderlich, ebenso wenig kommt eine Anwendung des § 254 BGB zulasten des Urhebers in Betracht[526].

§ 584b S. 1 BGB gewährt als Rechtsfolge Nutzungsentschädigung. Ob der Pächter tatsächlich Nutzungen gezogen hat, ist dabei bereits nach dem Wortlaut unerheblich[527]. Der Verpächter kann aber nur in dem Verhältnis Ersatz verlangen, in dem die während der Vorenthaltung gezogenen oder möglichen Nutzungen zu den Nutzungen des gesamten Pachtjahrs stehen. Zweifelhaft ist zunächst, ob diese Rechtsfolge ohne weiteres

---

[524] BGH NJW 1984, S. 1526.

[525] BGH NJW 1983, S. 112, 113.

[526] BGH NJW 1988, S. 2665, 2666.

[527] Zwar hat der BGH in der Entscheidung LM § 584b Nr. 3 an die gezogenen Nutzungen angeknüpft. Die Entscheidung bezieht sich jedoch ausdrücklich nur auf Sachverhalte, in denen die vom Pächter nicht gezogenen Nutzungen vom Verpächter später noch genauso gut gezogen werden können. Dies ist bei einer vom Pächter nicht ausgebeuteten Kiesgrube der Fall; nicht aber beim Nutzungsrecht, denn die in der Vergangenheit gezogenen Nutzungen sind unwiederbringlich verloren.

auf das Urhebervertragsrecht übertragbar ist. Die Vorschrift ist offenbar auf die klassischen Gegenstände des Pachtvertrags wie zum Beispiel die Landpacht zugeschnitten, in denen hinsichtlich der möglichen Nutzungen saisonale Unterschiede bestehen[528]. Aber auch für die Nutzung urheberrechtlicher Werke kann es solche Schwankungen geben, die sich dann allerdings typischerweise auf den „Produktlebenszyklus" des Werkes beziehen werden.

Fraglich ist allerdings, ob die Entschädigung ebenso wie im allgemeinen Zivilrecht ausschließlich nach dem vertraglich vereinbarten Entgelt zu berechnen ist. Möglicherweise kann im Rahmen einer Rechtsfolgenanalogie der Weg für eine Geltendmachung der üblichen Lizenzgebühr eröffnet werden, die häufig erheblich über der vertraglichen Gegenleistung liegen wird. Dies soll an dieser Stelle aber aus Gründen der Übersichtlichkeit offen gelassen werden.

Der Anspruch aus § 584b S. 1 BGB schließt gemäß S. 2 die Geltendmachung eines weiteren Schadens nicht aus. Hierunter kann vor allem ein Verzugsschaden gemäß §§ 284, 286 Abs. 1 BGB fallen, aber auch ein Anspruch aus § 280 Abs. 1 BGB.

Nach diesen Vorüberlegungen sollen nun die Rechtsfolgen der Vertragsbeendigung nach den bereits bekannten Fallgruppen geordnet untersucht werden.

### 4. Nachträgliche Beendigung des Nutzungsvertrags im Zweipersonenverhältnis

#### a) Rückgewähransprüche

Wird der Nutzungsvertrag nachträglich beendet, so stehen dem Urheber zunächst die Rückgewähransprüche des einschlägigen Vertragstyps zu, also zum Beispiel der Anspruch aus § 546 Abs. 1 BGB. Daneben besteht ein Anspruch aus Leistungskondiktion gemäß § 812 Abs. 1 S. 1, 1. Alt. BGB. Kommt der Verwerter mit den genannten Ansprüchen in Verzug, so ist unter den Voraussetzungen der §§ 286 Abs. 1, 280 Abs. 1 und 2 BGB Schadensersatz zu leisten.

#### b) Ansprüche auf Nutzungsersatz und schuldhaft nicht gezogene Nutzungen

Dem Urheber steht weiterhin ein Anspruch aus §§ 812 Abs. 1 S. 1, 1. Alt., 818 Abs. 1, Abs. 2 BGB auf Nutzungsersatz in Höhe der üblichen Lizenzgebühr zu[529]. Im Gegensatz zu § 584b S.1 BGB kann dies nur verlangt werden, wenn das Werk nach der Vertragsbeendigung tatsächlich genutzt wird. Denn nur dann hat der Verwerter auch „etwas erlangt". Wie bereits gezeigt, reicht die bloße Möglichkeit der Nutzung hierzu nicht aus[530]. Nutzt der Verwerter das Recht entgegen den Regeln der ordnungsgemäßen Wirtschaft nicht, so hat er aber gemäß §§ 819 Abs. 1, 818 Abs. 4, 292 BGB Ersatz für die nicht gezogenen Nutzungen zu leisten, wenn er den Mangel des rechtlichen Grundes kannte[531]. Dies wird bei der ex-nunc-Beendigung häufig der Fall sein, so zum Beispiel wenn eine der Vertragsparteien kündigt. Damit gerät der Verwerter mit der Kündigung unter erheblichen Druck: Gibt er das Nutzungsrecht nicht sofort zurück, so

[528] MünchKomm, Voelskow, § 584b, Rn. 2.
[529] S.o. I 6.
[530] S.o. I 4 a).
[531] S.o. I 4 d).

muss er mit der Auswertung beginnen oder diese nach den Regeln einer ordnungsgemäßen Wirtschaft fortsetzen.

In pachtrechtsähnlichen Konstellationen kommen Ansprüche aus § 584b hinzu, die neben dem Nutzungsersatz aus den §§ 812 ff BGB bestehen[532].

### c) Aufwendungsersatzansprüche des Verwerters, insbesondere § 994 BGB

Auch unter dem Abstraktionsprinzip scheidet die Geltendmachung von Ansprüchen aus § 539 Abs. 1 BGB i.V.m. §§ 667 ff aus, da der Nutzungsvertrag einen insofern sperrenden Auftrag darstellt. Aufwendungsersatz wird ebenfalls nicht nach Bereicherungsrecht gewährt, wobei vorliegend hinzu kommt, dass eventuelle Aufwendungen auch nicht im Rahmen des Entreicherungseinwandes geltend gemacht werden können, da dieser per se ausgeschlossen ist.

Einen Anspruch auf Verwendungsersatz enthält jedoch die Vorschrift des § 994 BGB. Hierauf verweisen die §§ 819 Abs. 1, 818 Abs. 4, 292 Abs. 2, Abs. 1 BGB. Möglicherweise muss der verschärft haftende Verwerter also nicht nur schuldhaft nicht gezogene Nutzungen herausgeben, sondern kann auch Ersatz für die entstandenen Kosten beanspruchen, wobei insbesondere die Ausgaben für Vermarktung und Bekanntmachung des Werkes von Interesse sind.

Dafür müsste es sich hierbei um Verwendungen handeln. Der Begriff der Verwendung ist gesetzlich nicht definiert. Als Unterfall der Aufwendungen versteht die herrschende Meinung hierunter freiwillige Vermögensopfer, die unmittelbar einer Sache zugute kommen[533]. Sie dienen der Erhaltung, Wiederherstellung oder Verbesserung der herauszugebenden Sache[534]. Das ist hier das Nutzungsrecht, was bereits zu erster Unsicherheit führt. Das Gesetz ist auf Verwendungen auf körperliche Gegenstände ausgerichtet und hat sicherlich keine Aufwendungen auf urheberrechtliche Werke im Blick. Es fällt auch schwer, die Aufwendungen des Verwerters als Erhaltungs- oder Verbesserungsmaßnahmen anzusehen. Andererseits ist die Verweisung des § 292 Abs. 1 BGB unstreitig auch für Rechte einschlägig, bei denen eine Körperlichkeit gerade nicht vorausgesetzt wird[535]. Diese Schwierigkeiten in der Subsumtion lassen sich umgehen, indem man auf die eingangs erwähnte allgemeinere Formel des Vermögensopfers zu Gunsten des Herausgabegegenstandes zurückgreift. Ein solches Vermögensopfer liegt auch bei Werbemaßnahmen und ähnlichen Investitionen im Rahmen der Verwertung vor.

Fraglich ist aber, ob dieses Vermögensopfer unmittelbar, also ohne wesentlichen Zwischenschritt dem Herauszugebenden zugute kommt. Das ist nicht bereits deshalb abzulehnen, weil zum Beispiel Werbemaßnahmen zunächst nur dem Werk und nur mittelbar dem Nutzungsrecht dienen. Eine solche zergliedernde Betrachtungsweise würde dem Sinn des Aufwendungsersatzanspruchs zuwider laufen. Allerdings stellt es einen wesentlichen Zwischenschritt dar, wenn solche Aufwendungen nicht im Hinblick auf das Werk selbst, sondern auf ein bestimmtes, unter Nutzung des Werkes her-

---

532 BGH NJW 1977, S. 1335, 1336; NJW 1968, S. 197.
533 Staudinger, Gursky, Vorbem. zu §§ 994-1004, Rn. 5.
534 BGHZ 87, S. 104, 106; BGHZ 109, S. 179, 182 f.
535 RGZ 62, S. 320, 321 f; MünchKomm, Thode, § 292, Rn. 3.

gestelltes Produkt getroffen werden. Die Werbung für ein Buch, einen Film, einen Tonträger kommt zunächst dem konkret beworbenen Produkt zugute. Ob sich daraus auch eine Wertsteigerung für das Werk ergibt, ist äußerst fraglich und von einer Vielzahl weiterer Faktoren abhängig. Es ist nicht gesagt, dass das Nutzungsrecht für eine stark beworbene Musik-CD hierdurch einen Wertzuwachs erfährt, der sich dahingehend auswirkt, dass der Urheber das Nutzungsrecht anderweitig zu günstigeren Konditionen einräumen könnte. Damit sind alle produktbezogenen Vermögensopfer zwar Aufwendungen, aber keine Verwendungen i.S.d. § 994 BGB.

Es sind zwar auch Kosten ohne Produktbezug denkbar. Hierunter fallen zum Beispiel die Aufwendungen, welche einer Verwertungsgesellschaft oder einem Musikverleger bei der Vermittlung der zur Wahrnehmung eingeräumten Rechte entstehen. Allerdings wirken diese Kosten sich nicht wertsteigernd auf das Werk oder die eingeräumten Nutzungsrechte aus – sie verbessern lediglich die Vermarktungschancen.

Im Ergebnis besteht daher kein Verwendungsersatzanspruch des Verwerters gegen den Urheber.

#### d) Bereicherungsrechtliche Rückgewährsansprüche des Verwerters

Wurde ein Vorschuss gezahlt, so hat der Verwerter einen Rückgewährsanspruch, soweit dieser durch die vorgenommene Nutzung nicht gedeckt ist. Hier greift Bereicherungsrecht, wobei der Urheber die Möglichkeit hat, sich auf Entreicherung zu berufen[536]. Im Hinblick auf mögliche Gegenansprüche wegen fortgesetzter Werknutzung gilt die Saldotheorie.

### 5. Von Beginn an nicht bestehender Nutzungsvertrag im Zweipersonenverhältnis

War der Nutzungsvertrag von Beginn an nichtig oder unwirksam, so scheiden vertragliche Ansprüche auf Herausgabe des Nutzungsrechts aus. Es verbleibt damit bei dem Rückgewährsanspruch aus Leistungskondiktion. Auch der von Beginn der Nutzung an zu zahlende Wertersatz richtet sich ausschließlich nach Bereicherungsrecht, Ansprüche aus § 584b S. 1 BGB bestehen nicht[537]. Erhaltene Vorschüsse hat der Urheber zurückzuerstatten. In Anfechtungsfällen kann dem Verwerter weiterhin ein Anspruch aus § 122 Abs. 1 BGB zustehen.

### 6. Nachträgliche Beendigung des Nutzungsvertrags in der Rechtekette

Die dinglichen Rechtsfolgen der Vertragsbeendigung in der Rechtekette entsprechen denen im Zweipersonenverhältnis: Das Nutzungsrecht verbleibt bei seinem Inhaber. Hinsichtlich der schuldrechtlichen Ansprüche des Urhebers, zum Beispiel auf Rückgewähr des Nutzungsrechtes, ergibt sich jedoch eine wesentliche Änderung. Als Anspruchsgegner kommen sowohl der Verwerter als auch der Erwerber des Nutzungsrechts in Betracht.

---

[536] So jedenfalls die h.M., die auch im Rahmen der Kündigung Bereicherungsrecht und nicht Rücktrittsrecht anwendet. Hierzu in B II 2 c).

[537] Vgl. Staudinger, Rolfs, § 546, Rn. 48.

### a) Vertragliche Ansprüche auf Rückgewähr des Nutzungsrechts

Vordringliches Ziel des Urhebers wird es auch nach einer Übertragung sein, das Nutzungsrecht zurück zu erlangen. Im allgemeinen Zivilrecht und insbesondere im Kaufrecht scheiden in solchen Fällen direkte Ansprüche gegen den Erwerber aus, so dass der Veräußerer einer Sache auf Wertersatzansprüche gegen seinen unmittelbaren Vertragspartner verwiesen ist. Es stellt sich die Frage, ob diese harte Rechtsfolge auch den Urheber trifft.

#### aa) Ansprüche gegen den Verwerter

Wie in eingliedrigen Konstellationen, so besteht auch dann ein Anspruch auf Rückgewähr des Nutzungsrechts gegen den Verwerter, wenn dieser das Recht weiter übertragen hat. Der Anspruch kann sich zum Beispiel aus § 546 Abs. 1 BGB ergeben und entsteht mit Beendigung des Vertrags. Er erlischt allerdings eine juristische Sekunde später gemäß § 275 Abs. 1, 1. Alt. BGB. Die Rückgewähr ist dem Verwerter unmöglich, da er selbst nicht mehr Inhaber des Nutzungsrechts ist. Er kann auch den Erwerber nicht dazu zwingen, dem Urheber das Nutzungsrecht zurückzugeben, da der Erwerber dem Verwerter gegenüber aufgrund des wirksamen Übertragungsvertrags berechtigt ist, das Nutzungsrecht zu behalten. Für den Urheber ist der Verlust des vertraglichen Rückgewährsanspruchs besonders deshalb schmerzhaft, weil auch der bereicherungsrechtliche Anspruch aus Leistungskondiktion ihm das Nutzungsrecht nicht verschaffen kann: Der Verwerter braucht gemäß § 818 Abs. 2, 2. Alt. BGB nur Wertersatz zu leisten.

Im Ergebnis kann der Urheber von seinem Vertragspartner daher nicht die Herausgabe des Nutzungsrechts fordern. Möglicherweise besteht aber ein Anspruch, der sich direkt gegen den Erwerber des Nutzungsrechts richtet. Der hat das Nutzungsrecht in den Händen und kann es dem Urheber zurückgeben.

#### bb) Anspruch aus § 546 Abs. 2 BGB gegen den Erwerber

Ein Durchgriffsanspruch gegen den Erwerber könnte sich bei pachtähnlichen urheberrechtlichen Verträgen aus § 546 Abs. 2 BGB ergeben. Danach kann der Vermieter oder Verpächter einer Sache diese nach Beendigung des Mietverhältnisses auch von einem Dritten herausverlangen, falls der Mieter die Sache diesem Dritten überlassen hat. Mieter und Dritter haften als Gesamtschuldner[538]. Eine Anwendung der Vorschrift auf urheberrechtliche Verträge scheint indes bereits aufgrund grundlegender konstruktiver Unterschiede in der Fallgestaltung zweifelhaft: Im klassischen Mietrecht des BGB beruht die Legitimation des Dritten, zum Beispiel eines Untermieters, ausschließlich auf der schuldrechtlichen Berechtigung des (Haupt-) Mieters. Fällt die Berechtigung des (Haupt-) Mieters weg, so besteht keinerlei Rechtfertigung mehr dafür, dass der Dritte die Sache weiter behält. Im Urheberrecht erlangt der Erwerber zwar auch eine schuldrechtliche Befugnis gegenüber Verwerter und Urheber, entscheidend für die Nutzung ist jedoch der Erwerb des dinglichen Nutzungsrechts, das fortbesteht.

---

[538] MünchKomm, Schilling, § 546, Rn. 23.

Davon abgesehen wird § 546 Abs. 2 BGB durch die speziellere Norm des § 34 Abs. 4 UrhG verdrängt. Diese gilt ausdrücklich für den Fall der dinglichen Übertragung des Nutzungsrechts und legt fest, in welchem Umfang der Erwerber für die Verpflichtungen aus dem Vertrag zwischen Urheber und Verwerter haftet. Ein Rückgewährsanspruch des Urhebers gegen den Verwerter aus § 546 Abs. 2 BGB besteht daher nicht.

**cc) Vertragliche Rückgewährsansprüche i.V.m. § 34 Abs. 4 UrhG gegen den Erwerber**

Rückgewährsansprüche gegen den Erwerber ergeben sich aber aus vertraglichen Anspruchsgrundlagen wie z.B. § 546 Abs. 2 BGB in Verbindung mit § 34 Abs. 4 UrhG. Danach haftet der Erwerber gesamtschuldnerisch für die Verpflichtungen des Verwerters aus dem Nutzungsvertrag, soweit der Urheber der Übertragung nicht im Einzelfall ausdrücklich zugestimmt hat. Derartige von § 34 Abs. 1 UrhG abweichende Vereinbarungen sind in der Praxis weit verbreitet. Im Folgenden soll daher zunächst auf die Rechtslage bei Verzicht auf das Zustimmungserfordernis eingegangen und erst im Anschluss geklärt werden, welche Rechte dem Urheber zustehen, wenn er im Einzelfall zugestimmt hat.

Die Haftung des Erwerbers nach § 34 Abs. 4 UrhG erstreckt sich nicht nur auf die Hauptleistungspflichten, sondern auf alle vertraglichen Ansprüche, unabhängig davon, zu welchem Zeitpunkt sie entstehen oder fällig werden[539]. Sie erfasst damit auch Rückgewährsansprüche wie zum Beispiel § 546 Abs. 1 BGB. Es spielt keine Rolle, dass es sich hierbei genau genommen um postvertragliche Ansprüche handelt, denn auch solche Ansprüche sind als durch den Vertrag begründet i.S.d. § 34 Abs. 4 UrhG anzusehen[540]. Sinn und Zweck des § 34 Abs. 4 UrhG ist es, eine Schlechterstellung des Urhebers infolge der Übertragung des Nutzungsrechts zu verhindern[541], weshalb der Haftungsfonds so weit wie möglich zu definieren ist.

Dem könnte man entgegenhalten, dass der Rückgewährsanspruch gegen den Verwerter wegen § 275 Abs. 1 BGB überhaupt nicht besteht und sich deshalb auch nicht auf den Erwerber erstrecken kann. Eine solche Betrachtungsweise verkennt jedoch den zeitlichen Ablauf: Zunächst entsteht der Rückgewährsanspruch gegen den Verwerter, denn § 275 Abs. 1 BGB ist eine rechtsvernichtende und keine rechtshindernde Einwendung[542]. Auch der Wortlaut des § 275 Abs. 1 BGB bezieht sich auf den Ausschluss des Anspruchs, was dessen vorhergehende Entstehung voraussetzt. Das bedeutet, dass der Anspruch vor seinem Untergang zumindest für eine juristische Sekunde zur Entstehung gelangt, was für die Aufnahme in den Haftungsfonds und die Erstreckung auf den Erwerber ausreicht. Verwerter und Erwerber haften als Gesamtschuldner. Der Untergang des Rückgewährsanspruchs nach § 275 Abs. 1 betrifft sodann nur noch den Verwerter, nicht aber den Erwerber. Denn nach § 425 Abs. 1 und 2 BGB wirkt sich die Unmöglichkeit nur für und gegen den Gesamtschuldner aus, bei dem sie eintritt.

---

[539] Schricker, Schricker, § 34, Rn. 25.

[540] Vgl. zur vertraglichen Rechtsnatur des Anspruchs aus § 546 Abs. 1 BGB Staudinger, Rolfs, § 546, Rn. 1.

[541] Wandtke/Bullinger, Wandtke/Grunert, § 34, Rn. 27; vgl. Amtl. Begr. UFITA 45 (1965), S. 240, 272.

[542] Vgl. MünchKomm, Ernst, § 275, Rn. 67 f.

Zuzugeben ist, dass die Anwendung des § 34 Abs. 4 UrhG auf den vertraglichen Rückgewährsanspruch im Ergebnis wie eine privative Schuldübernahme nach § 414 BGB wirkt. Denn der Verwerter wird von der Rückgewährsverpflichtung frei, während der Erwerber hierais haftet. Eine solche Befreiungswirkung sollte nach dem Willen des Gesetzgebers durch § 34 Abs. 4 UrhG aber gerade nicht bewirkt werden[543]. Eine vom Ergebnis ausgehende Betrachtung greift indes zu kurz. Denn der Grund für die Befreiung des Verwerters von der Herausgabepflicht liegt nicht in der Anwendung des § 34 Abs. 4 UrhG, sondern darin, dass Unmöglichkeit eingetreten ist. Lehnt man eine Anwendung der Norm auf den vorliegenden Fall ab, so führte dies zu dem Ergebnis, dass der Urheber nach der Übertragung überhaupt keinen vertraglichen Rückgewährsanspruch hätte. Dies widerspricht den Zielen des Gesetzgebers, die jedenfalls auch darin bestehen, dem Urheber einen möglichst großen Haftungsfonds zu erhalten. Darauf weist jedenfalls das konstruktive Mittel der Gesamtschuld hin. Dieses wurde offenbar bewusst anstelle einer Auswechslung des Schuldners gewählt, wie sie zum Beispiel in § 1059c BGB im Falle der Übertragung des Nießbrauches normiert ist. Darüber hinaus gibt es im Rahmen des § 34 Abs. 4 UrhG auch andere Fallkonstellationen, die im Ergebnis zu einer privativen Schuldübernahme führen. Ein Beispiel ist aus der Vorgängerregelung des § 28 Abs. 2 VerlG bekannt. Die mittlerweile aufgehobene Norm besagte, dass der Erwerber von Verlegerrechten gesamtschuldnerisch für die Erfüllung der Verpflichtungen aus dem Vertrag zwischen Verfasser und Verleger haftet, wenn er sich gegenüber dem Verleger zur Erfüllung der ihm obliegenden Vervielfältigung verpflichtet. Hier war anerkannt, dass mit Übergang der Verlegerrechte eine Gesamtschuld entsteht, der Verleger sodann von seiner Pflicht zur Vervielfältigung befreit wird und der Urheber dann nur noch den Erwerber in Anspruch nehmen kann[544]. § 28 Abs. 2 VerlG ist mittlerweile vollständig in der Regelung des § 34 Abs. 4 UrhG aufgegangen[545], die ausdrücklich an das Verlagsrecht angelehnt wurde[546]. Die für § 28 Abs. 2 VerlG anerkannten Grundsätze gelten daher auch für § 34 Abs. 4 UrhG[547].

Auf die Verkehrsfähigkeit des Nutzungsrechts hat die Anwendung des § 34 Abs. 4 UrhG zwar negative Auswirkungen. Diese halten sich jedoch in Grenzen, insbesondere nimmt die Sicherheit des Rechtserwerbs nicht mit zunehmender Anzahl der Übertragungen ab. Damit werden die schärfsten Folgen des Abstraktionsprinzips abgemildert, ohne die hierdurch bezweckte Rechtssicherheit über Gebühr einzuschränken.

### dd) Zwangslage des Erwerbers bei Doppelmangel?

Es stellt sich die Frage, ob der Erwerber durch die Rückgewährsverpflichtung in eine Zwangslage geraten kann. Ein solche könnte sich im Falle eines sogenannten Doppelmangels ergeben. In dieser Konstellation ist nicht nur der Nutzungsvertrag zwischen

---

[543] Bappert/Maunz/Schricker, § 28, Rn. 20a.

[544] Vgl. Bappert/Maunz/Schricker, § 28, Rn. 20a; Beck, Verlagsvertrag, S. 15 ff. Der Verleger kann dann nur noch auf Schadensersatz in Anspruch genommen werden.

[545] Bereits zuvor war die Nichtaufhebung in der Literatur als Redaktionsversehen des Gesetzgebers aufgefasst worden, so Held in GRUR 1983, S. 161, 166.

[546] Amtl. Begr. UFITA 45 (1965), S. 240, 272.

[547] So für den beschriebenen Beispielsfall Dreier/Schulze, Schulze, § 34, Rn. 40.

Urheber und Verwerter weggefallen, sondern auch das Schuldverhältnis zwischen Verwerter und Erwerber. Der Erwerber sieht sich nunmehr Rückgewährsansprüchen aus zwei Richtungen ausgesetzt: Dem Urheber gegenüber ist er zum Beispiel aus §§ 546 Abs. 1 BGB, 34 Abs. 4 UrhG verpflichtet, dem Verwerter gegenüber zum Beispiel aus § 346 Abs. 1 BGB oder § 812 Abs. 1, S. 1, 1. Alt. BGB. Entscheidet sich der Erwerber, der einen Verpflichtung Folge zu leisten, so begeht er in dem anderen Rechtsverhältnis eine Pflichtverletzung, die zu Schadensersatzansprüchen führen kann. Die Möglichkeit einer solchen Zwangslage spricht auf den ersten Blick dagegen, die hier entwickelte Durchgriffslösung über § 34 Abs. 4 UrhG überhaupt zuzulassen.

Möglicherweise hat der Erwerber diese Situation aber durch sein eigenes Verhalten verursacht. Mit Erwerb des Nutzungsrechts wurde er per Gesetz potentieller Schuldner eines künftigen vertraglichen Rückgewährsanspruchs des Urhebers. Es hätte an ihm gelegen, weitere Rückgewährsansprüche bezüglich desselben Gegenstandes vertraglich auszuschließen oder hier gegenüber seinem unmittelbaren Vertragspartner von vornherein Wertersatz zu vereinbaren. Im Einzelfall mag eine solche Vereinbarung zwischen dem Verwerter und dem Erwerber sogar konkludent getroffen sein. Der Vorwurf, eine Zwangslage selbst verschuldet zu haben, kann aber dann nicht erhoben werden, wenn das Schuldverhältnis zwischen Verwerter und Erwerber von vornherein nichtig war, denn eine solche Nichtigkeit betrifft auch einen vertraglichen Ausschluss von Rückgewährsansprüchen im Falle der Inanspruchnahme durch den Urheber.

Der Verwerter verhält sich aber treuwidrig, wenn er den Erwerber auf Rückgewähr in Anspruch nimmt, obwohl gegen diesen auch ein Rückgewährsanspruch des Urhebers besteht. Denn der Erwerber hat infolge der Übertragung des Nutzungsrechts jedenfalls im Ergebnis die Rückgewährsverpflichtung des Verwerters übernommen, während dieser gemäß § 275 Abs. 1 BGB befreit wurde. Man stelle sich vor, eine entsprechende Regelung sei nicht durch die Anwendung gesetzlicher Vorschriften, sondern durch Vertrag zwischen den Parteien getroffen worden. Es läge hier auf der Hand, dass sich der Verwerter widersprüchlich verhält, indem er einerseits die Rückgabeverpflichtung auf den Erwerber abwälzt, andererseits aber unbeirrt Rückgabe an sich selbst fordert.

#### ee) Das Innenverhältnis zwischen den Beteiligten in der Rechtekette

Der Rückübertragungsanspruch führt auch ansonsten nicht zu unbilligen Folgen für den Erwerber. Dieser kann wegen des Rückgewährsanspruchs seine vertraglichen Rechte gegenüber dem veräußernden Verwerter geltend machen. Welche Anspruchsgrundlagen konkret einschlägig sind, ist stets anhand des jeweiligen Vertrags zu beurteilen.

Die vertraglichen (Schadensersatz-) Ansprüche des Erwerbers sind allerdings auf seinen unmittelbaren Vertragspartner beschränkt. Dies gilt auch, wenn das Nutzungsrecht über mehrere Stationen übertragen wurde. Hier stellt sich die Frage, ob der Erwerber im Rahmen des Gesamtschuldner-Innenausgleichs zusätzlich Regreß bei anderen Beteiligten der Rechtekette nehmen kann. Abweichend von der Grundregel des § 426 Abs. 1 BGB sind die Gesamtschuldner hier im Innenverhältnis aber nicht zu gleichen Teilen verpflichtet - es ist „etwas anderes bestimmt". Nur der jeweilige Inhaber des Nutzungsrechts ist für die Rückgewähr verantwortlich, insofern besteht kein Unterschied zwischen Innen- und Außenverhältnis. Der Erwerber kann daher von seinen Vorgängern keinen Ausgleich fordern. Die Verpflichtung zur Rückgewähr ist als mit dem Nutzungsrecht verbundene Last anzusehen, die ausschließlich den Inhaber trifft, der als Pendant dazu das Recht zur Nutzung des Werkes hat. Dem steht es nicht entgegen, dass es sich hier um einen sicherungsweisen Schuldbeitritt handelt[548], bei dem eine Freistellung des Beitretenden im Innenverhältnis anerkannt ist[549]. Denn die Konstellation ist nicht mit dem klassischen Schuldbeitritt des BGB vergleichbar: Dort ist der ursprünglich allein Verpflichtete im Innenverhältnis weiterhin zur Leistung verpflichtet, weil gerade auf seine Veranlassung der Beitritt stattfand. Dies liegt hier anders – die Erstreckung der Haftung auf den Erwerber erfolgt auf gesetzliche Anordnung und weder auf Betreiben noch im Interesse des Verwerters. Er muss die Möglichkeit haben, sich von dem Rückübertragungsanspruch durch Übertragung des Nutzungsrechts endgültig auch im Innenverhältnis zu befreien.

#### ff) Rechtslage bei Zustimmung im Einzelfall

Bislang wurde davon ausgegangen, dass der Urheber der Übertragung nicht im Einzelfall ausdrücklich zugestimmt hat. Liegt eine solche Zustimmung – dem gesetzlichen Leitbild entsprechend – aber doch vor, so ist § 34 Abs. 4 UrhG seinem Wortlaut nach nicht anwendbar. Das führt dazu, dass die gegen den Verwerter bestehenden Ansprüche nicht in den Haftungsfonds fallen und nicht auf den Erwerber erstreckt werden. Der Urheber ist dann auf Wertersatz gegen den Verwerter verwiesen und verliert das Nutzungsrecht endgültig. Soll es dem Verwerter aber ermöglicht werden, dem Urheber eine solche Zustimmung abzuringen, die dann derart weitreichende und überraschende Folgen hat?

Die Einschränkung des § 34 Abs. 4 2. HS UrhG hat der Gesetzgeber damit begründet, dass der Urheber eines Schutzes in den Fällen nicht bedürfe, in denen die Übertragung von seiner Zustimmung abhänge. Diese könne davon abhängig gemacht werden, dass der Erwerber die Verpflichtungen des Veräußerers übernehme[550]. Offensichtlich ging der Gesetzgeber davon aus, dass der Urheber hier eine stärkere Verhandlungsposition hat. Dies ist bereits im Normalfall zweifelhaft, denn es macht keinen Unterschied, ob dem Urheber Zugeständnisse bereits im Nutzungsvertrag selbst oder erst nach dessen Unterzeichnung abgerungen werden. Insbesondere Auftragsurheber stehen häufig unter erheblichem Druck bezüglich in Aussicht gestellter Folgeaufträge und können es sich nicht leisten, bei der Durchführung des Nutzungsvertrags als „schwierig" zu gelten. Unabhängig davon wird der Urheber aber auch nur die Rechte durchzusetzen versuchen, deren drohender Verlust ihm bewusst ist. Bezüglich der Rückgewährspflicht wird dies kaum der Fall sein.

Dass § 34 Abs. 4 2. HS UrhG zu weit gefasst ist, wird auch an anderen Stellen deutlich. So ist es dem Erwerber dem Wortlaut zufolge möglich, die Ansprüche aus §§ 32, 32a UrhG im Rahmen der Übertragung abzuschütteln, wenn der Urheber eine Zustimmung im Einzelfall erteilt und die Mithaft des Erwerbers nicht ausdrücklich ver-

[548] Vgl. Amtl. Begr. UFITA 45 (1965), S. 240, 272.
[549] MünchKomm, Bydlinski, § 426, Rn. 16; Staudinger, Noack, § 426, Rn. 69.
[550] Amtl. Begr. UFITA 45 (1965), S. 240, 272 f.

einbart wird. Die §§ 32, 32a UrhG richten sich dann nur gegen den Vertragspartner des Urhebers; der Erwerber bleibt hiervon unbehelligt, was dem gesetzlichen Ziel der Stärkung der vertraglichen Stellung der Urheber eindeutig zuwider läuft. Im Hinblick auf die Rückgewähr führt die einschränkungslose Anwendung des § 34 Abs. 4 2. HS UrhG darüber hinaus zu einem Verstoß gegen ein grundlegendes Prinzip des Urheberrechts. Lässt man es zu, dass durch eine Übertragung des Nutzungsrechts die Rückgewährsansprüche abgestreift werden, so werden Mutter und Tochterrecht endgültig getrennt. Gemäß § 29 Abs. 1 UrhG ist das Urheberrecht aber weder in Teilen noch als Ganzes übertragbar. Will man diesen Grundsatz durchsetzen, so ist diese Norm weit auszulegen. Nicht nur der Versuch einer unmittelbaren Teilübertragung aus dem Urheberrecht selbst muss untauglich bleiben. Unzulässig ist vielmehr alles, was wie eine endgültige Entledigung urheberrechtlicher Befugnisse wirkt, und zwar unabhängig davon, ob dies unmittelbar erfolgt oder zunächst ein Nutzungsrecht eingeräumt und sodann die Verbindung zum Mutterrecht endgültig gekappt wird[551]. Damit bleibt hinsichtlich der Rückgewährsansprüche des Urhebers nur der Weg über eine teleologische Reduktion der Vorschrift, will man die Grundsätze der monistischen Lehre nicht verletzen. Im Ergebnis behält der Urheber seine Rückgewährsansprüche daher unabhängig davon, ob er der Übertragung im Einzelfall zugestimmt hat oder bereits im Nutzungsvertrag eine Ausnahme von § 34 Abs. 4 UrhG vereinbart ist.

**gg) Verdoppelung der Ansprüche des Urhebers?**

Neben dem vertraglichen Rückgewährsanspruch gegen den Erwerber hat der Urheber noch einen Anspruch auf Ersatz des Wertes des Nutzungsrechts gemäß § 812 Abs. 1, S. 1, 1. Alt., 818 Abs. 2 BGB gegen den Verwerter. Der Urheber hat dem Verwerter das Nutzungsrecht durch Leistung eingeräumt, wofür der Rechtsgrund nunmehr entfallen ist. Wie oben gezeigt, bestehen beide Ansprüche nebeneinander. Das Ergebnis verblüfft: Der Urheber kann demnach sein Nutzungsrecht vom Erwerber zurückverlangen und bekommt darüber hinaus dessen Wert von seinem Vertragspartner ersetzt. Es stellt sich daher die Frage, in welchem Verhältnis die Ansprüche zueinander stehen.

Bereits aus allgemeinen Erwägungen ergibt sich, dass die Ansprüche nicht unabhängig voneinander geltend gemacht werden können. Für Zweipersonenverhältnisse ist dies offensichtlich: Obwohl ein Anspruch zum Beispiel aus § 546 Abs. 1 BGB und ein Anspruch aus § 812 BGB auf Rückgewähr des Nutzungsrechts bestehen, muss dieses nur einmal zurückgegeben werden. Fallen die Ansprüche nun auseinander und wandelt sich der Rückgewährsanspruch aus § 812 BGB gemäß § 818 Abs. 2 BGB in einen Ersatzanspruch um, so kann nichts anderes gelten. Möglich wäre es daher, dem Urheber die Wahl zu lassen zwischen Wertersatz und Rückgewähr in Natura.

Hierdurch würde aber das Verbot der Übertragung des Urheberrechts aus § 29 Abs. 1 UrhG verletzt werden. Dem Urheber stünde es frei, auf seinen Rückgewährsanspruch zu Gunsten einer Geldleistung zu verzichten und das Nutzungsrecht damit endgültig dem freien Verkehr zu überlassen. Gerade dies soll § 29 Abs. 1 UrhG verhindern. Es wurde bereits erwähnt, dass es aus Sinn und Zweck der Vorschrift keinen Unterschied machen kann, ob die Verbindung von Mutter- und Tochterrecht schon bei

[551] Hierzu bereits oben unter 1.

der Verfügung über das Recht oder erst später gekappt wird. Der Schutzwürdigkeit des Urhebers steht auch nicht entgegen, dass die Entscheidung über Rückgewähr oder Wertersatz ausschließlich bei ihm liegt. Denn auch in solchen Situationen ist es der Verwerterseite möglich, den Urheber mittelbar zu beeinflussen, indem zum Beispiel mit der anderweitigen Vergabe bereits in Aussicht gestellter Aufträge gedroht wird.

Der Anspruch auf Wertersatz gegen den Verwerter wird daher durch den Anspruch auf Rückgewähr gegen den Erwerber ausgeschlossen.

**b) Bereicherungsrechtlicher Rückgewährsanspruch gegen den Erwerber**

Möglicherweise besteht neben vertraglichen Rückgewährsansprüchen auch ein bereicherungsrechtlicher Anspruch des Urhebers gegen den Erwerber. Berücksichtigt man die Grundsätze des Bereicherungsausgleichs, so spricht zunächst alles gegen eine solche Haftung. Denn zwischen Erwerber und Verwerter besteht eine Leistungsbeziehung, und Leistungsbeziehungen sperren den Durchgriff[552]. Die Übertragung ermöglichte es damit, die bereicherungsrechtlichen Ansprüche vom Nutzungsrecht abzuschütteln – gegen den Erwerber bestünden dann nur noch vertragliche Rückgewährsansprüche. Hier könnte aber ebenso wie im vertraglichen Bereich die Norm des § 34 Abs. 4 UrhG helfen, die eine Schlechterstellung des Urhebers infolge der Übertragung des Nutzungsrechts verhindern[553] soll. Ihrem Wortlaut nach ist die Norm nicht anwendbar, da sie sich nur auf vertragliche Ansprüche bezieht. Es stellt sich deshalb die Frage nach einer Analogie.

Die insofern erforderliche Regelungslücke ist mit der Beschränkung des Wortlautes auf vertragliche Ansprüche gegeben. Gesetzliche Ansprüche werden hiervon per se nicht erfasst. Aus den Gesetzesmaterialien ergibt sich auch die Planwidrigkeit dieser Lücke. Denn der Gesetzgeber hat offenbar nicht bedacht, dass auch ein Interesse daran bestehen kann, gesetzliche Ansprüche des Urhebers auf den Erwerber des Nutzungsrechts auszudehnen.

Vertragliche und gesetzliche Rückgewährsansprüche sind auch rechtsethisch vergleichbar. Maßgeblich ist dabei das gesetzgeberische Ziel der Regelung, welches bei § 34 Abs. 4 UrhG im Schutz des Urhebers vor Nachteilen infolge der Übertragung des Nutzungsrechts liegt. Die Analogiefähigkeit der Norm wird in der Literatur bejaht, soweit die Analogie zum Vorteil des Urhebers gezogen wird[554], was hier der Fall ist. Das gesetzgeberische Mittel des § 34 Abs. 4 UrhG liegt in der Erstreckung von Ansprüchen des Urhebers auch auf den Erwerber des Nutzungsrechts. Auch insofern bestehen gegen eine Analogie im vorliegenden Fall keine Einwendungen. Zweifelhaft ist aber, ob die Erweiterung auf gesetzliche Ansprüche über das Ziel des Gesetzgebers hinausschießt. Das wäre sicherlich der Fall, wenn man alle gegen den Verwerter bestehenden gesetzlichen Ansprüche in den Haftungsfonds fallen ließe. So schloss die Vorgängerreglung § 28 Abs. 2 S. 3 VerlG bereits bestehende Schadensersatzansprüche ausdrücklich von der Haftungserweiterung aus. Hier stehen allerdings bereicherungs-

---

[552] H.M. und st. Rspr., BGHZ 40, S. 272, 278; Larenz/Canaris II 2, § 67 IV 3 (S. 144); Reuter/Martinek, § 10 I (S. 387).

[553] Wandtke/Bullinger, Wandtke/Grunert, § 34, Rn. 27; vgl. Amtl. Begr. UFITA 45 (1965), S. 240, 272.

[554] Dreier/Schulze, Schulze, § 34, Rn. 44.

rechtliche Ansprüche im Focus, die aus einer fehlgeschlagenen Vertragsbeziehung resultieren. Das Bereicherungsrecht ist stark auf das Vertragsrecht ausgerichtet und hat die Aufgabe, den Wertungen des schuldrechtlichen Rechtsgeschäfts so genau wie möglich zu entsprechen. Ist ein solches Rechtsgeschäft beendet, so ist das Bereicherungsrecht das zentrale Rechtsinstrument des BGB zur Rückabwicklung dennoch ausgetauschter Leistungen.

Der Urheber hat daher gegen den Erwerber auch einen Anspruch auf Rückgabe des Nutzungsrechts aus Bereicherungsrecht i.V.m. § 34 Abs. 4 UrhG. Dies gilt unabhängig davon, ob eine Zustimmung zur Übertragung des Nutzungsrechtes im Einzelfall vorlag[555].

### c) Ansprüche wegen mangelnder Rückgewähr

#### aa) Ansprüche gegen den Erwerber wegen Nichterfüllung der Rückgabeverpflichtung

Erfüllt der Erwerber seine Rückgabepflicht nicht, so kann der Urheber ihm gegenüber seinen Verzugsschaden geltend machen. Die Höhe muss er hierbei aber gemäß § 249 Abs. 1 BGB berechnen; ein Rückgriff auf die Berechnungsmöglichkeiten des § 97 Abs. 1 UrhG ist ihm verwehrt[556]. In pachtähnlichen Konstellationen ist darüber hinaus ein Entschädigungsanspruch aus § 584b S. 1 BGB möglich.

#### bb) Ansprüche gegen den Verwerter

##### (1) § 584b S. 1 BGB

Fraglich ist, ob der Anspruch aus § 584b S. 1 BGB nicht nur gegen den Erwerber, sondern auch gegen den Verwerter durchgreift. Dieser kann dem Urheber das Nutzungsrecht nicht verschaffen, weil sein schuldrechtlicher Vertrag mit dem Erwerber nach wie vor wirksam ist und er deshalb gegen den Erwerber keinen Anspruch auf Herausgabe hat. Eine Lösung ergibt sich auch nicht aus § 34 Abs. 4 UrhG, da dieser nur die gegen den Verwerter gerichteten Ansprüche auf den Erwerber erweitert, nicht aber in der Gegenrichtung den Verwerter für Ansprüche gegen den Erwerber mithaften lässt.

Das Problem ist in ähnlicher Konstellation in Schrifttum und Rechtsprechung bereits ausführlich diskutiert worden, und zwar im Rahmen des § 546a Abs. 1 BGB, der das mietrechtliche Pendant zu der pachtrechtlichen Vorschrift des § 584b BGB darstellt. Dort geht es um die Frage, ob der Hauptmieter Wertersatz leisten muss, wenn er die Sache deshalb nicht herausgeben kann, weil ein wirksamer Untermietvertrag besteht. Herrschende Literatur und Rechtsprechung bejahen dies[557]. Zwar sei es richtig, dass der Rückgabeanspruch gegen den Hauptmieter aufgrund der eingetretenen subjektiven Unmöglichkeit untergegangen ist. Ersatz für die Vorenthaltung des Vertrags-

---

[555] S.o. a) gg).
[556] S.o. 2 c) aa).
[557] BGH NJW 1984, S. 1527, 1528; Schmidt-Futterer, Gather, § 546a, Rn. 26; Bub/Treier, Scheuer, V. A, Rn. 66; A.A. Soergel, Heintzmann, § 557, Rn. 6.

gegenstandes sei aber dennoch zu leisten. Der Hauptmieter habe selbst veranlasst, dass der Vertragsgegenstand sich nunmehr in der Hand eines Dritten befinde. Er habe gewusst, dass er im Falle einer vorzeitigen Vertragsbeendigung zur Rückgabe verpflichtet sei und sich hierauf einrichten müssen[558].

Diese Wertungen gelten auch im Rahmen des § 584b BGB[559]. Beide Normen haben den identischen Tatbestand und deshalb auch den gleichen Anwendungsbereich innerhalb des jeweiligen Vertragstypus von Pacht und Miete. Sie unterscheiden sich lediglich in der Rechtsfolge, die für die Pacht hinsichtlich möglicher saisonaler Schwankungen in der Fruchtziehung anders geregelt werden musste als bei der Miete. Die somit auch für § 584b BGB geltende Haftung des Hauptmieters oder Hauptpächters lässt sich auch auf das Urhebervertragsrecht übertragen. Auch hier ist die Rechtsposition des Verwerters nur eine abgeleitete. Überträgt er das Nutzungsrecht auf den Erwerber, und gibt dieser es nach Vertragsbeendigung grundlos nicht an den Urheber zurück, so kann dem Verwerter dies nicht zum Vorteil gereichen.

**(2) §§ 280 Abs. 1, 283, 285 Abs. 1 BGB**

Denkbar wäre es, dass der Urheber weiterhin einen Anspruch aus § 280 Abs. 1 BGB gegen den Verwerter hat, aus dem er Schadensersatz wegen des unmöglich gewordenen Rückgewährsanspruchs fordern kann. Darüber hinaus könnte aus § 285 Abs. 1 BGB dasjenige herausverlangt werden, was der Verwerter für die Übertragung vom Erwerber erhält. Im Ergebnis kann dies jedoch offen bleiben. Denn wie der Wertersatzanspruch aus §§ 812, 818 Abs. 2 BGB sind auch diese Ansprüche nach der Wertung des § 29 Abs. 1 UrhG ausgeschlossen. Könnte der Urheber zwischen Rückgewähr und Wertersatz wählen, so wäre es ihm möglich, die Bindung zwischen Mutter- und Tochterrecht endgültig zu trennen, was § 29 Abs. 1 UrhG widerspricht.

**cc) Schadensersatzanspruch wegen Auswahlverschuldens gegen den Verwerter**

Aus § 280 Abs. 1 BGB kann sich aber ein Schadensersatzanspruch des Urhebers gegen den Verwerter wegen einer Nebenpflichtverletzung ergeben. Der Verwerter muss den Erwerber sorgfältig auswählen[560], da dieser für die Verpflichtungen des Verwerters mithaftet und diese im Fall des Rückgewährsanspruchs sogar im Ergebnis übernimmt. Damit hat die Übertragung der Nutzungsrechte entscheidenden Einfluss darauf, ob die Ansprüche des Urhebers auch künftig ordnungsgemäß erfüllt werden. Trotz der Verschuldensvermutung des § 280 Abs. 1 S. 2 BGB wird ein solcher Schadensersatzanspruch in der Praxis aber kaum vorkommen. Denn bereits an die Pflichtverletzung sind hohe Anforderungen zu stellen. Hierfür müsste der Erwerber schon vor der Übertragung anhand objektiver Umstände als unzuverlässig einzuordnen gewesen sein, was der Urheber in den wenigsten Fällen nachweisen wird.

---

[558] BGH NJW 1984, S. 1527, 1528.

[559] Vgl. Staudinger, Sonnenschein/Veit, § 584b, Rn. 14.

[560] Dreier/Schulze, Schulze, § 34, Rn. 40.

### d) Ansprüche wegen fortgesetzter Nutzung

#### aa) Vertragliche Entgeltansprüche

Aufgrund des Abstraktionsprinzips bleibt die dingliche Rechtslage trotz Wegfall des Kausalgeschäfts unverändert. Es kann daher zu Situationen kommen, in denen der Erwerber des Nutzungsrechts das Werk nach wie vor auswertet und einen bestehenden Rückgewährsanspruch ignoriert. Während der Dauer des Nutzungsvertrags mit dem Verwerter konnte der Urheber von dem Erwerber das vertragliche Entgelt verlangen - § 34 Abs. 4 UrhG verpflichtete diesen ebenso zur Zahlung wie den Verwerter. Dies gilt jedenfalls dann, wenn der Urheber der Übertragung nicht ausdrücklich zugestimmt hat. Mit der Beendigung des Kausalverhältnisses fällt der Entgeltanspruch gegen den Verwerter weg. Es stellt sich aber die Frage, ob der Erwerber weiterhin auf Vertragserfüllung in Anspruch genommen werden kann.

Verwerter und Erwerber haften als Gesamtschuldner gemäß §§ 421 ff BGB, wonach mehrere Einzelverbindlichkeiten in einem besonderen Verhältnis der Wechselwirkung zusammengefasst sind. Insbesondere wirkt die Erfüllung gemäß § 422 Abs. 1 BGB für alle Ansprüche. Die einzelnen Verbindlichkeiten der Gesamtschuld können sich darüber hinaus aber auch unterschiedlich entwickeln[561]. So ist es denkbar, dass anstelle eines Erfüllungsanspruchs gegen einen Gesamtschuldner ein Schadensersatzanspruch tritt, während die anderen Gesamtschuldner nach wie vor auf Erfüllung in Anspruch genommen werden können. Ob ein Ereignis Einzel- oder Gesamtwirkung hat, bestimmt sich nach § 425 Abs. 1 BGB. Danach wirken andere als die gesetzlich geregelten Tatsachen nur für den Gesamtschuldner, in dessen Person sie eingetreten sind, soweit sich nicht ein anderes ergibt. Dies bedeutet, dass eine Gesamtwirkung stets dann eintritt, wenn die gesamtschuldnerischen Verbindlichkeiten in ihrem Bestand, Umfang oder Modalität voneinander abhängen[562].

Eine solche Abhängigkeit liegt hier vor. Der Erwerber muss das Nutzungsrecht an den Urheber zurückgeben, weil der Vertrag insgesamt beendet ist. Seine Rechtsposition hängt damit unmittelbar von der des Verwerters ab. Es besteht insofern eine Ähnlichkeit zur Kündigung eines Mietvertrags, die ebenfalls Gesamtwirkung hat[563]. Es würde auch einen Widerspruch darstellen, wenn der Urheber vertragliche Erfüllungsansprüche und zugleich einen postvertraglichen Rückabwicklungsanspruch geltend machen könnte. Vertragliche Entgeltansprüche bestehen damit nach Beendigung des Nutzungsvertrags weder gegen den Verwerter, noch gegen den Erwerber.

#### bb) Postvertragliche Nutzungsentschädigung aus § 584b S. 1 BGB

Lediglich der Vollständigkeit halber soll hier nochmals der in pachtähnlichen Konstellationen gegen Verwerter und Erwerber gleichermaßen bestehende Anspruch aus § 584b S. 1 BGB erwähnt werden, der jedoch streng genommen keinen Ersatz für die weitere Nutzung, sondern die mangelnde Rückgabe gewährt.

---

561 MünchKomm, Bydlinski, § 425, Rn. 1.
562 MünchKomm, Bydlinski, § 425, Rn. 2.
563 H.M., BGHZ 96, S. 302, 310; RGZ 138, S. 183, 186; Edenfeld, JZ 1997, S. 1034, 1039 f.

### cc) Nutzungsersatz aus Bereicherungsrecht

Der Verwerter hat dem Urheber gemäß §§ 812 Abs. 1 S. 1, 1. Alt., 818 Abs. 1 BGB sämtliche Nutzungen herauszugeben, die er rechtsgrundlos, also nach Vertragsbeendigung, gezogen hat. Gegen den Erwerber gibt es nach bereicherungsrechtlichen Grundsätzen zunächst keinen Durchgriffsanspruch auf Herausgabe der Nutzungen. Wie bereits oben gezeigt[564], ist hier aber eine analoge Anwendung des § 34 Abs. 4 UrhG geboten, die dazu führt, dass auch bereicherungsrechtliche Ansprüche in den Haftungsfonds fallen. Dies gilt auch im Falle der ausdrücklichen Zustimmung im Einzelfall. Denn andernfalls wäre es dem Verwerter möglich, den Urheber von den Früchten des Werkes abzuschneiden, da in der Rechtekette nur beim Erwerber Nutzungen anfallen, womit der Urheber leer ausginge. Dies widerspräche § 11 S. 2 UrhG und ist daher im Rahmen einer teleologischen Reduktion des § 34 Abs. 4 2. HS UrhG zu korrigieren.

## 7. Von Beginn an nicht bestehender Nutzungsvertrag in der Rechtekette

Die dingliche Rechtslage bleibt auch bei einer von Beginn an bestehenden Unwirksamkeit des Kausalgeschäfts unberührt, die §§ 97 ff UrhG sind insgesamt nicht anwendbar. Vervielfältigungsstücke können einschränkungslos hergestellt und abverkauft werden.

### a) Ansprüche auf Rückgewähr

Vertragliche Ansprüche auf Rückgewähr kommen bei einem ex tunc wirkenden Wegfall des Kausalgeschäfts nicht in Betracht[565]. Denn der Nutzungsvertrag hat zu keinem Zeitpunkt bestanden und konnte daher keinerlei Rechtswirkungen entfalten. Unabhängig vom Typus des nichtigen Vertrags ist der Urheber daher ausschließlich auf das Bereicherungsrecht verwiesen.

Hier steht ihm bereits seit der Rechtseinräumung ein Anspruch aus § 812 Abs. 1 S. 1, 1. Alt. BGB gegen den Verwerter zu. Mit der Übertragung des Nutzungsrechts auf den Erwerber hat sich der Inhalt dieses Anspruchs gemäß § 818 Abs. 2 BGB von Rückübertragung auf Wertersatz geändert. Gleichzeitig haftet der Erwerber nunmehr gemäß §§ 812 Abs. 1 S. 1, 1. Alt. BGB, 34 Abs. 4 UrhG analog auf Rückgewähr und verdrängt damit den Wertersatzanspruch gegen den Verwerter im Wege der Konkurrenz[566].

### b) Ansprüche bei verspäteter oder fehlender Rückgewähr

Gerät der jeweilige Erwerber mit seiner Pflicht zur Rückgewähr des Nutzungsrechts in Verzug, so kann der Urheber einen möglichen Schaden gemäß §§ 280, 286 BGB geltend machen. Sollte der Verwerter den Erwerber schuldhaft schlecht ausgesucht haben, so besteht darüber hinaus ein Anspruch gegen den Verwerter aus § 280 Abs. 1 BGB[567]. Denn der Verwerter trifft auch hier eine Sorgfaltspflicht bei der Bestimmung der Per-

---

[564] S.o. 5 b).
[565] Staudinger, Rolfs, § 546, Rn. 48; Schmidt-Futterer, Gather, § 546a BGB m.w.N.
[566] Hierzu bereits oben unter 5. a) gg).
[567] Zu den Voraussetzungen S.o. 5 c) cc).

son des Erwerbers, die sich aus dem gesetzlichen Schuldverhältnis des Bereicherungsrechts ergibt.

### c) Ansprüche wegen der Auswertung des Werkes

Vertragliche Ansprüche auf ein Entgelt für die Nutzung des Werkes bestehen aufgrund der Unwirksamkeit des Vertrags nicht, insbesondere ist § 584b S. 1 BGB nicht anwendbar. Der Urheber bleibt damit auch hier auf das Bereicherungsrecht verwiesen. Greift die Haftungsverschärfung nach §§ 819 Abs. 1, 818 Abs. 4 BGB nicht ein, so kann er nur Ersatz für die tatsächlich gezogenen Nutzungen verlangen. Der Anspruch auf Nutzungsersatz greift gemäß § 34 Abs. 4 UrhG analog auch gegenüber dem Erwerber.

## VI. Sonderfall: Insolvenz

Die bisherige Gegenüberstellung hat die Situation in der Insolvenz der Beteiligten ausgespart. Dies soll nunmehr nachgeholt werden.

### 1. Insolvenz des Nutzungsberechtigten

Wird der Inhaber des Nutzungsrechts insolvent, so ist es im Interesse des Urhebers, das Nutzungsrecht so schnell wie möglich zurück zu erlangen, um es anderweitig zu vergeben[568]. Denn verbleibt das Nutzungsrecht bei dem Verwerter, so ist insbesondere bei ausschließlichen Nutzungsrechten die weitere Auswertung insgesamt bedroht. Häufig hängt der kommerzielle Erfolg davon ab, wie stark das Werk sich im Markt durchsetzt, wofür entsprechende Werbemaßnahmen nötig sind. In vielen Fällen werden dem Insolvenzverwalter hierfür nicht genügend Mittel zur Verfügung stehen. Zudem führt das Insolvenzverfahren typischerweise zu einer Neuorientierung und Umstellung des Geschäftsbetriebes, was zu Verzögerungen und zur Einstellung geplanter Vorhaben führen kann. Dem Urheber wird also daran gelegen sein, das Kausalverhältnis zu kündigen, um das Nutzungsrecht – durch Rückfall oder Übertragung – zurückzuerlangen.

Im Folgenden wird zunächst untersucht, welche Möglichkeiten der Vertragsbeendigung aus Urhebersicht bestehen. Sodann wird geklärt, ob das Nutzungsrecht in die Insolvenzmasse fällt und welche Auswirkungen Kausalprinzip und Abstraktionsprinzip jeweils haben.

### a) Beendigungsgründe in der Insolvenz

aa) Die alte Konkursordnung enthielt in § 19 sowohl für den Urheber als auch für den Insolvenzverwalter ein Kündigungsrecht nach vollzogener Rechtseinräumung. Zwar war die Vorschrift auf Miete und Pacht zugeschnitten, sie galt nach einhelliger Meinung aber auch für urheberrechtliche Nutzungsverträge[569]. Die Insolvenzordnung hat dieses Recht erheblich beschnitten. § 109 InsO lässt nur noch die Kündigung durch

[568] Dreier/Schulze, Schulze, § 112, Rn. 23.
[569] Wandtke/Bullinger, Kefferpütz, § 112, Rn. 43.

den Insolvenzverwalter zu, wobei dies auch nur bei Miet- und Pachtverhältnissen über unbewegliche Gegenstände gilt.

Darüber hinaus werden die vertraglichen Kündigungsmöglichkeiten des Urhebers durch die InsO erheblich eingeschränkt. Gemäß § 112 InsO kann ein Miet- oder Pachtverhältnis nach dem Antrag auf Eröffnung des Insolvenzverfahrens nicht mehr wegen eines bereits vorher eingetretenen Verzugs gekündigt werden. Fraglich ist, ob dies auch dann gilt, wenn der Zahlungsverzug erst zwischen Antragstellung und Eröffnung des Verfahrens eingetreten ist. Der BGH hat dies mit dem Hinweis auf den Wortlaut und die Entstehungsgeschichte der Vorschrift abgelehnt[570]. Die Vorschrift gilt auch für den Kündigungsgrund der Verschlechterung der Vermögensverhältnisse des Schuldners. Sie kann durch sogenannte „Lösungsklauseln" wegen § 119 InsO nicht abgeändert werden[571].

bb) Eine Beendigungsmöglichkeit ergibt sich aber aus § 103 Abs. 2 S.2 InsO, wenn der Urheber den Verwalter zur Ausübung seines Wahlrechts auffordert[572]. Der Insolvenzverwalter kann die Erfüllung dann ablehnen oder aber den Vertrag fortführen. Zwar ordnet die Vorschrift des § 108 InsO generell das Fortbestehen von Dauerschuldverhältnissen gegenüber der Insolvenzmasse an; dies gilt jedoch nur für Miet- und Pachtverhältnisse über unbewegliche Gegenstände.

Für Lizenz- und Nutzungsverträge gilt die Vorschrift nicht[573], so dass einer Anwendung des § 103 Abs. 1 InsO nichts entgegensteht[574].

Voraussetzung ist allerdings, dass der Vertrag beiderseitig nicht vollständig erfüllt ist. Dies ist aufgrund der bereits erfolgten Nutzungsrechtseinräumung fraglich – schließlich ist hierdurch die wesentliche Leistungspflicht des Urhebers gemäß § 362 Abs. 1 BGB erloschen. Die herrschende Meinung geht dennoch nicht von einer „vollständigen Erfüllung" i.S.d. § 103 Abs. 1 InsO aus[575], da diese bei Dauerschuldverhältnissen erst mit Beendigung eintrete. Insbesondere sei bei Verträgen über Nutzungsrechte zu beachten, dass der Urheber neben der Rechtseinräumung dafür Sorge tragen muss, dass das Recht für die vertraglich ausbedungene Zeit auch wirklich genutzt werden kann[576]. Das Wahlrecht kann damit lediglich bei vollständiger Erfüllung durch den Verwerter ausgeschlossen sein, was nur bei vollständiger Zahlung eines einmaligen

---

[570] BGH WM 2002, S. 1888, 1893; dafür allerdings v. Frentz/Marrder, ZUM 2001, S. 761, 763; Abel, NZI 2003, S. 121, 123.

[571] MünchKomm InsO, Eckert, § 112, Rn. 42; Abel, NZI 2004, S. 121, 123; ausführlich Cepl, NZI 2000, S. 357, 359 f.

[572] Cepl, NZI, 2000, S. 357, 360.

[573] Uhlenbruck, Berscheid, § 108, Rn. 17; Kellenter, Festschrift für Tilmann, S. 807, 809 m.w.N; Westrick/Bubenzer, Festschrift für Hertin, S. 287, 318.

[574] LG Mannheim, CR 2004, S. 811, 813; Wandtke/Bullinger, Kefferpütz, § 112, Rn. 43; Abel, NZI 2003, S. 121, 124; Stickelbrock, WM 2004, S. 549, 558; Smid/Lieder, DZWiR 2005, S. 7, 10.

[575] Wandtke/Bullinger, Kefferpütz, § 112 UrhG, Rn. 42; Cepl, NZI 2000, S. 357, 360; Stickelbrock, WM 2004, S. 549, 558; Brandt, NZI 2001, S. 337, 339; Adolphsen, DZWIR 2003, S. 228, 229; a.A. offenbar Kellenter, Festschrift für Tillman, S. 807, 818. Eine Ausnahme für sogenannte „flat-fee-Verträge" machen v. Frentz/Marrder, ZUM 2003, S. 94, 97.

[576] V. Frentz/Marrder, ZUM 2003, S. 94, 97; v. Hartlieb/Schwarz, Schwarz, Kap. 160, Rn. 1.

Entgeltes in Betracht kommt[577]. Damit hängt die Fortsetzung des Vertrags von der Entscheidung des Insolvenzverwalters ab.

Der Insolvenzverwalter wird typischerweise dann Erfüllung wählen, wenn er sich von der weiteren Auswertung des Nutzungsrechts Einnahmen zu Gunsten der Masse verspricht. Dies wird häufig der Fall sein, zumal urheberrechtliche Nutzungsrechte bereits die Grundlage des Unternehmens darstellen können – so zum Beispiel bei Software oder Filmrechten. Wählt der Insolvenzverwalter Erfüllung, so bleibt der Vertrag mit dem Urheber unverändert bestehen. Die vom Insolvenzverwalter anstelle des insolventen Verwerters zu erbringenden Leistungen sind Masseverbindlichkeiten gemäß § 55 Abs. 1 Nr. 2 InsO. Damit ist allerdings noch nicht gesagt, dass auf die Forderungen des Urhebers auch in voller Höhe geleistet wird. Denn möglicherweise reicht die Masse hierfür nicht aus. Für derartige Fälle sieht § 61 InsO einen Schadensersatzanspruch gegen den Insolvenzverwalter vor, dessen Voraussetzungen aber in der Praxis kaum erfüllt sein dürften. Denn der Anspruch ist ausgeschlossen, wenn der Insolvenzverwalter nicht erkennen konnte, dass die Masse nicht zur Erfüllung ausreichen würde.

Die in der Vergangenheit entstandenen Forderungen des Urhebers können nur als Insolvenzforderungen geltend gemacht werden. Für den Urheber bleibt damit die unbefriedigende Lage, dass er die Auswertung seines Rechts dulden muss, obwohl möglicherweise noch Entgeltforderungen in erheblicher Höhe ausstehen. Soweit der Insolvenzverwalter nach Erfüllungswahl mit den Zahlungen in Verzug gerät, kann der Urheber aber gegebenenfalls ein vertragliches Kündigungsrecht ausüben. Dies ergibt sich im Umkehrschluss aus § 112 Nr. 1 InsO[578].

Lehnt der Insolvenzverwalter die Erfüllung ab, so sind die wechselseitigen Ansprüche nicht mehr durchsetzbar. Der Erfüllungsanspruch des Urhebers wandelt sich in einen Schadensersatzanspruch um, der nur als Insolvenzforderung geltend gemacht werden kann[579]. Ungeklärt ist dabei, was mit den bereits ausgetauschten Leistungen geschieht und ob der ursprüngliche Vertrag beendet wird. Die herrschende Meinung geht aber davon aus, dass das Erlöschen der Erfüllungsansprüche zumindest zur „faktischen Beendigung" des Vertragsverhältnisses führt[580].

cc) Nach Verlagsrecht kann ein Rücktrittsrecht des Urhebers bestehen. § 36 Abs. 3 VerlG enthält insofern eine Sonderregelung für die Insolvenz über das Vermögen des Verlages. Die Vorschrift gilt aber nur, so lange bei der Eröffnung des Verfahrens mit der Vervielfältigung des Werkes noch nicht begonnen war. Man könnte überlegen, dieses Rücktrittsrecht auch im allgemeinen Urheberrecht analog anzuwenden. Gegen die hierfür erforderliche Regelungslücke spricht aber bereits, dass der Gesetzgeber

---

577 Zur sogenannten „flat fee" im Filmlizenzgeschäft v. Frentz/Marrder, ZUM 2003, S. 94, 97; Oeter/Ruttig, ZUM 2003, S. 611, 613. Von einer vollständigen Erfüllung kann aber auch im Fall der Leistung auf die flat fee dann nicht mehr ausgegangen werden, wenn der Urheber gemäß §§ 32, 32a UrhG eine Anpassung des Vertrags verlangen kann.

578 Schmoll/Hölder, GRUR 2004, S. 743, 745.

579 BGH NZI 2002, S. 375, 376; LG Mannheim, CR 2004, S. 811, 814; MünchKomm InsO, Kreft, § 103, Rn. 13; Abel, NZI 2003, S. 121, 124, 125.

580 Uhlenbruck, Berscheid, § 103, Rn. 62; Westrick/Bubenzer, Festschrift für Hertin, S. 287, 318 mit Hinweis auf BGHZ 103, S. 250, 254; Abel, NZI 2003, S. 121, 125.

eine entsprechende Regelung trotz umfassender Reformtätigkeit nicht in das UrhG aufgenommen hat. Darüber hinaus hat § 36 Abs. 3 VerlG schon aufgrund der Voraussetzung der fehlenden Vervielfältigung starke verlagsrechtliche Prägung und kann daher nicht verallgemeinert werden.

dd) Für den Urheber bestehen also in der Regel nur sehr eingeschränkte Möglichkeiten, sich vom Vertrag zu lösen. Insbesondere wenn der Verwerter bereits vor Antragstellung im Verzug war, wird der Urheber tatenlos hinnehmen müssen, dass die Vermarktung des Werkes ins Stocken gerät und die Entgeltzahlungen ausbleiben. *Cepl* hat daher versucht, ein immaterialgüterrechtliches Kündigungsrecht aus Treu und Glauben herzuleiten, um „das Wertloswerden des Schutzrechts zu vermeiden"[581]. Dieses müsse zumindest dann eingreifen, wenn eine Ausübungspflicht des Lizenznehmers bestehe, wofür insbesondere bei der Einräumung einer ausschließlichen Lizenz Anhaltspunkte bestünden. Dies mag im Patentrecht gelten; dem Urhebervertragsrecht kann eine solche Wertung jedenfalls nicht entnommen werden[582].

ee) Im Ergebnis bleibt daher festzuhalten, dass es im Fall der Insolvenz des Lizenznehmers kaum Möglichkeiten der Vertragsbeendigung durch den Urheber gibt.

### b) Rechtsfolgen nach dem Kausalprinzip

Rechtsprechung und Teile des Schrifttums befürworten insbesondere für das Insolvenzrecht eine Anwendung des Kausalprinzips[583]. Damit erfolgt bei Vertragsbeendigung ein sofortiger Rechterückfall, ohne dass sich insolvenzrechtliche Besonderheiten ergeben. Die Rechtsfolgen richten sich nach der bereits oben dargestellten Fallgruppe der Beendigung ex nunc.

### c) Rechtsfolgen nach dem Abstraktionsprinzip

Eine Gegenmeinung im Schrifttum plädiert für die Anwendung des Abstraktionsprinzips im Insolvenzrecht[584]. Ist das Nutzungsrecht ohne Zustimmung des Urhebers übertragbar und fällt es damit grundsätzlich in die Insolvenzmasse, so führt dieses jedoch zu weiteren Fragen. Zwar besteht bei beendetem oder nichtigem Nutzungsvertrag ein Rückübertragungsanspruch aufgrund vertraglicher Anspruchsgrundlagen und Bereicherungsrecht. Auf welche Weise kann der Urheber diesen Anspruch aber geltend machen? Ihm wäre wenig geholfen, wenn der Insolvenzverwalter das Nutzungsrecht veräußern darf und der Urheber einen Anspruch auf Schadens- oder Wertersatz anschließend zur Tabelle anmelden muss.

Das führt zu der Frage, ob das Nutzungsrecht in die Insolvenzmasse fällt. Gemäß § 35 InsO umfasst diese das gesamte Schuldnervermögen und damit auch das Nutzungsrecht, das der Verwerter mit dinglicher Wirkung erlangt hat. Gemäß § 36 Abs. 1 S.1 InsO zählen aber solche Gegenstände nicht zur Insolvenzmasse, die nicht der Zwangs-

---

581 NZI 2000, S. 357, 361.

582 BGH GRUR 1958, S. 504, 506 f – *Die Privatsekretärin*; Dreier/Schulze, Schulze, vor § 31, Rn. 40.

583 LG Mannheim, CR 2004, S. 811, 814; Westrick/Bubenzer, Festschrift für Hertin, S. 287, 320; v. Frentz/Marrder, ZUM 2003, S. 94, 101; Smid/Lieder, DZWIR 2005, S. 7, 8.

584 Abel, NZI 2003, S. 121, 126; Stickelbrock, WM 2004, S. 549, 559 ff; Adolphsen, DZWIR 2003, S. 228, 231 f.

vollstreckung unterliegen. Für das Urheberrecht richtet sich dies gemäß § 112 UrhG nach den allgemeinen Vorschriften, soweit die §§ 113 ff UrhG keine Spezialregelung vorsehen. Dies ist hier der Fall[585]. Das Zustimmungserfordernis des § 113 UrhG gilt nur für Vollstreckungen gegen den Urheber und in das Urheberrecht selbst, nicht aber für die Vollstreckung in das Nutzungsrecht[586]. Der Inhaber des Nutzungsrechts ist auch nicht Rechtsnachfolger des Urhebers i.S.d. § 115 UrhG[587]. Es gelten daher gemäß § 857 Abs. 1 ZPO die allgemeinen Vorschriften über die Zwangsvollstreckung in Forderungen entsprechend[588]. Nach § 851 Abs. 1 ZPO ist die Zwangsvollstreckung hierbei nur insoweit zulässig, als das Recht übertragbar ist. Dies trifft auf das Nutzungsrecht gemäß § 34 Abs. 1 S. 1 UrhG nicht zu[589], womit es im Regelfall nicht zur Insolvenzmasse gehört.

Anders liegt es, wenn der Urheber in Abweichung von § 34 Abs. 1 S. 1 UrhG ein übertragbares Nutzungsrecht eingeräumt hat. Hier könnte eine Zugehörigkeit zur Insolvenzmasse gegeben sein, und zwar sowohl für das ausschließliche Nutzungsrecht als auch für das einfache Nutzungsrecht, soweit man dieses mit der h.M. als dinglich ansieht[590].

Nach § 47 InsO ist nicht Insolvenzgläubiger, wer aufgrund eines dinglichen oder persönlichen Rechts geltend machen kann, dass der Gegenstand nicht zur Insolvenzmasse gehört. Das ist hier der Fall. Zwar kann das Urheberrecht selbst nicht als derartiges Recht angeführt werden – anders als der Anspruch aus § 985 BGB ergibt sich der Rückgewährsanspruch des Urhebers nicht aus dem dinglichen Mutterrecht, sondern aus Vertrag und Bereicherungsrecht. Für die Zuordnung eines Gegenstandes zur Insolvenzmasse ist aber anerkannt, dass nicht auf die formelle, sondern die materielle Rechtslage abzustellen ist[591]. Entscheidend ist, ob der herauszugebende Gegenstand den Gläubigern zur Verfügung stehen soll[592] und wem er wirtschaftlich zugeordnet ist. Das Nutzungsrecht ist wirtschaftlich eindeutig dem Urheber zugehörig. Der Verwerter und jeder künftige Erwerber haben das Nutzungsrecht an diesen zurückzugeben. Für die weitere, rechtsgrundlose Nutzung ist Ersatz an den Urheber zu leisten. Den Gläubigern soll das Nutzungsrecht daher nicht mehr zur Verfügung stehen. Damit kann der Urheber das Nutzungsrecht aussondern.

Im allgemeinen Zivilrecht ist hinsichtlich der hier in Frage kommenden Ansprüche anerkannt, dass diese zur Aussonderung berechtigen. Nach einhelliger Meinung stellt §

---

[585] Westrick/Bubenzer, Festschrift für Hertin, S. 287, 312.
[586] Wandtke/Bullinger, Kefferpütz, § 113, Rn. 5.
[587] Schricker, Wild, § 115, Rn. 1; Empting, Insolvenz, S. 232.
[588] Stickelbrock, WM 2004, S. 549; Schricker, Wild, § 112, Rn. 7 ff.
[589] Dreier/Schulze, Schulze, § 113, Rn. 2. Zur strittigen Frage, ob bereits die Pfändung oder nur die Verwertung unzulässig ist siehe Schricker, Wild, § 112, Rn. 11 und Empting, Insolvenz, S. 178, jeweils m.w.N.
[590] Wandtke/Bullinger, Kefferpütz, § 112, Rn. 43; Dreier/Schulze, Schulze, § 112, Rn. 21; Möhring/Nicolini, Lütje, § 112, Rn. 50. Anders hingegen, wenn man vom lediglich schuldrechtlichen Charakter des einfachen Nutzungsrechts ausgeht, hierzu Abel, NZI 2003, S. 121, 122.
[591] Uhlenbruck, Konkursordnung, § 43, Rn. 7; § 35, Rn. 73.
[592] BGH ZIP 1994, S. 1700, 1702.

546 Abs. 1 BGB ein persönliches Recht dar, welches zur Aussonderung führt[593], gleiches gilt für Rückgewährsansprüche aus Geschäftsbesorgung[594]. Diese Wertungen können ohne weiteres auch für das Nutzungsrecht übernommen werden. Bereicherungsrechtliche Ansprüche haben zwar in der Regel keine Aussonderungskraft[595]. Eine Ausnahme gilt allerdings, wenn sie mit Dritteigentum verbunden sind, auch wenn sie nicht aus diesem Dritteigentum resultieren[596]. Diese Situation ist hier gegeben – denn bereicherungsrechtliche Rückgewährsansprüche resultieren zumindest mittelbar aus dem Urheberrecht, welches aus Sicht der Gemeinschuldnerin ein Drittrecht darstellt. Auch aus bereicherungsrechtlicher Sicht ist das Nutzungsrecht daher dem Urheber zugewiesen[597], was zum Recht auf Aussonderung gemäß § 47 InsO führt.

### 2. Insolvenz des Urhebers

In der Insolvenz des Urhebers kann der Vertrag mit dem Verwerter nach den auch zuvor geltenden Regelungen gekündigt werden. Eine zusätzliche Möglichkeit der Vertragsbeendigung eröffnet die Regelung des § 103 InsO, deren Voraussetzungen häufig auch vorliegen werden, da die Pflicht zur Verschaffung des Rechts erst nach Ablauf der vollen Vertragslaufzeit erfüllt ist[598]. Dies führt namentlich in der Film- und Softwarebranche zu Problemen. Viele Unternehmen sind von der eingesetzten Software abhängig. Ein Ausweichen auf Konkurrenzprodukte ist jedenfalls dann nicht möglich, wenn es sich um Individualsoftware handelt, die speziell auf die jeweiligen Bedürfnisse angepasst oder sogar komplett neu erstellt wurde. Auch bei Standardsoftware ist eine Umstellung auf ein neues Produkt in der Regel mit erheblichen Aufwendungen verbunden. Die bloße Möglichkeit der Vertragsbeendigung durch den Insolvenzverwalter des Urhebers führt daher zu erheblicher Rechtsunsicherheit.

Die Literatur diskutiert verschiedene Möglichkeiten der Einschränkung des § 103 InsO. So ist vorgeschlagen worden, der Verwerter solle sich zusätzlich zum Nutzungsrecht einen Nießbrauch an dem Urheberrecht einräumen lassen[599]. Es ist aber nicht erkennbar, worin hier ein erhöhtes Maß an Sicherheit für den Verwerter liegt. Kann der Vertrag über das Nutzungsrecht durch Ablehnung der Erfüllung beendet werden, so gilt dies auch für einen möglicherweise zusätzlich eingeräumten Nießbrauch. Dieser muss dann zurückgegeben werden oder fällt bei unterstellter Geltung des Kausalprinzips ebenso wie das Nutzungsrecht automatisch auf den Urheber zurück[600]. Zum Teil

[593] Uhlenbruck, Uhlenbruck, § 47, Rn. 75; FK-InsO, Joneleit/Imberger, § 47, Rn. 54; MünchKomm InsO, Ganter, § 47, Rn. 341; vgl. BGH ZIP 2001, S. 1469 ff.
[594] Uhlenbruck, Uhlenbruck, § 47, Rn. 76.
[595] MünchKomm InsO, Ganter, § 47, Rn. 347; FK-InsO, Joneleit/Imberger, § 47, Rn. 516.
[596] Uhlenbruck, § 47, Rn. 75; für das ausschließliche Nutzungsrecht auch Adolphsen, DZWIR 2003, S. 228, 232.
[597] Oeter/Ruttig, ZUM 2003, S. 611, 620; Stickelbrock, WM 2004, S. 549, 560; Für das ausschließliche Nutzungsrecht auch Adolphsen, DZWIR 2003, S. 228, 232. Abel, NZI 2003, S. 121, 126 sieht zumindest die nach Eröffnung des Insolvenzverfahrens entstandenen Bereicherungsansprüche als Masseverbindlichkeit i.S.d. § 55 Abs. 1 Nr. 3 InsO an und gelangt so zu ähnlichen Ergebnissen.
[598] H.M., siehe Nachweise oben unter 1 a) bb).
[599] Berger, GRUR 2004, S. 20, 22.
[600] Wallner, ZIP 2004, S. 2073.

wird auch eine Lösung über § 108 Abs. 1 S. 2 InsO erwogen[601]. Die Vorschrift schränkt die Anwendbarkeit des § 103 InsO für Dauerschuldverhältnisse ein, bei denen der Gegenstand einem Dritten zur Sicherheit übertragen wurden, der die Anschaffung oder Herstellung finanziert hat. Angesichts der Begriffe „Anschaffung" und „Herstellung" ist aber fraglich, ob die Vorschrift auf urheberrechtliche Nutzungsverträge überhaupt anwendbar ist. Davon abgesehen dürfte hierdurch nur in solchen Branchen Abhilfe geschaffen werden, in denen eine Finanzierung des Werkes und die sicherungsweise Übertragung von Nutzungsrechten wirtschaftlich opportun und üblich ist[602].

Hinsichtlich der Rechtsfolgen bei Erfüllungsablehnung kann auf die obigen Ausführungen verwiesen werden.

## VII. Sonderfall Dienst- und Arbeitsverträge

In vielen Branchen sind Arbeitnehmer mit schöpferischen Tätigkeiten befasst, die in ihrer Hand ein Urheberrecht entstehen lassen. Hierzu zählen zum Beispiel angestellte Autoren und Grafiker sowie Programmierer und Animateure in der Computerspielindustrie. Mittlerweile enthalten die meisten Arbeitsverträge ausführliche Klauseln, in denen diese Urheber dem Arbeitgeber Nutzungsrechte an den Werken einräumen, die infolge der Tätigkeit im Arbeitsverhältnis entstehen. Möglich ist aber auch die stillschweigende Einräumung von Nutzungsrechten, wobei dem Zweckübertragungsgrundsatz naturgemäß eine große Bedeutung zukommt[603]. Für Computerprogramme trifft § 69b Abs. 1 UrhG insofern bereits eine gesetzliche Regelung, nach welcher der Arbeitnehmer dem Arbeitgeber ein umfassendes Nutzungsrecht einräumt.

### 1. Kein Rechterückfall, keine Rückgewähr

Gemäß § 43 UrhG sind die Vorschriften des Urhebervertragsrechts auch auf Urheber in Dienst- und Arbeitsverhältnissen anzuwenden. Man sollte erwarten, dass der Streit um die Anwendung des Abstraktionsgrundsatzes deshalb auch in diesem Bereich geführt wird.

Überraschenderweise herrscht aber Einigkeit darüber, dass der Arbeitgeber auch nach Beendigung des Arbeitsverhältnisses seine dingliche Rechtsstellung nicht verliert. Selbst Befürworter des Kausalprinzips wollen für das Arbeitnehmerurheberrecht eine Ausnahme machen und das Abstraktionsprinzip anwenden[604]. Auch das BAG hat in zwei Fällen den Verbleib des Nutzungsrechts beim Arbeitgeber nach Vertragsbeendigung bejaht und einen automatischen Rechterückfall noch nicht einmal in Erwägung gezogen[605]. Im Gegenteil – das Gericht führte aus, der Arbeitgeber könne dem Urheber entgegenhalten, dass dieser eine auflösende Bedingung hätte vereinbaren müssen, wollte er das Nutzungsrecht nach Vertragsbeendigung zurückerhalten[606]. Dieser sei auf

[601] Brandt, NZI 2001, S. 337, 342; Rössel, ITRB 2003, S. 205, 206; für die Markenlizenz Fezer, WRP 2004, S. 793, 803.
[602] Vgl. hierzu Smid/Lieder, DZWiR 2005, S. 7, 15.
[603] Schricker, Rojahn, § 43, Rn. 51.
[604] Wandtke, GRUR 1999, S. 390, 393f; Kraßer, Festschrift für Schricker, S. 77, 97; vgl. Forkel, S. 164; zustimmend auch Grobys/Foerstl, NZA 2002, S. 1015, 1016.
[605] BAG NJW 1984, S. 1579, 1581; BAG NZA 1996, S. 1342, 1343 f für die Einräumung eines Nutzungsrechts zweiter Stufe.
[606] BAG NJW 1984, S. 1579, 1581.

die entsprechenden Nutzungsrechte oftmals angewiesen, insbesondere soweit sie sich auf Software bezögen[607].

Dieses Ergebnis verwundert sowohl bei abstrakter als auch bei kausaler Gestaltung. Geht man von der Geltung des Kausalprinzips aus, so stellt sich die Frage, weshalb das Nutzungsrecht nicht mit Beendigung des Arbeitsverhältnisses zurückfällt; schließlich ist die schuldrechtliche Causa entfallen. Unter dem Abstraktionsprinzip müsste ein Rückgewährsanspruch des Urhebers Folge der Vertragsbeendigung sein, denn entgegen *Wandtke*[608] kann die Anwendung des Abstraktionsprinzips allein noch nicht begründen, weshalb das Nutzungsrecht dauerhaft beim Arbeitgeber verbleiben soll. Dies verursacht ein erhebliches Spannungsverhältnis zu § 29 Abs. 1 UrhG. Nutzungsrecht und Mutterrecht werden dauerhaft getrennt, ohne dass ersichtlich ist, ob und wie überhaupt eine Rückgewähr erfolgen soll. Die Wirkung entspricht der einer (Teil-) Übertragung des Urheberrechts und bedarf daher einer Rechtfertigung.

### 2. Rechtfertigung für die Trennung von Nutzungsrecht und Urheberrecht

Die Trennung kann nicht damit erklärt werden, dass die Rechtseinräumung zu einem Zeitpunkt erfolgte, zu dem noch ein Rechtsgrund hierfür bestand[609]. Nach dem Kausalprinzip reicht ein anfänglicher Rechtsgrund für die Einräumung nicht aus – vielmehr muss der Rechtsgrund auch weiterhin bestehen, soll das Nutzungsrecht nicht zurückfallen[610]. Ansonsten könnte man bei jeglicher Vertragsbeendigung einen Rechterückfall mit dem Argument ablehnen, die Causa habe zunächst bestanden. Wer eine wie auch immer geartete Fortwirkung des Rechtsgrundes oder einen Bestand der Causa trotz Vertragsbeendigung annimmt[611], der täuscht durch terminologische Kunstgriffe darüber hinweg, dass eine rein ergebnisorientierte Ausnahme vom Kausalprinzip gemacht werden soll.

Zumindest unter dem Abstraktionsprinzip könnte die Trennung damit erklärt werden, dass § 29 Abs. 1 UrhG gemäß § 43 UrhG nicht auf Arbeitsverträge anzuwenden ist. Die Norm erklärt die Vorschriften der §§ 28 ff UrhG nur insofern für anwendbar, als sich aus dem Wesen des Arbeits- oder Dienstverhältnisses nicht ein anderes ergibt. Ein solcher Wesensunterschied besteht aber gerade nicht. Auch das infolge der Leistungen im Arbeits- oder Dienstvertrag entstehende Urheberrecht ist monistischer Natur und kann daher nicht übertragen werden. Andererseits stünde § 29 Abs. 1 UrhG zur Parteidisposition, was seinem Zweck zuwiderliefe.

Ein weiterer Ansatz lässt sich aus der Rechtsprechung des BAG gewinnen, die sich zwar in erster Linie mit der Reichweite des eingeräumten Nutzungsrechts befasst. Das BAG hat aber auch festgestellt, dass der Arbeitgeber im Hinblick auf die Nutzung des Werkes regelmäßig Dispositionen trifft[612] oder seine betrieblichen Abläufe hieran anpasst[613]. Dies sei dem Urheber erkennbar, weshalb der Arbeitgeber auf den Fortbe-

[607] BAG NZA 1996, S. 1342, 1344.
[608] GRUR 1999, S. 390, 394.
[609] So aber offenbar BGH GRUR 1982, S. 369, 371 - *Allwetterbad*.
[610] Wente/Härle, GRUR 1997, S. 96, 99; Hausmann, Festschrift für Schwarz, S. 81, 96.
[611] Auch in diese Richtung lässt sich die Entscheidung *Allwetterbad* interpretieren.
[612] BAG NJW 1984, S. 1579, 1581.
[613] BAG NZA 2002, S. 1342, 1344.

stand des Rechts vertrauen dürfe. Unter der Prämisse einer kausalen Gestaltung könnte dies dahingehend interpretiert werden, dass das Nutzungsrecht zwar auf den Urheber zurückgefallen, dieser aber aus Treu und Glauben daran gehindert ist, die deliktischen Ansprüche aus den §§ 97 ff UrhG sowie bereicherungsrechtliche Ansprüche gegen seinen ehemaligen Arbeitgeber geltend zu machen. Bei abstrakter Gestaltung könnte man an eine Hemmung der Rückgewährsansprüche denken. Die Annahme einer solchen postvertraglichen Treuepflicht aus § 242 BGB hat allerdings den Nachteil, dass stets eine Überprüfung anhand der Umstände des Einzelfalls erforderlich ist. Sie hilft insbesondere in solchen Fällen nicht weiter, in denen der Arbeitgeber das Nutzungsrecht erst künftig auswerten will und insofern noch keinerlei Investitionen getätigt hat. Auch erscheint es wenig überzeugend, dass zwar einerseits deliktische Ansprüche gegen den ehemaligen Arbeitgeber bestehen, diese aber dauerhaft gehemmt sein sollen.

Eine bessere Erklärung besteht darin, die fehlende Rückgewähr aus den Wertungen des schuldrechtlichen Vertrags herzuleiten. Hierfür spricht im Arbeitsrecht der Grundsatz, dass das Ergebnis der Arbeitsleistung ausschließlich dem Arbeitgeber zusteht[614]. Gleiches muss für den Dienstvertrag gelten. In beiden Fällen ist das Arbeitsergebnis untrennbar mit dem Nutzungsrecht verbunden, denn infolge der Tätigkeit des Urhebers entsteht unmittelbar das Urheberrecht, an dem er das Nutzungsrecht einräumt[615]. Erhielte der Urheber das Nutzungsrecht nach Vertragsbeendigung zurück, so liefe dies auch bei einer an sich ex nunc wirkenden Kündigung auf eine ex tunc wirkende Rückabwicklung des Vertrags hinaus, wofür aber keine Rechtfertigung besteht. Dass der Verwerter das Nutzungsrecht auch nach Vertragsbeendigung behalten darf, kann aus dem Vertragszweck auch wertungsmäßig begründet werden. Denn Dienstleistungs- und Arbeitsverhältnisse sind die einzigen Verträge des Urheberrechts, in denen der Urheber eine Vergütung schon für ernsthaftes Bemühen erhält, unabhängig vom Ergebnis dieser Bemühungen oder deren wirtschaftlicher Verwertbarkeit. Hierin liegt der wesentliche, die unterschiedliche Behandlung rechtfertigende Unterschied zum Nutzungsvertrag mit vorgeschalteter werkvertraglicher Komponente, bei dem der Urheber das Nutzungsrecht nach Vertragsbeendigung zurückerhält. Es ist daher gerechtfertigt, dass das Nutzungsrecht nachhaltiger in das Vermögen des Verwerters übergeht, als es ansonsten der Fall ist. Es bleibt aber dabei, dass eine Ausnahme von der Fundamentalnorm des § 29 Abs. 1 UrhG gemacht werden muss. Darüber hinaus wird nicht erklärt, weshalb der Urheber auch nach Beendigung des Arbeitsvertrags noch Entgeltansprüche aus § 32a UrhG geltend machen kann[616], denn hierfür ist nach dem Wortlaut der Norm ein (bestehender) Vertrag erforderlich. Auch wird dem Urheber jegliche Möglichkeit genommen, sich gegen einen Verstoß gegen diese Pflicht zur Wehr zu setzen. Zahlt sein ehemaliger Vertragspartner nicht, so bleibt ihm nur die Klage auf Erfüllung dieses Anspruchs, ohne dass er sein Recht zurückbekäme.

---

[614] Bayreuther, GRUR 2003, S. 570, 571.

[615] BGH GRUR 2002, S. 149, 152 – *Wetterführungspläne II* geht davon aus, dass gerade die Rechtseinräumung die Leistung ist, für die der Urheber bezahlt wird.

[616] Zumindest § 32a UrhG gilt auch in Arbeitsverhältnissen, BGH GRUR 2002, S. 149, 152 – *Wetterführungspläne II*; Zur (zweifelhaften) Anwendbarkeit des § 32 UrhG Zirkel, WRP 2003, S. 59, 63 ff; Bayreuther, GRUR 2003, S. 570, 573 ff.

Anders liegt es, wenn man zwei separate Kausalverhältnisse annimmt. So ist es denkbar, zwischen dem Arbeitsvertrag selbst und dem Vertrag über die Nutzung des Werkes zu unterscheiden[617]. Die Beendigung des Arbeitsverhältnisses oder Dienstverhältnisses würde dabei lediglich die arbeitsrechtliche Komponente des Vertrags betreffen und das Verpflichtungsgeschäft hinsichtlich der Rechtseinräumung als Rest-Nutzungsvertrag unberührt lassen. Danach wäre dann der Rechtsgrund für die Rechtseinräumung nicht entfallen, was sowohl den Verbleib des Nutzungsrechts beim Verwerter als auch die fehlende Entgeltverpflichtung erklärt – für die Einräumung wurde bereits mit dem Arbeits- bzw. Dienstlohn gezahlt. Diese Lösung erlaubt es dem Urheber darüber hinaus auch, den Rest-Nutzungsvertrag zu kündigen, so zum Beispiel, wenn Entgeltansprüche aus § 32a UrhG nicht erfüllt werden. Hiermit kann unter dem Kausalprinzip ein Rechterückfall erreicht werden und unter dem Abstraktionsprinzip die Rückgewähr. Die Annahme zweier separater Verträge setzt sich auch nicht dem Vorwurf der Fiktion aus. Denn die Verträge des Urhebervertragsrechts sind allgemein aus mehreren Komponenten zusammengesetzt, die sich zum Teil auch scharf voneinander trennen lassen, so zum Beispiel bei dem mit dem Dienst- und Arbeitsverhältnis artverwandten Nutzungsvertrag mit vorgeschalteter werkvertraglicher Komponente. Insofern kann die Erstellung des Werkes im Dienst- oder Arbeitsverhältnis als eine Komponente des Nutzungsvertrags aufgefasst werden, die separat von der pachtrechtlichen Seite beendet werden kann. Nur hierdurch wird der Regel des § 29 Abs. 1 UrhG genüge getan.

## VIII. Gegenüberstellung und Bewertung der Rechtsfolgen

Zusammenfassend bleibt festzuhalten, dass das Kausalprinzip den Konflikt bei Vertragsbeendigung über deliktische Ansprüche löst. Der hierdurch kriminalisierte Verwerter läuft schnell Gefahr, Schadensersatz für die Nutzung zahlen zu müssen. Ihm drohen außerdem Unterlassungsansprüche, die auch im Wege der einstweiligen Verfügung durchsetzbar sind. Im Gegensatz dazu gewährt das Abstraktionsprinzip vertragliche Rückgewährsansprüche, die sich aus dem jeweils einschlägigen Vertragstyp ergeben. Hierdurch bleiben die Wertungen des Nutzungsvertrags auch in der Rückabwicklung erhalten. So gilt zum Beispiel die Norm des § 584b S. 1 BGB nur für pachtähnlicher Verträge. Darüber hinaus bleibt das Synallagma auch in der Rückabwicklung bestehen – so ist es dem Verwerter möglich, Zurückbehaltungsrechte geltend zu machen, falls er selbst noch Ansprüche gegen den Urheber hat.

Das rüde Drohpotential des Deliktsrechts geht der abstrakten Lösung zwar ab. Dennoch stehen dem Urheber Ansprüche zur Verfügung, die den Verwerter vom willkürlichen Zurückhalten des Nutzungsrechts abhalten werden. Davon abgesehen gibt das Arsenal des Deliktsrechts dem Urheber häufig auch mehr Rechtsmacht als erforderlich: Ist ein einfaches Nutzungsrecht eingeräumt, so kann der Urheber ungeachtet eines Streites über die Rückgewähr weitere Nutzungsrechte einräumen. Es ist nicht ersichtlich, weshalb er der einstweiligen Verfügung bedarf, um seine Rechte wirksam zu verteidigen. In anderen Fällen wird dem Urheber das respekteinflößende Instrumentarium der §§ 97 ff UrhG kaum weiterhelfen. Ist ein ausschließliches Nutzungsrecht einge-

[617] Wandtke, GRUR 1999, S. 390, 395; Bayreuther, GRUR 2003, S. 570, 571.

räumt, so bestehen die Vorteile des Urhebers bei einem sofortigen Rechterückfall lediglich in der Theorie. Ist die Beendigung des schuldrechtlichen Vertrags streitig - und nur diese Fälle interessieren hier – so wird der Urheber das Werk während eines Rechtsstreites auch dann nicht auswerten können, wenn das Nutzungsrecht tatsächlich zurückgefallen ist. Denn so lange die Frage der Vertragsbeendigung nicht rechtskräftig geklärt ist, ist auch die Inhaberschaft an den Nutzungsrechten unsicher. Besteht noch Streit mit dem vorherigen Verwerter, so werden sich potentielle Interessenten gegenüber dem Urheber in äußerster Zurückhaltung üben – und dies mit gutem Grund. Stellt sich vor Gericht heraus, dass der schuldrechtliche Vertrag mit dem Verwerter nicht beendet ist, so muss der vermeintlich neue Rechteinhaber die Verwertung sofort einstellen und dem Verwerter Nutzungsersatz zahlen. Eventuell erfolgte Verwertungshandlungen waren dann von Anfang an rechtswidrig, da vom Urheber gemäß § 33 S. 1 UrhG kein ausschließliches Nutzungsrecht erworben werden konnte. Klarheit erhalten potentielle Vertragspartner des Urhebers erst, wenn der Urheber im Prozess obsiegt hat. Zu diesem Zeitpunkt kann auch unter dem Abstraktionsprinzip das Recht an Dritte vergeben werden. Denn spätestens mit rechtskräftigem Herausgabetitel erhält der Urheber das Nutzungsrecht zurück. Besteht tatsächlich Streit, so kann das Kausalprinzip den Urheber also nicht effektiver schützen als das Abstraktionsprinzip[618].

Beide Ansätze führen dazu, dass die Verkehrssicherheit des Nutzungsrechts erheblich leidet. Unter dem Kausalprinzip muss der Erwerber des Nutzungsrechts damit rechnen, dieses durch sofortigen Rückfall wieder zu verlieren, unter dem Abstraktionsprinzip drohen Rückgewährsansprüche. In beiden Fällen tritt dies aufgrund von Umständen ein, die im Verhältnis zwischen Urheber und Verwerter liegen und auf die der Erwerber keinen Einfluss hat. Dennoch hat das Abstraktionsprinzip Vorteile gegenüber dem kausalen Ansatz, die aus der Ablösung der oftmals streitigen schuldrechtlichen Fragen von der dinglichen Seite resultieren. Die Inhaberschaft am Nutzungsrecht ist auch während eines noch schwelenden Streites zwischen Urheber und Verwerter stets geklärt.

Abstrakte und kausale Konzeption sind damit hinsichtlich ihrer Rechtsfolgen zumindest als gleichwertig anzusehen.

## D. Gesetzliche Anhaltspunkte für eine Einschränkung der Abstraktion

Ausdrückliche Hinweise auf das Abstraktionsprinzip fehlen sowohl im UrhG selbst als auch in der Gesetzesbegründung[619]. Für die Frage nach seiner Geltung können daher nur indirekte Rückschlüsse aufgrund systematischer und historischer Auslegung gezogen werden. Darüber hinaus kommt eine Analogie zu § 9 Abs. 1 VerlG in Betracht.

[618] So aber Wallner, ZIP 2004, S. 2073, 2080.

[619] Vgl. insbesondere die Begründung zu den §§ 29 ff in UFITA 45 (1965), S. 240, 270.

## I. Verknüpfung von Verpflichtungs- und Erfüllungsgeschäft durch die Zweckübertragungslehre

Nach der Zweckübertragungslehre[620] bestimmt sich der Umfang der urheberrechtlichen Rechtseinräumung nach dem Vertragszweck. Viele Autoren entnehmen dem ein entscheidendes Argument für die Anwendung des Kausalprinzips[621], da sich hier der enge Zusammenhang zwischen der Rechtseinräumung und dem schuldrechtlichen Geschäft zeige. Ob ein solcher Zusammenhang besteht und ob dieser sogar den Charakter einer Abhängigkeit hat, bedarf allerdings einer eingehenden Untersuchung.

### 1. Rechtsgeschichtliche Entwicklung

Der Gedanke, dass der Urheber nur so viel Rechtsmacht aus der Hand gibt wie der Vertragszweck erfordert, ist heute ein zentraler Bestandteil des deutschen Urheberrechts[622]. Ein erster Vorläufer dieser Lehre findet sich bereits in § 14 LUG, wonach einzelne, im Gesetzestext enumerativ aufgezählte urheberrechtliche Befugnisse wie das Bearbeitungsrecht beim Urheber verblieben, so lange die Parteien nichts anderes vereinbarten. Abgesehen vom Ziel des Urheberschutzes bestehen aber erhebliche Unterschiede zur späteren Zweckübertragungslehre[623]. § 14 LUG normierte das dispositive gesetzliche Leitbild eines urheberrechtlichen Übertragungsvertrags[624] und konnte daher vollständig abbedungen werden. Im Gegensatz dazu ist die spätere *Goldbaum'sche* Zweckübertragungslehre als Auslegungsmethode[625] keinerlei vertraglicher Änderung zugänglich.

Der starre § 14 LUG hatte zur Folge, dass der Kreis der dem Urheber per Gesetz verbleibenden Befugnisse nach 1901 konstant blieb. Gleichzeitig nahmen aber die Verwertungsmöglichkeiten erheblich zu. Eine Erweiterung des Schutzkataloges um die Befugnisse zur filmischen Auswertung und Wiedergabe für das Gehör war schnell durch die weitere technische Entwicklung, zum Beispiel durch den Rundfunk, überholt[626]. Hier hätte nur stete gesetzgeberische Aktivität geholfen, die aber ausblieb[627]. Hinzu kam, dass die Verwerter dazu übergingen, sich „alle Urheberrechte“ oder die „unbeschränkten dinglichen Urheberrechte“[628] übertragen zu lassen[629]. Aufgrund des Wortlautes „soweit nicht ein anderes vereinbart ist“ konnte der Zweck des § 14 LUG

[620] Wandtke/Bullinger, Wandtke/Grunert, §§ 31, Rn. 70 schlagen den Terminus „Zweckeinräumungsregel“ vor, welcher der gesetzgeberische Abkehr von der Übertragung von Teilrechten besser gerecht wird. Da sich der Begriff „Zweckübertragungslehre“ aber allgemein durchgesetzt hat, soll dieser auch hier verwendet werden.

[621] Fromm/Nordemann, Hertin, vor § 31, Rn. 10; Wandtke EWiR § 34 UrhG 1/01, S. 644; Mauhs, S. 82; OLG Hamburg GRUR 2002, S. 335, 336 – *Kinderfernseh-Sendereihe*.

[622] Schricker, Schricker, §§ 31/32, Rn. 36; Donle, S. 21.

[623] Reimer, GRUR 1962, S. 619, 621 und Donle, S. 6 ff sehen § 14 LUG dennoch als erste gesetzliche Anerkennung des Zweckübertragungsgedankens an.

[624] Donle, S. 9.

[625] Goldbaum, GRUR 1923, S. 182.

[626] Vgl. RGZ 123, S. 312 ff – *Wilhelm Busch*.

[627] Goldbaum, GRUR 1923, S. 182 zeigt sich vom „republikanischen Gesetzgeber“ insofern enttäuscht.

[628] Vgl. RGZ 123, S. 312, 318 – *Wilhelm Busch*.

[629] Schweyer, S. 1.

so bereits durch pauschale Rechtseinräumung umgangen werden[630], denn einer ausdrücklichen Aufzählung der einzelnen Befugnisse bedurfte es nicht[631]. Schließlich war § 14 LUG auch nicht auf Altfälle anwendbar, in denen die Rechte bereits vor Inkrafttreten des LUG oder der Erweiterung des Befugniskataloges übertragen worden waren. Als nach 1918 die Zahl der Filmproduktionen stark anstieg, spitzte sich der Konflikt zwischen Urhebern und Verwertern zu. Die Urheber beklagten vor allem, dass für die Verfilmungsrechte zum Teil mehr Geld geboten wurde als sie seinerzeit bei Abschluss der Verlagsverträge für die umfassende Übertragung ihrer Rechte erhalten hatten.

*Goldbaum* bot im Jahr 1923 dafür eine Lösung an, indem er eine Auslegungsregel aufstellte: Danach vereinbaren die Parteien eines urheberrechtlichen Übertragungsvertrags nur den Übergang jener Rechte, die der Verwerter zur Erfüllung seiner Zwecke benötigt[632]. Gegenüber den bekannten Auslegungsregeln war hieran neu, dass der verfolgte Vertragszweck bei den Verhandlungen gerade nicht zum Ausdruck gebracht werden musste[633]. Die Zweckübertragungsregel gewährte den Urhebern damit auch in den Altfällen hinreichenden Schutz, zumal sie als Auslegungsregel auch rückwirkend galt. *Goldbaum* begründete seinen Ansatz damit, dass bei der Rechtsübertragung eine Einigung zwischen den Parteien nur hinsichtlich des bei Vertragsschluss konkret anvisierten Verwertungsweges zustande kommt[634]. Dieser liege in der Veröffentlichung des Werkes. Weder der Übertragungswille des Urhebers, noch der Erwerbswille des Verwerters reiche weiter[635]. Rückblickend muss dies als Fiktion angesehen werden. Die Verwerter waren sehr wohl an einem umfassenden Rechtserwerb interessiert, was die Urheber in ihrer kräftemäßigen Unterlegenheit notgedrungen akzeptiert hatten.

Die Rechtsprechung hat sich der *Goldbaum'schen* Lehre dennoch schnell angeschlossen[636], wenngleich sie den Begriff der Zweckübertragungstheorie zunächst nicht ausdrücklich verwendete. Bis zum Inkrafttreten des UrhG 1965 erfolgte sogar eine erhebliche Ausdehnung des Anwendungsbereiches. So wurde die Lehre nicht nur zur Bestimmung der übertragenen Nutzungsarten[637], sondern auch auf Fälle angewendet, in denen fraglich war, ob der Erwerber überhaupt dingliche Rechte erhalten sollte[638] sowie auf die Frage, ob das Nutzungsrecht inhaltlich beschränkt ist[639] und welchen Umfang das mit dem ausschließlichen Nutzungsrecht verbundene Verbietungsrecht

---

630 Goldbaum, GRUR 1923, S. 182, 183.

631 Schweyer, S. 2.

632 Goldbaum, GRUR 1923, S. 182, 183.

633 Schweyer, S. 7.

634 Goldbaum, Urheberrecht, S. 75; ders., GRUR 1923, S. 182, 183.

635 Goldbaum, GRUR 1923, S. 182, 183.

636 RGZ 123, S. 312, 316 f – *Wilhelm Busch*; RGZ 118, S. 282, 286 f – *Musikantenmädel*; RG GRUR 1937, S. 73, 76.

637 Als Nutzungsart bezeichnet die Rechtsprechung jede wirtschaftlich und technisch eigenständige Verwertungsform, BGH GRUR 1992, S. 133, 136 – *Videozweitauswertung*; GRUR 1992, S. 310, 311 - *Taschenbuch-Lizenz*.

638 BGH GRUR 1957, S. 391, 394 – *Ledigenheim*; BGH GRUR 1984, S. 656, 657 – *Vorentwurf*.

639 BGH GRUR 1959, S. 200, 203 – *Der Heiligenhof*, BGH GRUR 1996, 121 – *Pauschale Rechtseinräumung*.

hat[640]. Die Zweckübertragungslehre findet nach der Rechtsprechung außerdem auch auf translative Übertragungen des Nutzungsrechts und damit auf Rechtsgeschäfte zwischen Verwertern Anwendung[641]. Die hiermit vorgenommene weitreichende Rechtsfortbildung begründete das RG zunächst damit, der Vertragszweck sei bereits im gemeinen Recht als Auslegungskriterium anerkannt gewesen[642]. Der BGH stützte sich später auf den Leitgedanken des Urheberrechts, nach dem der Urheber möglichst weitgehend an den wirtschaftlichen Früchten der Verwertung seines Werkes zu beteiligen ist[643].

### 2. Sachlicher Anwendungsbereich

Der Gesetzgeber hat die Zweckübertragungslehre im UrhG 1965 zum Gesetz erhoben. Laut § 31 Abs. 5 UrhG richtet sich der Umfang der eingeräumten Nutzungsarten nach dem Vertragszweck, wenn die Nutzungsarten nicht einzeln bezeichnet sind[644]. Die Reichweite der Rechtseinräumung ist seither in zwei Schritten zu ermitteln: Sind die Nutzungsarten einzeln aufgeführt, so richtet sich der Umfang der Einräumung nach dem Wortlaut des Vertrags. Nur wenn eine derartige Aufzählung fehlt, bestimmt sich der Umfang der Rechtseinräumung nach dem zugrunde gelegten Vertragszweck. Die Nichtbeachtung dieser Spezifizierungslast[645] ist damit Voraussetzung des § 31 Abs. 5 UrhG: Erst wenn die eingeräumten Befugnisse nicht einzeln genannt sind, greift der Zweckübertragungsgrundsatz ein.

§ 31 Abs. 5 UrhG betraf ursprünglich nur die Frage nach dem sachlichen Umfang des Nutzungsrechts. Aus den Gesetzesmaterialien ist aber ersichtlich, dass die von der Rechtsprechung vorgenommenen Erweiterungen hierdurch nicht für unzulässig erklärt werden sollten[646]. Seit dem UrhG existiert daher neben der gesetzlichen Ausprägung der Zweckübertragungslehre noch ein allgemeines Zweckübertragungsprinzip, welches weitere Fallgruppen umfasst. Dies hat sich auch durch das Gesetz zur Stärkung der vertraglichen Stellung von Urhebern und ausübenden Künstlern nicht geändert, welches mit der Einführung des § 31 Abs. 5 S. 2 UrhG allerdings eine erhebliche Ausweitung des Anwendungsbereiches der gesetzlichen Regelung zur Folge hatte. Nach der allgemeinen Zweckübertragungslehre richten sich noch immer die Fragen nach der Übereignung von Originalstücken des Werkes[647], der Reichweite schuldrechtlicher Gestattungen[648] und der Reichweite von Rechtsgeschäfte über das Urheberpersönlichkeitsrecht[649].

---

640 BGH GRUR 1953, S. 299, 300 f – *Lied der Wildbahn*.

641 BGH GRUR 1960, S. 197, 199 – *Keine Ferien für den lieben Gott*; a.A. mit überzeugenden Argumenten Nordemann, UFITA 59 (1970), S. 1, 8.

642 RGZ 123, S. 312, 317 – *Wilhelm Busch*.

643 BGH GRUR 1974, S. 786, 787 – *Kassettenfilm*.

644 Damit wurde einem Vorschlag Reimers gefolgt, der seinerseits vom französischen Urhebergesetz des Jahres 1957 inspiriert war, vgl. GRUR 1962, S. 619, 623 f.

645 So Schricker, Schricker, §§ 31/32, Rn. 34.

646 Schriftlicher Bericht des Rechtsausschusses, UFITA 45 (1965), S. 181; Genthe, S. 92; Liebrecht, S. 12.

647 Für das alte Recht OLG München GRUR 1984, S. 516, 517 – *Tierabbildungen*.

648 Bappert/Maunz/Schricker, § 8, Rn. 5c (S. 259).

649 Schricker, Schricker, §§ 31/32, Rn. 37.

Auch der Umfang der schuldrechtlichen Verpflichtung ergibt sich aus der Zweckübertragungslehre[650]. Denn § 31 Abs. 5 UrhG bedeutete einen „Schlag ins Wasser“, wenn hierdurch nur das Verfügungs- nicht aber auch das Verpflichtungsgeschäft kontrolliert würde[651].

### 3. Ermittlung des Vertragszwecks

Im Gegensatz zu den Voraussetzungen sind die Rechtsfolgen der Zweckübertragungstheorie seit *Goldbaum* unverändert geblieben: Die Einräumung des Nutzungsrechts wird auf den von den Parteien zugrunde gelegten Vertragszweck beschränkt, der anhand der konkreten Einzelumstände festzustellen ist, wobei pauschale Vertragszweckdeklarationen unbeachtlich sind[652]. Streit besteht hingegen über den dogmatischen Weg zu diesem Ergebnis und über die genaue Definition des Vertragszwecks.

Rechtsprechung und Teile der Literatur ermitteln den Vertragszweck im Wege der Vertragsauslegung[653], wofür die Entstehungsgeschichte spricht. Das führt allerdings zu Begründungsnöten in den Fällen pauschaler Vertragszweckdeklarationen, die über den tatsächlich verfolgten Zweck hinausgehen. Sie sind eindeutig Vertragsbestandteil, werden von der h.M. bei der Ermittlung des Zweckes i.S.d. § 31 Abs. 5 UrhG jedoch nicht berücksichtigt[654]. Überzeugender ist daher die Gegenansicht, wonach der Vertragszweck ein außerhalb des Vertrags liegender Umstand ist, der durch Auslegung nicht bestimmt werden kann[655]. Ausschlaggebend sind danach die übereinstimmenden Vorstellungen der Parteien über die konkrete Nutzung des Werkes[656].

Damit steht aber auch fest, dass die Zweckübertragungsregel keine Einbahnstraße ist, die stets eine Beschränkung zu Gunsten des Urhebers zur Folge hat[657]. Geht der Vertragszweck über den nicht eindeutigen Wortlaut hinaus, so kann die Zweckübertragungslehre durchaus auch den Verwerter begünstigen[658].

Entgegen *Goldbaum*[659] und einer auch heute noch weit verbreiteten Ansicht[660] ist die Zweckübertragungslehre keine Auslegungsregel, da sie nicht nach dem Parteiwillen forscht. Im Gegenteil – sie misstraut den Parteivereinbarungen geradezu. Ausschlaggebend ist vielmehr der „zugrunde gelegte Vertragszweck“[661], der nach beiden

---

[650] Fromm/Nordemann, Hertin, §§ 31/32, Rn. 30; Donle, S. 132 f.
[651] Schricker, JZ 1996, S. 522, 523.
[652] Schricker Schricker, §§ 31/32, Rn. 39.
[653] Fromm/Nordemann, Hertin, §§ 31/32, Rn. 31; vgl. BGH GRUR 1974, S. 786, 787 - *Kassettenfilm*; BGH GRUR 1977, S. 42, 44 – *Schmalfilmrechte.*
[654] Vgl. Schricker, Schricker, §§ 31/32, Rn. 39.
[655] Schricker, Schricker, §§ 31/32, Rn. 40.
[656] Donle, S. 188.
[657] Wandtke/Bullinger, § 31, Rn. 76; A.A. Witte, ITRB 2005, S. 86, 88 und offensichtlich auch Schack GRUR 2002, S. 853, 854, der von einer „Auslegungsregel zu Gunsten des Urhebers“ spricht.
[658] BGH GRUR 1972, S. 480, 482 – *Hummelrechte*; BGH GRUR 1966, S. 691, 692 – *Schlafsäcke*; BAG NJW 1984, S. 1579, 1581.
[659] Goldbaum, GRUR 1923, S. 182.
[660] Schack, GRUR 2002, S. 853, 854; Fromm/Nordemann, Hertin, § 31/32, Rn. 19; Genthe, S. 47 f; Liebrecht, S. 15; Schweyer, S. 5; BGH GRUR 2002, S. 248, 251 – *Spiegel-CD-ROM*; BGH GRUR 2000, S. 144, 145 – *Comic-Übersetzungen II.*
[661] Donle, S. 86 ff.

dargelegten Auffassungen einer Modifikation durch Rechtsgeschäft nicht zugänglich ist. Die Zweckübertragungslehre greift also nicht auf die nach den §§ 133, 157 BGB rechtlich beachtlichen Zwecke zurück, sondern auf außerhalb der vertraglichen Einigung liegende Umstände. Der hierfür im allgemeinen Zivilrecht gebräuchliche Ausdruck lautet Motiv: Es handelt sich um Zielvorstellungen der Parteien, über die keine rechtsgeschäftliche Einigung stattgefunden hat und die deshalb nach den §§ 133, 157 BGB irrelevant sind[662]. Hier liegt der Kern der Zweckübertragungslehre: Wenn der Urheber nicht stark genug ist, um seine Position vertraglich abzusichern, dann darf nicht die vertragliche Vereinbarung den Ausschlag geben, sondern die in beiderseitiger Übereinstimmung verfolgten weitergehenden Zwecke.

Auch der Anwendungsbereich geht über den einer Auslegungsregel hinaus. Eine (materiale) Auslegungsregel kommt erst dann zur Anwendung, wenn die allgemeinen Auslegungsmethoden nicht zu einem eindeutigen Ergebnis führen[663]. Die Zweckübertragungslehre greift aber bereits erheblich früher ein. Es genügt, dass die Parteien keine ausdrückliche Regelung getroffen haben.

In Tatbestand und Rechtsfolge unterscheidet sich die Zweckübertragungstheorie daher von einer Auslegungsregel. Hierbei kann offen bleiben, ob es sich um einen in der Auslegung wurzelnden spezifisch urheberrechtlichen Grundsatz handelt[664] oder eine Inhaltsnorm vorliegt, welche selbst unmittelbar Rechte und Pflichten festlegt[665].

#### 4. Rückschlüsse auf die Geltung des Abstraktionsprinzips

##### a) Das Kausalgeschäft als Vertragszweck i.S.d. § 31 Abs. 5 UrhG, sogenannte Zweckbindung

Das schuldrechtliche Kausalgeschäft enthält regelmäßig den Zweck für das dingliche Erfüllungsgeschäft[666]. Nach der Zweckübertragungslehre ist der Vertragszweck für den Umfang der Rechtseinräumung ausschlaggebend. Hieraus könnte abgeleitet werden, dass sich der Umfang des dinglichen Rechtsgeschäfts aus dem zugrunde liegenden schuldrechtlichen Geschäft ergibt[667]. Die Folge wäre, dass in den Fällen, in denen eine schuldrechtliche Verpflichtung nicht besteht, auch das dingliche Geschäft keinen Inhalt mehr hat. Anders formuliert: Ist das schuldrechtliche Geschäft nichtig, gekündigt oder schlicht erloschen, so hört auch das dingliche Geschäft auf zu existieren. Eine derartige Bindung des dinglichen Nutzungsrechts wird von weiten Teilen der Literatur und zum Teil auch von der Rechtsprechung zur Begründung der Nichtanwendbarkeit des Abstraktionsgrundsatzes herangezogen[668].

---

662 Stadler, S. 10 mit Verweis auf Lenel, AcP 74 (1989), S. 213, 225.
663 Donle, S. 66 f.
664 Schricker JZ 1996, S. 522.
665 Donle, S.97 ff; Dreier/Schulze, Schulze, § 31, Rn. 114 ff.
666 Stadler, S. 9 ff, zu den Ausnahmen dies. ab S. 16; hierzu auch oben A II 3.
667 So ausdrücklich für das Patentrecht Benkard, PatG, § 15, Rn. 13.
668 Fromm/Nordemann, Hertin, vor § 31, Rn. 10; Wandtke EWiR § 34 UrhG 1/01, S. 644; Dreier/Schulze, Schulze, § 31, Rn. 18; v. Frentz/Marrder, ZUM 2003, S. 94, 100; Mauhs, S. 82; bereits Büchler, S. 73; OLG Hamburg GRUR 2002, S. 335, 336 – *Kinderfernseh-Sendereihe*.

Allerdings geht diese Überlegung von einem falschen Verständnis des Vertragszwecks i.S.d. § 31 Abs. 5 UrhG aus. Auch wenn der Wortlaut „zugrunde liegender Vertragszweck" hierfür zu sprechen scheint – gemeint ist nicht das schuldrechtliche Geschäft. Wie gezeigt[669], ist der Vertragszweck nicht rechtsgeschäftlicher Natur. Bei den hierunter fallenden übereinstimmenden bewussten Vorstellungen der Parteien über die Auswertung handelt es sich um objektive Umstände, die außerhalb der Dispositionsfreiheit der Parteien liegen[670] und daher nicht zum Inhalt des Kausalgeschäfts gehören. Andernfalls hätte die Verwerterseite Zugriff auf den Umfang des Vertragszwecks, indem sie das schuldrechtliche Geschäft durch pauschale Deklarationen über den tatsächlich verfolgten wirtschaftlichen Zweck hinaus ausdehnen könnte. Der Schutz des § 31 Abs. 5 UrhG würde leer laufen. Anders als ein Rechtsgeschäft kann der Vertragszweck i.S.d. § 31 Abs. 5 UrhG auch nicht nachträglich entfallen. Es mögen sich die Vorstellungen der Parteien über den Vertragszweck nach der Rechtseinräumung ändern, an den seinerzeit verfolgten Zielen ändert dies nichts.

Für die eingangs dargestellte Ansicht scheint aber zu sprechen, dass der bei der Einräumung „von beiden Parteien zugrunde gelegte Vertragszweck" kaum noch erreichbar ist, wenn das Kausalgeschäft als Grundlage des Leistungsaustausches entfällt. Zwingend ist dies indes nicht: Insbesondere im Arbeitnehmerurheberrecht wird deutlich, dass der Vertragszweck auch nach Beendigung des zugrunde liegenden Kausalverhältnisses noch fortbestehen kann. Unstreitig verbleiben die infolge des Arbeitsverhältnisses eingeräumten Nutzungsrechte auch nach der Beendigung des Arbeitsverhältnisses beim Arbeitgeber[671]. Davon abgesehen ist es Tatsachenfrage, ob die bei Vertragsabschluss gehegten Zielvorstellungen noch erreichbar sind. Wer hieran anknüpfen will, der muss den Umfang der Rechtseinräumung beständig an die Erreichbarkeit des Vertragszwecks anpassen – und dies konsequenterweise auch bei bestehendem schuldrechtlichem Vertrag. Das geht über den sachlichen Anwendungsbereich der Zweckübertragungslehre erheblich hinaus, die lediglich auf die Lage bei Vertragsschluss abstellt[672].

#### b) Gleichlauf von schuldrechtlichem und dinglichem Geschäft

Ein weiterer Ansatz könnte sich aber daraus ergeben, dass die Zweckübertragungslehre sowohl auf das dingliche als auch das schuldrechtliche Geschäft Anwendung findet[673]. Das bewirkt einen Gleichlauf beider Rechtsgeschäfte. Wird das dingliche Rechtsgeschäft in seinem Umfang durch die Zweckübertragungstheorie beschnitten, so muss ihm das schuldrechtliche Geschäft folgen, um widersinnige Ergebnisse zu vermeiden. Das deutet darauf hin, dass das schuldrechtliche Rechtsgeschäft vom dinglichen Rechtsgeschäft abhängig ist.

Hierin läge aber kein Widerspruch zum Abstraktionsprinzip, welches lediglich besagt, dass das dingliche Rechtsgeschäft ohne das schuldrechtliche existieren kann. Der

---

669 S.o. 3.
670 Schricker, Schricker, §§ 31/32, Rn. 40.
671 BAG NJW 1984, S. 1579, 1581; BAG NZA 1996, S. 1342, 1343 f; Wandtke, GRUR 1999, S. 390, 393 f; vgl. Forkel, S. 164; zustimmend auch Grobys/Foerstl, NZA 2002, S. 1015, 1016.
672 Zur Abschlussbezogenheit der Zweckübertragungslehre im Einzelnen unter d).
673 S.o. I 2.

beschriebene Effekt wirkt entgegengesetzt: Das schuldrechtliche Geschäft wird angeblich von der dinglichen Seite beeinflusst. Derartige Fälle sind aus dem BGB zum Beispiel im Rahmen des § 275 Abs. 1 bekannt, wenn die geschuldete Übereignung aus Rechtsgründen nichtig und deshalb unmöglich ist, weil zum Beispiel ein gesetzliches Verbot nach § 134 BGB besteht. Mit dem Abstraktionsprinzip hat dies nichts zu tun.

Fraglich ist aber, ob der Zweckübertragungsgrundsatz zumindest eine enge Verbindung zwischen Verpflichtungs- und Verfügungsgeschäft bewirkt. Gibt es tatsächlich eine Wechselwirkung in dem Sinne, dass die schuldrechtliche Verpflichtung gerade deshalb in ihrer Reichweite eingeschränkt wird, weil bereits das dingliche Geschäft einer solchen Rechtsfolge unterworfen ist? Soweit eine dingliche Rechtseinräumung durch die Zweckübertragungslehre eingeschränkt wird, ist gerade hierin der Grund für den engeren Zuschnitt des schuldrechtlichen Geschäfts zu sehen. Die Zweckübertragungslehre fordert geradezu eine Anpassung auch des Kausalgeschäfts[674]. Es handelt sich nicht etwa um einen Fall der unabhängigen Fehleridentität, bei dem eine Beeinflussung der beiden Rechtsgeschäfte nicht vorliegt, sondern lediglich eine gesetzliche Regel unabhängig für beide Geschäfte eingreift. Vielmehr besteht eine Ähnlichkeit zu den Konstellationen, in denen die h.M. § 138 Abs. 1 BGB gerade wegen der schuldrechtlich verfolgten Ziele auch auf das an sich neutrale dingliche Rechtsgeschäft anwendet[675].

Eine solche enge Verbindung liegt aber nicht immer und nicht notwendigerweise vor. Für die Anwendung der Zweckübertragungslehre auf das schuldrechtliche Geschäft kann ein vom dinglichen Rechtsgeschäft unabhängiger, eigenständiger Bedarf bestehen. Dies gilt insbesondere für Fälle, in denen es ein dingliches Rechtsgeschäft nicht gibt, so zum Beispiel wenn lediglich eine schuldrechtliche Gestattung erfolgt oder das dingliche Rechtsgeschäft ausnahmsweise noch nicht geschlossen wurde. Im Ergebnis resultiert die Anwendbarkeit der Zweckübertragungslehre auf das schuldrechtliche Geschäft daher aus autonomen Gründen, die mit der Anwendung auf das dingliche Geschäft in keinem Zusammenhang stehen. Die Zweckübertragungslehre hat sich von der dinglichen Seite emanzipiert; ihrem Schutzzweck nach greift sie überall dort ein, wo eine über den Vertragszweck hinausgehende Weggabe der Rechte des Urhebers zu befürchten ist.

Aus dem „Gleichlauf"-Effekt lassen sich daher keine Argumente gegen eine Geltung des Abstraktionsgrundsatzes im Urheberrecht herleiten.

#### c) Das Kausalprinzip als Beschränkung i.S.d. § 31 Abs. 5 S. 2 UrhG

Möglicherweise lässt sich die Anwendung des Kausalprinzips aber mit der schlichten Anwendung der Zweckübertragungslehre auf die dingliche Rechtseinräumung begründen. Der Urheber gibt nach dem Zweckübertragungsgrundsatz mangels ausdrücklich entgegenstehender Abrede nicht mehr Rechte aus der Hand als für den Vertragszweck erforderlich. Das könnte darauf hindeuten, dass der Urheber die Einräumung des Nut-

---

[674] Schricker, Schricker, §§ 31/32, Rn. 37; Fromm/Nordemann, Hertin, §§ 31/32, Rn. 30; s.o. I 2.
[675] S.o. A II 3 d).

zungsrechts mangels anderweitiger Vereinbarung kausal ausgestaltet, um möglichst wenig Rechtsmacht zu verlieren[676].

Hiergegen bestehen schon konstruktive Bedenken. Es ist nicht möglich, ein von Natur aus kausales Nutzungsrecht zu schaffen[677]. Die Kausalität ist keine Eigenschaft des Nutzungsrechts, sondern des Rechtsgeschäfts, mit dem es eingeräumt wird. Um eine Abhängigkeit der Rechtseinräumung vom Nutzungsvertrag zu erreichen, müssen sich die Parteien daher des Mittels der Bedingung bedienen[678]. Hierbei ist umstritten, ob eine solche Bedingung auch für eine anfängliche Unwirksamkeit zulässig ist, da diese kein in der Zukunft liegendes ungewisses Ereignis darstellt und somit nicht unter § 158 Abs. 1 BGB fällt[679]. Ein Teil des Schrifttums lehnt dies mit dem Hinweis darauf ab, dass der mit der Abstraktion bezweckte Verkehrsschutz außerhalb der Dispositionsbefugnis der Parteien liegt[680]. Wer dieser Ansicht folgt, kommt zu fragwürdigen Ergebnissen. Eine nachträgliche Kündigung bewirkt einen sofortigen Rückfall, während die schwerwiegendere Nichtigkeit keine Auswirkungen auf die Rechtseinräumung hat[681]. Sieht man das Verkehrsschutzinteresse mit der h.M. als disponibel an, so stellt sich die Anschlussfrage, ob eine pauschale Bedingung auf den Bestand des schuldrechtlichen Vertrags stillschweigend vereinbart werden kann. Der BGH hat dies in der Entscheidung *Die Privatsekretärin* verneint[682].

Die wirklich durchgreifenden Bedenken entspringen jedoch der Zweckübertragungslehre selbst: Die Annahme einer solchen Bedingung sprengt deren Grenzen. § 31 Abs. 5 UrhG ordnet als Rechtsfolge eine Reduktion der Rechtseinräumung auf den zugrunde gelegten Zweck an, indem der Umfang angepasst wird. Die Regelung wirkt damit nur auf den Teil der Übertragungsvereinbarung ein, der sich mit der Rechtseinräumung befasst. Die Annahme einer Bedingung wirkt entgegengesetzt – sie lässt den Umfang der Rechtseinräumung unberührt und fügt dem Vertrag stattdessen eine sachlich neue Regelung hinzu. Enthielt die Vereinbarung dem Wortlaut nach nur eine Regelung über das „wie viel", so enthält sie nach der beschriebenen Anwendung der Zweckübertragungslehre noch eine zusätzliche Regelung, die außerhalb der Rechtseinräumung steht und sich mit den Rechtsfolgen des Wegfalls des schuldrechtlichen Geschäfts befasst. Die Erweiterung der betroffenen Rechtsgeschäfte um urheberfreundliche Regelungen ist dem Zweckübertragungsgrundsatz aber fremd und auch in seiner langen Geschichte nie diskutiert worden[683]. Insbesondere fehlt für eine Erweiterung

---

[676] In diesem Sinne Rehbinder, Urheberrecht, Rn. 322.

[677] Ein solches würde im Übrigen auch bei schuldrechtlichen Störungen zwischen den Mitgliedern der Verwerterkette stets auf den betroffenen Verwerter zurückfallen - eine Rechtsfolge, die selbst die Befürworter des Kausalprinzips nicht annehmen, vgl. Wente/Härle, GRUR 1997, S. 96, 99.

[678] Vgl. Stadler, S. 82, 84.

[679] Soergel, Wolf, vor § 158, Rn. 10; Staudinger, Bork, Vorbem zu §§ 158-163, Rn. 28.

[680] Stadler, S. 89; Breyhan, Abstrakte Übereignung, S. 79, 80. Zum Streit im Einzelnen A II 4.

[681] Im Rahmen der Bestrebungen zur Vereinheitlichung des europäischen Zivilrechts wird eine diametral entgegengesetzte Regelung diskutiert. Danach soll nur die von Beginn an wirkende Nichtigkeit des Kausalgeschäfts auf das dingliche Geschäft durchschlagen. Hierzu s.o. A II 4.

[682] GRUR 1958, S. 504, 505 f; MünchKomm, Rinne, Einl SachenR, Rn. 17 verlangt insofern konkrete Anhaltspunkte. Generell zweifelnd Stadler, S. 91, die darauf hinweist, dass es schwer fallen dürfte, einen konkludenten Verknüpfungswillen zu ermitteln.

[683] S.o. I 1.

des sachlichen Anwendungsbereiches über den Rechtserwerb hinaus auf die vertragliche Rückabwicklung jeglicher Anhaltspunkt im Gesetz[684].

Es kann aus diesem Grunde offen bleiben, ob der Vertragszweck die Kausalität des Nutzungsrechts überhaupt erfordern kann. Anzumerken ist aber, dass dieser für den Urheber zum Bumerang werden kann, wie die Entscheidung *Feliksas Bajoras* zeigt. Hier hatte das Landgericht einen Rechterückfall gerade unter Berufung auf den Vertragszweck verneint. Dem konnte das OLG nur noch mit dem oben genannten Argument entgegentreten, die Zweckübertragungslehre sei nicht auf die Rückabwicklung von Vertragsverhältnissen zugeschnitten und daher insgesamt unanwendbar[685]. Erst dies ermöglichte es, einen Rechterückfall mit anderen Argumenten festzustellen. Bemerkenswerterweise erfolgte die Begründung des Rechterückfalls in der Folgeentscheidung *Kinderfernseh-Sendereihe* desselben Senates dann doch mit dem Argument der Zweckübertragungslehre[686] - ohne dass sich Ausführungen dazu finden, ob der Vertragszweck im konkreten Fall einen Rückfall forderte.

#### d) Das Regelungsziel des § 31 Abs. 5 UrhG

Grund für die Entwicklung des Zweckübertragungsgedankens war, dass der Urheber bei der Vergabe der Nutzungsrechte typischerweise einem wirtschaftlich überlegenen Vertragspartner gegenüberstand. Die Literatur nennt darüber hinaus als weiteren Grund den fehlenden numerus clausus im Urheberrecht. Dies mache es nötig, die Zweckübertragungslehre zur Konkretisierung der Rechtseinräumung heranzuziehen[687]. Nach der Rechtsprechung sollte damit auch der jetzt in § 11 S. 2 UrhG niedergelegte Grundsatz gesichert werden, nachdem der Urheber möglichst weitgehend an den Früchten seines Werkes zu beteiligen ist[688]. So unterschiedlich diese Ansätze sind, so einheitlich ist das verwendete Mittel: Die Zweckübertragungslehre soll den Urheber schützen – und zwar im Augenblick der Rechtseinräumung. Dem hat sich auch der Gesetzgeber angeschlossen und mit § 31 Abs. 5 UrhG eine abschlussbezogene Regelung getroffen[689].

Demgegenüber stellt das Abstraktionsprinzip eine störungsbezogene Regel auf. Es greift erst ein, wenn ursprünglich eingegangene Vertragsbeziehungen gescheitert sind, also zum Beispiel ein schuldrechtlicher Vertrag gekündigt wird. Hier stellt sich die Frage der Rückabwicklung: Müssen die zunächst wirksam eingeräumten Rechte zurückübertragen werden oder fallen sie automatisch auf den Urheber zurück? Vom *Goldbaum'schen* Ansatz bis zum heutigen § 31 Abs. 5 UrhG vergingen 80 Jahre, in denen zu keinem Zeitpunkt an eine Anwendung des Schutzgedankens im Rahmen der Rückabwicklung fehlgeschlagener Vertragsbeziehungen gedacht wurde. Ziel der Zweckübertragungslehre war es stets, das Kräfteungleichgewicht im Rahmen der Ver-

684 OLG Hamburg, GRUR Int. 1998, S. 431, 435 – *Feliksas Bajoras*.
685 OLG Hamburg, GRUR Int. 1998, S. 431, 435 – *Feliksas Bajoras*.
686 OLG Hamburg, GRUR 2002, S. 335, 336.
687 Genthe, S. 45; Kraßer, GRUR Int. 1973, S. 230, 237; zur Konkretisierungsfunktion des schuldrechtlichen Geschäfts sogleich unter II.
688 BGH GRUR 1974, S. 786, 787; vgl. BGHZ 11, S. 135, 143 – *Lautsprecherübertragung*.
689 Vgl. Götting, Festschrift für Schricker, S. 64.

tragsverhandlungen auszugleichen – nicht dem Urheber günstige Konditionen im Rahmen der Rückabwicklung zu verschaffen.

### 5. Ergebnis

Aus der Zweckübertragungslehre ergeben sich keine stichhaltigen Ansatzpunkte, die gegen eine Anwendbarkeit des Abstraktionsgrundsatzes im Urheberrecht sprechen. Zwar bestehen Hinweise auf eine enge Verbindung beider Rechtsgeschäfte, hierauf fußende Überlegungen einer Einschränkung missachten aber entweder Voraussetzungen und Entstehungsgeschichte der Zweckübertragungslehre oder gehen über deren Rechtsfolgen hinaus.

## II. Ausformung des Nutzungsrechts durch den schuldrechtlichen Vertrag

Für die Geltung des Kausalprinzips wird in der Literatur oft angeführt, dem schuldrechtlichen Geschäft falle im Urheberrecht eine zusätzliche Funktion zu, die es im bürgerlichen Recht nicht zu erfüllen brauche: Oft werde das eingeräumte Nutzungsrecht erst durch den schuldrechtlichen Vertrag konkretisiert und ausgeformt[690]. Im Urheberrecht fehle ein numerus clausus der dinglichen Rechte, weshalb der Umfang des Nutzungsrechts ohne das Verpflichtungsgeschäft kaum feststellbar sei[691]. Der Gedanke ist bereits von der Rechtsprechung aufgegriffen worden[692] und könnte künftig zu einem anerkannten Grundsatz des Urheberrechts aufsteigen, der dann von Lehre und Rechtsprechung nicht mehr hinterfragt wird. Zuvor bedarf es allerdings noch einer kritischen Betrachtung.

Ausdrückliche Hinweise auf die Konkretisierungsfunktion finden sich im Verlagsrecht; dieses war wohl auch Ausgangspunkt der in der Literatur angestellten Überlegungen. Hier existiert mit § 8 VerlG eine Norm, welche eine enge Verbindung zwischen dem Inhalt des Nutzungsvertrags und dem Nutzungsrecht nahe legt. Nach § 8 VerlG hat der Urheber dem Verleger ein Verlagsrecht zu verschaffen, welches im Umfang seinen schuldrechtlichen Verpflichtungen aus den §§ 2-7 VerlG entspricht. Bereits die Formulierung „hat zu verschaffen" deutet aber darauf hin, dass nicht der Inhalt des dinglichen Verlagsrechts unmittelbar festgelegt, sondern nur eine Verpflichtung zur Rechtseinräumung ausgesprochen wird. Mit der dinglichen Seite befassen sich sodann § 9 Abs. 1 und 2 VerlG. Andererseits sind Regelungsbereiche der §§ 8 und 9 VerlG nicht klar voneinander abzugrenzen und daher auch eine entgegengesetzte Deutung möglich[693]. Hierfür spricht die Gesetzesbegründung, nach der die persönlichen Ansprüche des Verlegers zugleich für den Inhalt des Verlagsrechts maßgebend

---

[690] Ulmer, S. 391; Kraßer, GRUR Int. 1973, S. 230, 237; Schmoll/Hölder, GRUR 2004, S. 743, 747; Schricker, Schricker, vor §§ 28 ff, Rn. 61; Fromm/Nordemann, Hertin, vor § 31, Rn. 10; Dreier/Schulze, Schulze, § 31, Rn. 18; Forkel, S. 159.

[691] Kraßer, GRUR Int. 1973, S. 230, 237 führt den Gedanken auf ein Gespräch mit Ulmer zurück; Forkel, S. 159 findet bereits Anhaltspunkte in der Gesetzesbegründung zum Verlagsgesetz. Hierzu und zur Analogie zu § 9 Abs. 1 VerlG s.u. unter X.

[692] OLG Hamburg, GRUR 2002, S. 335, 335 – *Kinderfernseh-Sendereihe*.

[693] Vgl. Bappert/Maunz/Schricker, Vorbemerkung zu § 8.

sind[694]. Gerade diese verlagsrechtliche Besonderheit verbietet aber eine Verallgemeinerung, denn die für die Einführung des § 9 Abs. 1 VerlG ausschlaggebende Typisierung des schuldrechtlichen und auch des dinglichen Rechtsgeschäfts fehlt im allgemeinen Urhebervertragsrecht[695]. Die Sonderregelung des § 8 VerlG ist der Grund für § 9 Abs. 1 VerlG, der das Kausalprinzip in diesem Spezialbereich für anwendbar erklärt[696]. Allgemeine Aussagen über das Verhältnis von Verpflichtung und Verfügung im Urheberrecht lassen sich ihr nicht entnehmen.

Es ist demnach zu fragen, ob die Konkretisierungsfunktion mit den Normen und Grundsätzen des allgemeinen Urhebervertragsrechts begründet werden kann. Das ist nicht der Fall, denn aus der Einigung über die Rechtseinräumung selbst ergibt sich ohne weiteres der exakte Umfang des Nutzungsrechts. Dies zeigt zunächst die Praxis. Infolge der Einführung des § 31 Abs. 5 UrhG sind die Parteien auf Druck der Verwerterseite dazu übergegangen, die eingeräumten Rechte punktgenau zu definieren[697]. So enthalten zum Beispiel Verfilmungsverträge über Drehbücher klassischerweise einen langen Katalog über Nebenrechte, die vom „Buch zum Film“ bis hin zum Merchandising reichen. Die üblichen Klauseln beziehen sich nach Wortlaut und Parteiwillen ausdrücklich nur auf die dingliche Rechtslage und nicht etwa auf das schuldrechtliche Geschäft. In der Praxis ist das Gegenteil der obigen Behauptung richtig: Aus dem schuldrechtlichen Geschäft geht häufig nur ansatzweise hervor, welchen Umfang das Nutzungsrecht haben soll, während erst die dingliche Einigung hierüber Klarheit verschafft. Es mag für den Urheber misslich sein, dass sich die Verwerter Rechte auf Vorrat einräumen. Fakt ist aber, dass es ohne weiteres möglich ist, das sehr frei gestaltbare urheberrechtliche Nutzungsrecht durch dingliches Rechtsgeschäft detailreich auszudefinieren[698].

Haben die Parteien keinen Rechtekatalog in den Vertrag aufgenommen und bestehen Zweifel über den Umfang der Rechtseinräumung, so wäre es noch immer voreilig, auf die schuldrechtliche Causa zurückzugreifen. Die Grenzen des Nutzungsrechts bestimmen sich dann zwingend nach der in § 31 Abs. 5 UrhG niedergelegten Zweckübertragungslehre. Ausschlaggebend ist der Vertragszweck, der nicht gleichbedeutend mit dem schuldrechtlichen Geschäft und insbesondere nicht durch den Nutzungsvertrag regelbar ist[699]. Es zählen die wirtschaftlichen Beweggründe und somit Tatsachen und nicht rechtliche Vereinbarungen der Parteien. Anders formuliert: Will man dem Umfang der Rechtseinräumung ermitteln, so bedarf es nicht der Lektüre des schuldrechtlichen Vertrags – dies würde gegen die Zweckübertragungslehre verstoßen. Statt dessen ist es geradezu geboten, die schuldrechtlichen Vereinbarungen in der Vertragsurkunde gedanklich auszublenden, so dass nur noch die Klausel über die Rechtsein-

---

[694] Verhandlungen des Deutschen Reichstages, 10. Periode II. Session 1900/1902 Aktenstück 97, S. 419.

[695] Forkel, S. 158.

[696] So zumindest die h.M., vgl. unten X 1.

[697] Kuck, GRUR 2000, S. 285.

[698] Hausmann, Festschrift für Schwarz, S. 81, 94; Wente/Härle, GRUR 1997, S. 96, 98; Stadler, S. 113.

[699] S.o. I 3.

räumung verbleibt. Ist diese nicht eindeutig, so entscheidet der wirtschaftlichen Hintergrund über die Reichweite der Rechtseinräumung.

Abgesehen davon ist auch im Urheberrecht unbestritten der Trennungsgrundsatz einzuhalten[700]. Die Unterscheidung zwischen Verpflichtung und Verfügung würde aber aufgeweicht, entnähme man den Inhalt des dinglichen Geschäfts direkt dem schuldrechtlichen Geschäft[701]. Die Notwendigkeit einer separaten dinglichen Einigung stünde dann zumindest infrage.

Es trifft auch nicht zu, dass das Urheberrecht mit seinen Gestaltungsspielräumen einen gegenüber dem BGB atypischen Spezialfall darstellt. Auch das sonstige Zivilrecht kennt dingliche Rechte, deren Inhalt gesetzlich nur grob geregelt und deren weitere Ausgestaltung den Parteien überlassen ist. Hierzu zählen Dienstbarkeiten, das Erbbaurecht und das Wohnungseigentum. Die Anwendbarkeit des Abstraktionsgrundsatzes ist jeweils unumstritten[702].

Keine weitergehenden Anhaltspunkte gibt das Immaterialgüterrecht und insbesondere das Patentrecht. Hier ist bereits die Dogmatik der Lizenzvergabe ungeklärt, wobei die h.M. von einer Teilrechtsübertragung und nicht von einer konstitutiven Rechtseinräumung ausgeht[703]. Patent- und Markenrecht scheiden daher als Argumentationsbasis aus. Nicht anders steht es im Nießbrauchsrecht des BGB. Der Inhalt des Nießbrauches ist durch § 1030 Abs. 1 BGB vorgegeben und nur sehr begrenzt der Gestaltung durch die Parteien überlassen, weshalb auch der Nießbrauch keine Vergleichsgrundlage sein kann.

*Jänich* ist der Ansicht, die Dogmatik der Abtretung gemäß §§ 414, 398 BGB spreche gegen die These von der Ausformungsfunktion[704]. Auch bei der Abtretung von Forderungen bestimme sich der Inhalt nach der zugrunde liegenden Kausalvereinbarung, ohne dass sich hieraus Zweifel an der Gültigkeit des Abstraktionsprinzips herleiten lassen. Die Forderung ist aber gerade ein Beispiel für ein Recht, dass durch das Verpflichtungsgeschäft ausgeformt wird, dem es unmittelbar entspringt. Ein Argument zu Gunsten der Kausalformung lässt sich hierdurch aber ebenfalls nicht gewinnen. Denn Forderungen sind gerade keine dinglichen Rechte, die durch vom Schuldvertrag getrenntes Rechtsgeschäft entstehen, sondern werden nur wie dingliche Rechte übertragen.

Als Ergebnis ist daher festzustellen, dass das Dogma von der Konkretisierungsfunktion des schuldrechtlichen Geschäfts nicht aufrecht erhalten werden kann. Eine Ausnahme gilt nur im Verlagsrecht aufgrund der ausdrücklichen gesetzlichen Anordnung des § 8 VerlG.

---

700 Schricker, Schricker, vor §§ 28 ff, Rn. 24.
701 So auch Wente/Härle, GRUR 1997, S. 96, 98.
702 Stadler, S. 112 f.
703 Vgl. Benkard, PatG, § 15, Rn. 33; Fezer, MarkenG, § 30, Rn. 8; a.A. offenbar Kraßer, GRUR Int. 1973, S. 230, 236 f.
704 S. 268.

### III. § 1 UrhG - Im Zweifel für den Urheber?

Im urheberrechtlichen Schrifttum ist das Schlagwort „Im Zweifel für den Urheber" weit verbreitet[705]. Ob ein solcher Grundsatz aber tatsächlich existiert, muss bezweifelt werden. Eine ausdrückliche Stellungnahme des Gesetzgebers fehlt und findet sich insbesondere nicht in den Materialien zum Gesetz zur Stärkung der vertraglichen Stellung von Urhebern und ausübenden Künstlern.

Auch das UrhG selbst enthält keine solche Wertung. Entgegen der Ansicht *Nordemanns* lässt sich nicht § 1 UrhG anführen[706]. Es ist zwar bemerkenswert, dass die Vorschrift den Urheber in den Vordergrund stellt[707], anstatt das Werk als Subjekt des gesetzlichen Schutzes zu bezeichnen. Hierin liegt ein fundamentaler Unterschied zu den Gesetzen über Immaterialgüterrechte, welche durchweg am Schutzgut anknüpfen und damit nur mittelbar den Inhaber schützen[708]. Eine Wertentscheidung zwischen den Interessen des Urhebers und den der Verwerter ist aber weder dem Wortlaut noch der Gesetzesbegründung des § 1 UrhG zu entnehmen[709].

Auch der Abschnitt über den Rechtsverkehr im Urheberrecht lässt keine einseitige Parteinahme des Gesetzgebers zu Gunsten der Urheberseite erkennen. Es wurde bereits dargelegt, dass die gesetzliche Regelung die Interessen der Verwerterseite an vielen Stellen berücksichtigt. Ein Beispiel hierfür ist § 31 Abs. 5 UrhG. Die Vorschrift wird als gesetzgeberische Anerkennung des Grundsatzes angesehen, nach dem das Urheberrecht die Tendenz hat, so weit wie möglich beim Urheber zu verbleiben[710]. Falsch wäre es jedoch, hieraus zu schließen, dass das Urheberrecht im Zweifel stets beim Urheber verbleibt[711]. Maßgeblich ist insofern der Vertragszweck, was durchaus auch zu einer Erweiterung der Rechtseinräumung anstatt zu einer Einschränkung führen kann[712]. Der Zweckübertragungsgrundsatz wird den Urheber in der Regel schützen, er ist aber gerade nicht einseitig zu seinen Gunsten anzuwenden.

Es verbleibt die bloße Tatsache, dass das UrhG eine Vielzahl von Regelungen enthält, die die Rechte des Urhebers gegenüber seinem Vertragspartner stärken. Fraglich ist aber, ob hieraus ein integratives Prinzip des Urheberschutzes folgt – die einzelnen Vorschriften wären danach nur Ausprägung eines allgemeinen, den Urheber besserstellenden Prinzips. Dagegen spricht, dass die einzelnen Normen völlig unterschiedliche Regelungsziele haben. Einige Vorschriften sind stark persönlichkeitsrechtlich geprägt, so zum Beispiel § 42 UrhG. Ein Großteil der Regelungen befasst sich hingegen mit der Vergütung des Urhebers. Es ist nicht ersichtlich, dass der Gesetzgeber hiermit ein einheitliches Ziel verfolgte; seine Motive waren teils sozialpolitischer, teils kulturpolitischer Natur. Wo einzelnen Vorschriften ein übergeordneter Schutzzweck zugrun-

---

705 Donle, S. 194; Westrick/Bubenzer, Festschrift für Hertin, S. 287; Fromm/Nordemann, Nordemann, § 1, Rn. 1; Gerlach, GRUR 1976, S. 613, 615.
706 Schricker, Schricker, § 1, Rn. 5.
707 Fromm/Nordemann, Nordemann, § 1, Rn. 1; Amtl. Begr. UFITA 45 (1965), S. 240, 250 f.
708 Vgl. § 1 MarkenG, § 1 Abs. 1 PatG, § 1 Abs. 1 GebrMG.
709 Amtl. Begr. UFITA 45 (1965), S. 240, 250 f.
710 Grundlegend Ulmer, S. 292; BGH GRUR 1998, S. 680, 681 – *Comic-Übersetzungen*; BGH 1996, S. 121, 122 – *Pauschale Rechtseinräumung*.
711 Schwaiger/Kockler, UFITA 73 (1975), S. 21, 40 f.
712 BGH GRUR 1972, S. 480, 482 – *Hummelrechte*; hierzu näher oben I 3.

de liegt, hat der Gesetzgeber diese vor die Klammer gezogen. So ist § 11 S. 2 UrhG als Programmsatz zur Verbesserung der Entgeltsituation zu verstehen.

Damit existiert keine allgemeine Zweifelsregelung zu Gunsten des Urhebers. Dies gilt sowohl für die Auslegung des Gesetzes selbst als auch für urheberrechtliche Nutzungsverträge[713].

## IV. Die störungsbezogenen Vorschriften der §§ 40 ff UrhG

Anhaltspunkte für die Geltung des Abstraktionsprinzips im Urheberrecht könnten sich aber aus den sogenannte „störungsbezogenen Vorschriften"[714] der §§ 40 ff UrhG ergeben.

### 1. Rückrufsrecht des § 41 Abs. 5 UrhG – Ausnahme oder Bestätigung der Regel?

Gemäß § 41 Abs. 1 S. 1 UrhG kann der Urheber das Nutzungsrecht zurückrufen, wenn der Inhaber dieses nicht oder nur unzureichend ausübt und damit die Interessen des Urhebers verletzt. Der Rückruf beendet das Kausalgeschäft, ferner ordnet § 41 Abs. 5 UrhG ausdrücklich das Erlöschen des Nutzungsrechts an. Lebhafter Streit besteht in der Literatur darüber, wie diese Vorschrift zu interpretieren ist: Handelt es sich um eine spezialgesetzliche Bestätigung des allgemein geltenden Kausalprinzips[715]? Oder stellt § 41 Abs. 5 UrhG eine Ausnahme vom Abstraktionsprinzip dar, die gerade deshalb ausdrücklich normiert werden musste[716]?

Die Gesetzesbegründung gibt hierüber keinerlei Aufschluss[717]. Ausgehend vom Wortlaut kann lediglich festgestellt werden, dass der Gesetzgeber primär die dingliche Seite im Auge hatte, denn die Beendigung des Kausalverhältnisses wird in der Vorschrift nicht erwähnt und ergibt sich nur aus dem Zusammenhang. Der Rückruf wirkt anders als eine Kündigung unmittelbar auf das dingliche Recht ein. Im Gegensatz zu schuldrechtlichen Gestaltungsrechten kann er nicht nur gegenüber dem Vertragspartner, sondern auch gegenüber Dritten erklärt werden, worauf es dem Gesetzgeber auch ankam[718].

Die Fokussierung auf die dingliche Seite scheint dafür zu sprechen, dass der Gesetzgeber von der Geltung des Abstraktionsgrundsatzes auch im Urheberrecht ausging. Denn wenn die Beendigung des schuldrechtlichen Geschäfts bereits einen Rechterückfall bewirkte, dann hätte der Gesetzgeber nicht zu der scharfen Waffe des dinglich wirkenden Rückrufsrechts greifen müssen. Es hätte vielmehr auch die Aufnahme eines Kündigungsrecht ausgereicht, um die gewünschten Rechtsfolgen zu erreichen: Mit dessen Ausübung würde der Rechterückfall von selbst eintreten. Eine solche Regelung hat der Gesetzgeber aber nicht geschaffen – und dies obwohl in unmittelbarer systematischer Nähe die Vorschrift des § 40 UrhG ein Kündigungsrecht enthält. In dieses Bild fügt sich auch § 32 VerlG ein, der die Rechte des Verfassers bei unzureichender Ver-

[713] Wie hier Schricker, Schricker, §§ 31/32, Rn. 10.
[714] Zur Terminologie vgl. Götting, Festschrift für Schricker, S. 53, 64.
[715] So Schricker, Schricker, vor §§ 28 ff, Rn. 61; Wandtke/Bullinger, Wandtke, § 40, Rn. 18.
[716] So Möhring, Festschrift für Bappert, S. 129, 134; Schack, Rn. 526; Jänich, Geistiges Eigentum, S. 267.
[717] Vgl. Amtl. Begr. UFITA 45 (1965), S. 240, 275.
[718] Amtl. Begr. UFITA 45 (1965), S. 275.

vielfältigung und Verbreitung regelt und so das verlagsrechtliche Pendant zu § 41 UrhG darstellt. Die Vorschrift enthält lediglich ein Rücktrittsrecht, nicht aber ein Rückrufsrecht. Eines solchen hätte es im Verlagsrecht auch nicht bedurft, da im Verlagsrecht die Regelung des § 9 Abs. 1 VerlG greift, die einen automatischen Rechterückfall bei Beendigung des Verlagsverhältnisses anordnet. Ob der Gesetzgeber allerdings derart spitzfindige Überlegungen angestellt hat, darf bezweifelt werden[719].

Es bleibt allerdings dabei, dass eine automatisch wirkende gleichzeitige Beendigung beider Geschäfte unter dem Abstraktionsprinzip höchst selten vorkommt. Im Ergebnis hilft aber auch diese Überlegung nicht weiter, da hier der Anstoß für die Beendigung eindeutig vom dinglichen Rechtsgeschäft ausgeht – was keine Ausnahme vom Abstraktionsprinzip darstellt.

§ 41 Abs. 5 UrhG hilft daher als Argumentationsbasis nicht weiter, gleiches gilt für das Rückrufsrecht aus § 42 Abs. 1, für das § 41 Abs. 5 UrhG entsprechend gilt.

### 2. § 40 Abs. 3 UrhG

Die Vorschrift des § 40 UrhG befasst sich mit Verträgen, in denen sich der Urheber zur Einräumung von Nutzungsrechten an künftigen Werken verpflichtet. Sie schützt den Urheber vor den weitgehenden Bindungen, die mit der Vorausverfügung über alle seine künftigen Werke oder bestimmte Werkgattungen verbunden sind[720]. Die hierzu eingesetzten gesetzgeberischen Mittel sind das Schriftformerfordernis gemäß Abs. 1 S. 1 sowie das Kündigungsrecht gemäß Abs. 1 S. 2. Wie Abs. 3 belegt, gilt die Vorschrift auch für Verträge, in denen die Verpflichtung zur Einräumung der Nutzungsrechte sogleich durch die auch im Urheberrecht mögliche Vorausverfügung erfüllt wird[721]. Mit Beendigung des schuldrechtlichen Vertrags werden danach Verfügungen unwirksam, die sich auf zum Kündigungszeitpunkt noch nicht abgelieferte Werke beziehen. Damit wird der für die Rückabwicklung maßgebliche Zeitpunkt von der Kündigung auf die Ablieferung des Werkes vorverlagert, woraus zwei Fallgruppen resultieren: Die Verfügungen über die abgelieferten Werke bleiben unberührt, während die Verfügungen über die noch nicht abgelieferten Werke unwirksam werden.

Einen Hinweis auf die Nichtanwendbarkeit des Abstraktionsgrundsatzes enthält die Norm insofern, als sie eine Rechtsfolge anordnet, die dem Abstraktionsgrundsatz widerspricht: Nach § 40 Abs. 3 UrhG sind die rechtsgrundlos getroffenen Vorausverfügungen unwirksam; diese Rechtsfolge entspricht dem Kausalprinzip[722]. Allerdings stellt sich auch hier wieder die Frage, ob dies Ausprägung eines allgemeinen Prinzips oder ein Ausnahmefall ist.

Geht man davon aus, dass bei urheberrechtlichen Verfügungen allgemein das Kausalprinzip gilt, so macht die Spezialregelung des § 40 Abs. 3 UrhG zunächst keinen Sinn: Die primär angeordnete Rechtsfolge der Unwirksamkeit rechtsgrundloser Verfü-

---

[719] Auch Forkel geht auf S. 155 f davon aus, dass der Gesetzgeber keinerlei Aussage zum Verhältnis von Verpflichtung und Verfügung treffen wollte und verweist insofern auf fehlende Anhaltspunkte in der Gesetzesbegründung.
[720] Schricker, Schricker, § 40, Rn. 2.
[721] Schricker, Schricker, § 40, Rn. 3. Zur Zulässigkeit der Vorausverfügung siehe amtl. Begr., UFITA 45 (1965), S. 241, 275 sowie RGZ 140, S. 231, 250.
[722] Schricker, Schricker, § 40, Rn. 17.

gungen würde auch ohne eine ausdrückliche Regelung greifen. Andererseits enthält § 40 Abs. 3 UrhG noch eine weitere Aussage – die Norm verlegt auch den maßgeblichen Zeitpunkt für die Rückabwicklung des Vertrags nach vorn. Unter der bloßen Regie eines „allgemeinen Kausalprinzips" würden nur die Verfügungen unwirksam werden, die Nutzungsrechte für zum Kündigungszeitpunkt noch nicht erschaffene Werke beinhalten. Damit kann die Norm im Sinne einer speziellen Ausprägung eines solchen Grundsatzes ausgelegt werden.

Möglich ist aber auch die Interpretation als eng begrenzte Ausnahme vom Abstraktionsprinzip. Dafür spricht zunächst der Wortlaut der Norm – wäre der Gesetzgeber von der Gültigkeit des Kausalprinzips ausgegangen, so hätte er formulieren können: „...wird mit der Beendigung des Vertrags *auch* die Verfügung hinsichtlich der Werke unwirksam, die zu diesem Zeitpunkt noch nicht abgeliefert sind", um deutlich zu machen, dass die Verfügung über noch nicht erschaffene Werke ohnehin unwirksam ist. Auch die Gesetzesbegründung geht nicht davon aus, dass ein Teil der angeordneten Rechtsfolge per se eintritt. Ihr ist zu entnehmen, dass die Unwirksamkeit einheitlich für alle noch nicht abgelieferten Werke erst durch § 40 Abs. 3 UrhG angeordnet werden sollte[723].

Die §§ 40 ff UrhG erlauben also im Ergebnis eine Deutung sowohl in die eine als auch in die andere Richtung.

### V. Geschäftseinheit gemäß § 139 BGB

Eine Abhängigkeit der Rechtseinräumung vom Nutzungsvertrag könnte aber über die Norm des § 139 BGB begründet werden. Danach wirkt sich die Nichtigkeit des Teiles eines Rechtsgeschäfts auf das gesamte Rechtsgeschäft aus, wenn die Parteien dieses ohne den nichtigen Teil nicht vorgenommen hätten. Im Urheberrecht scheinen für eine solche Geschäftseinheit gute Argumente zu sprechen: Die Verbindung zwischen Kausal- und Verpflichtungsgeschäft ist enger als im allgemeinen Zivilrecht. Neben der Zweckübertragungslehre macht dies auch die Norm des § 34 Abs. 4 UrhG deutlich. Sie erweitert die Ansprüche aus dem Kausalgeschäft auf den Erwerber des Nutzungsrechts, wodurch eine vollständige Lösung des Nutzungsrechts von Nutzungsvertrag unterbunden wird.

Fraglich ist aber bereits, ob eine Geschäftseinheit zwischen Verfügungs- und Verpflichtungsgeschäft überhaupt möglich ist. Teile der Literatur lehnen dies mit dem Hinweis ab, das Abstraktionsprinzip stehe nicht zur Disposition der Parteien[724]. Eine Gegenmeinung im Schrifttum[725] sowie die Rechtsprechung[726] lassen einen solchen Zusammenhang hingegen zu. Unabhängig von dieser Kontroverse kann im Urhebervertragsrecht jedenfalls nicht generell von einer Geschäftseinheit ausgegangen werden. Denn hierfür ist stets ein erkennbarer Parteiwille erforderlich[727], der insbesondere vom hypothetischen Parteiwillen in Bezug auf die Gesamtnichtigkeit getrennt werden

---

723 Amtl. Begr. UFITA 45 (1965), S. 275.

724 Staudinger, Roth, § 139, Rn. 54 m.w.N. zum Streitstand; Bork, Der Vergleich, S. 68 f; Jauernig, JuS 1994, S. 721, 724; Stadler, S. 92 f.

725 Eisenhardt, JZ 1991, S. 271, 277; MünchKomm, Mayer-Maly/Busche, § 139, Rn. 20.

726 BGH NJW 1991, S. 917 f; BGH NJW 1967, S. 1128, 1130.

727 Eisenhardt, JZ 1991, S. 271, 277.

muss[728]. Ein solcher Wille zur Einheitlichkeit kann im Urheberrecht nicht per se konstatiert werden[729]. Zumindest die Verwerterseite wird typischerweise nicht an einem sofortigen Rückfall interessiert sein. Damit soll nicht ausgeschlossen werden, dass eine Einheit im Einzelfall gewollt ist. Eine allgemeingültige Regel kann aber nicht aufgestellt werden.

## VI. Der Angemessenheitsgrundsatz des § 11 S. 2 UrhG

Nur unter dem Kausalprinzip erhält der Urheber sofort die volle Rechtsmacht über das Werk zurück, wenn der Nutzungsvertrag beendet wird. Das Abstraktionsprinzip führt hingegen zu einem Rückgewährschuldverhältnis und Wertersatz für eventuelle Nutzungshandlungen, die vor Rückgabe des Nutzungsrechts vorgenommen werden. Fraglich ist, ob hiermit den Anforderungen des § 11 S. 2 UrhG genügt wird, wonach das Urheberrecht der Sicherung einer angemessenen Vergütung für die Nutzung des Werkes dient.

### 1. Anwendbarkeit auf Rückgewährschuldverhältnisse

§ 11 S. 2 UrhG ist ein allgemeiner Programmsatz des Urheberrechts[730], der für alle Bereiche und insbesondere für das Urhebervertragsrecht gilt. Die Vorschrift geht zurück auf einen Vorschlag der Medienwirtschaft, dem sich der Rechtausschuss des Bundestages angeschlossen hat[731]. In der Begründung heißt es, die Vorschrift solle „auch“ im Rahmen der Inhaltskontrolle allgemeiner Geschäftsbedingungen zur Anwendung kommen[732]. Hierdurch wird deutlich, dass die AGB-Kontrolle nur Anlass war und einer weitergehenden Anwendung nicht im Wege stehen sollte. Es gilt daher die bereits zuvor bestehende Rechtsprechung, wonach die Angemessenheit als allgemeiner Grundsatz[733] auch die Auslegung des UrhG bestimmt[734]. Normen wie die §§ 32, 32a UrhG wirken konkretisierend[735], ohne § 11 S. 2 UrhG jenseits ihres Anwendungsbereiches auszuschließen.

Fraglich ist aber, ob § 11 S. 2 UrhG Rechtsfolgen für das dingliche Geschäft entfalten kann. Der Wortlaut des § 11 S. 2 UrhG lässt vermuten, dass nur die Gleichwertigkeit der ausgetauschten Leistungen hergestellt und insofern nur auf das schuldrechtliche Geschäft eingewirkt werden soll, wofür auch die Einführung im Rahmen des Gesetzes zur Stärkung der vertraglichen Stellung von Urhebern und ausübenden Künstlern in das UrhG spricht. Mit dieser Novelle sollte vor allem „ein zufriedenstellendes Gleichgewicht zwischen Rechten und Pflichten“ hergestellt werden[736]. Wenn nach dem Wortlaut eine angemessene Vergütung für die Nutzung des Werkes gesichert werden soll, dann erfordert dies begriffsnotwendig, dass überhaupt eine Nutzung statt-

[728] MünchKomm, Mayer-Maly/Busche, § 139, Rn. 23.
[729] Schack, Rn. 527 (Fußnote 7).
[730] Vgl. Schricker, GRUR Int. 2002, S. 797, 798.
[731] BT Drucks. 14/8058, S. 4, 18.
[732] BT Drucks. 14/8058, S. 18.
[733] RG GRUR 1930, S. 631, 636 – *Schlagerliederbuch*; RG 134, S. 198, 201 – *Schallplattenrechte*.
[734] BGHZ 17, S. 267, 278 f – *Magnettonaufnahme*.
[735] Wandtke/Bullinger, Bullinger, § 11, Rn. 4.
[736] Däubler-Gmelin, GRUR 2000, S. 764, 765; BT Drucks. 14/6433, S. 7.

findet. Gerade dies wird aber verhindert, wenn es aufgrund der Unwirksamkeit des dinglichen Rechtsgeschäfts zu einem Rechterückfall kommt.

Trotzdem kann eine angemessene Beteiligung des Urhebers an der Nutzung auch dadurch hergestellt werden, dass die Rechtsfolgen des dinglichen Geschäfts beschnitten werden. Das ergibt sich bereits aus der vor der Normierung des § 11 S. 2 bestehenden Rechtsprechung. Hier war seit langem anerkannt, dass dieser „tragende Leitgedanke des Urheberrechts“[737] nicht nur die Höhe der Vergütung, sondern vor allem die Frage nach dem Umfang der dem Urheber vorbehaltenen Handlungen beeinflusst. So hat der BGH den Grundsatz der Angemessenheit zunächst herangezogen, um einen Eingriff in die Rechte des Urhebers auch für solche Fälle zu begründen, in denen die Nutzung des Werkes lediglich privat erfolgte[738]. Später verneinte der BGH eine Rechtseinräumung unter anderem mit dem Argument, dass der Urheber tunlichst an der Verwertung seines Werkes zu beteiligen sei[739]. Denn gerade im Rahmen von Rechtseinräumungen bestehe die Gefahr der wirtschaftlichen Übervorteilung der Urheber, welcher der Angemessenheitsgrundsatz entgegenwirken will.

§ 11 S. 2 UrhG versucht also, ein Gleichgewicht der ausgetauschten Leistungen herzustellen[740]. Dieses kann sowohl durch eine Beschneidung der eingeräumten Rechte geschehen, wofür § 31 Abs. 5 UrhG ein Beispiel ist als auch durch eine Anpassung der Gegenleistung wie in den §§ 32, 32a UrhG. Wenn die Herstellung des Gleichgewichtes zwischen den ausgetauschten Leistungen eine Einschränkung des dinglichen Geschäfts erfordern kann, ist es auch möglich, dass dessen vollständige Nichtigkeit angeordnet wird. Dies kommt als ultima ratio allerdings erst dann in Betracht, wenn eine Angemessenheit durch die Anpassung des Vertrags oder urheberfreundliche Gesetzesauslegung nicht sichergestellt werden kann. Einfallstor für solche Wertungen sind die unbestimmten Rechtsbegriffe des UrhG und des BGB, wie zum Beispiel die Entreicherung im Rahmen des § 818 Abs. 3 BGB oder der Wertersatz des § 818 Abs. 2 BGB[741].

Grundsätzlich ist es nach dem Grundgedanken des § 11 S. 2 UrhG damit möglich, dass auch die vollständige Einstellung der Nutzung durch Rechterückfall anstelle eines „dulde und liquidiere“ eintritt.

### 2. Angemessenheit des Nutzungsersatzes aus Bereicherungsrecht

Fraglich ist aber, ob die unter dem Abstraktionsprinzip eintretenden Rechtsfolgen die Angemessenheit unterschreiten. Dies könnte insbesondere dann vorliegen, wenn nur bereicherungsrechtliche Ansprüche des Urhebers – vor allem im Hinblick auf den Nutzungsersatz - bestehen. Diese haben eine Reihe von Nachteilen gegenüber der un-

---

[737] Erdmann, GRUR 2002, S. 923, 924.

[738] BGH 17, S. 267, 278 f – *Magnettonaufnahme.*

[739] BGH GRUR 1974, S. 786, 787 – *Kassettenfilm*; vgl. auch RGZ 122, S. 66, 68 – *Tanzschlager-Liederbuch.*

[740] Schricker, GRUR Int. 2002, S. 797, 807; Reber, GRUR 2003, S. 393, 398.

[741] In diesem Sinne kann auch die Rechtsprechung zur fiktiven Lizenzgebühr als konkrete Ausgestaltung des Angemessenheitsgrundsatzes im Bereicherungsrecht verstanden werden, vgl. BGHZ 82, S 299, 308 – *Kunststoffhohlprofil II*; BGH GRUR 1997, S. 781, 783 – *Sprengwirkungshemmende Bauteile.*

ter dem Kausalprinzip geltenden deliktsrechtlichen Lösung. Einige dieser Nachteile werden aber durch die Ausrichtung des Bereicherungsrechts am Angemessenheitsgrundsatz eliminiert. Hierunter fällt zum Beispiel die Höhe des Wertersatzes, die sich nach ständiger Rechtsprechung direkt am Niveau des § 11 S. 2 UrhG orientiert. Für die Zukunft ist davon auszugehen, dass auch die Wertungen der §§ 32, 32a UrhG die Höhe des Wertersatzes beeinflussen werden. Mit der Versagung des Entreicherungseinwandes für den Nutzungsersatz[742] ist ferner die größte Schwäche des Bereicherungsrechts beseitigt. Es verbleibt gegenüber dem Deliktsrecht der Nachteil, dass ein eventueller Gewinn nicht abgeschöpft werden kann. Das fordert § 11 S. 2 UrhG aber auch nicht. Maßgeblich ist nach der insofern konkretisierenden Norm des § 32 Abs. 2 S. 2 UrhG Art und Umfang der eingeräumten Nutzungsmöglichkeit, insbesondere Dauer und Zeitpunkt der Nutzung. Aus den Gesetzesmaterialien ergibt sich eine weitere Konkretisierung: Marktverhältnisse, Investitionen, Risikotragung, Kosten und Zahl der hergestellten Werkstücke sind danach ebenfalls bei der Abwägung zu berücksichtigen[743]. Ausgangspunkt der Erwägungen sind die Erträge des Verwerters[744], nicht aber sein Gewinn. Der bereicherungsrechtliche Anspruch auf Nutzungsersatz entspricht damit den Anforderungen des § 11 S. 2 UrhG. Für möglicherweise daneben bestehende und weiter reichende postvertragliche Ansprüche wie § 584b S. 1 BGB gilt dies erst recht.

Eine weitere Schwäche des Bereicherungsanspruchs liegt aber im Ersatz für nicht gezogene Nutzungen. Diese können nur unter den besonderen Voraussetzungen der §§ 819 Abs. 1, 818 Abs. 4 BGB verlangt werden. Nur der bösgläubige oder verklagte Verwerter hat Ersatz zu leisten. Hierin liegt aber kein Verstoß gegen den Angemessenheitsgrundsatz, der kein Entgelt fordert, wenn das eingeräumte Recht nicht genutzt wird[745]. Das Bereicherungsrecht geht daher über das Schutzniveau der §§ 11 S. 2, 32, 32a UrhG sogar noch hinaus.

### 3. Angemessenheit im Zusammenhang mit der Rechtsdurchsetzung

Den vermögensrechtlichen Interessen des Urhebers ist damit zwar durch die bei der Rückabwicklung entstehenden Ansprüche hinreichend Rechnung getragen. Das kann aber nicht darüber hinwegtäuschen, dass dem Urheber hierdurch nicht sofort die volle Rechtsmacht wiederverschafft wird. Unter Umständen muss er noch für längere Zeit dulden, dass das Werk durch den schuldrechtlich nicht mehr legitimierten Verwerter ausgewertet wird, insbesondere dann, wenn über die Tatsache der Vertragsbeendigung vor Gericht gestritten wird. Hierin besteht der größte Unterschied zwischen dem bereicherungsrechtlichen Rückgewährsanspruch und dem unter dem Kausalprinzip entstehenden deliktsrechtlichen Unterlassungsanspruch: Nur der letztere ist mittels einstweiliger Verfügung schnell durchsetzbar. Dies führt zu der Frage, ob der Angemessenheitsgrundsatz auch Anforderungen an den Rechtsschutz des Urhebers stellt. Dagegen spricht die Geschichte des Angemessenheitsgrundsatzes, der entwickelt wurde, um ein

[742] St. Rspr., seit BGHZ 56, S. 317, 322 – *Gasparone II*; zur Gegenmeinung in der Literatur s.o. C I 8.
[743] BT Drucks. 14/6433, S. 14.
[744] BT Drucks. 14/6433, S. 14 mit Verweis auf RGZ 128, S. 102, 113 – *Tanzschlagerliederbuch*; RGZ 134, S. 198, 201 – *Schallplattenrechte*.
[745] BT Drucks. 14/6433, S. 15.

Mindestmaß an Vergütung des Urhebers sicherzustellen[746]. Zwar wäre dem Urheber wenig geholfen, wenn die Ansprüche nicht auch mit effizientem Rechtsschutz ausgestattet wären. Es kann aber nicht festgestellt werden, dass hierfür zwingend die Möglichkeit einer einstweiligen Verfügung nötig ist.

#### 4. Ergebnis

Auch das Abstraktionsprinzip genügt den Anforderungen des § 11 S. 2 UrhG.

### VII. § 34 Abs. 4 UrhG

Nach § 34 Abs. 4 UrhG haftet der Erwerber eines Nutzungsrechts gesamtschuldnerisch für die Verpflichtungen, welche der Veräußerer nach dem Nutzungsvertrag gegenüber dem Urheber hat. Die Haftung kann nur dadurch ausgeschlossen werden, dass der Urheber der Übertragung im Einzelfall zustimmt, eine abweichende vertragliche Regelung ist gemäß § 34 Abs. 5 S. 1 UrhG unwirksam.

Es drängt sich der Gedanke auf, dass § 34 Abs. 4 UrhG stillschweigend von der Geltung des Kausalprinzips ausgeht. Wenn die Norm den Erwerber aus dem Kausalgeschäft zwischen Urheber und Verwerter haften lässt, dann setzt sie die Existenz des Kausalgeschäfts möglicherweise sogar voraus. Unter dem Abstraktionsprinzip sind Fälle denkbar, in denen das Nutzungsrecht auf den Erwerber übertragen wird und das Kausalgeschäft sodann erlischt. Aus dem Schutzzweck des § 34 Abs. 4 UrhG ergibt sich, dass der Urheber in derartigen Fällen keinesfalls schutzlos gestellt werden soll. Aber wie soll der Verwerter aus einem nicht mehr existierenden Geschäft noch mithaften? Die Antwort hierauf wurde bereits oben gegeben. Vertragliche und bereicherungsrechtlich Rückgewährsansprüche fallen in den Haftungsfonds des § 34 Abs. 4 UrhG, selbst wenn sie erst mit Vertragsbeendigung entstehen[747]. § 34 Abs. 4 UrhG lässt sich daher nicht zu Gunsten des Kausalprinzips ins Feld führen.

### VIII. Der Stellenwert der Verkehrsfähigkeit im Urheberrecht

Das Hauptziel des Abstraktionsprinzips wird heute nicht mehr in der Verwirklichung des Parteiwillens, sondern in der Erhöhung der Verkehrsfähigkeit dinglicher Rechte gesehen. Ob hieran im Urheberrecht überhaupt ein Bedarf besteht, erscheint aber zweifelhaft.

#### 1. Die Wertung des § 34 Abs. 1 UrhG

Der Gesetzgeber hat der Verkehrsfähigkeit des Nutzungsrechts keinen sonderlich hohen Stellenwert beigemessen. Nach § 34 Abs. 1 S. 1 UrhG kommt eine Übertragung im Normalfall nur mit Zustimmung des Urhebers in Betracht. Damit geht das gesetzgeberische Leitbild davon aus, dass das Nutzungsrecht bei dem Vertragspartner des Urhebers verbleibt und nur ausnahmsweise übertragen wird[748], worüber zuvor Einvernehmen mit dem Urheber erzielt werden muss. Einen weiteren Dämpfer erhält die Verkehrsfähigkeit durch § 34 Abs. 4 UrhG. Der Erwerber bindet sich immer auch

---

[746] RGZ 128, S. 102, 113 – *Tanzschlagerliederbuch*; RGZ 134, S. 198, 201 – *Schallplattenrechte*.
[747] S.o. C V 5 a) cc).
[748] BGH GRUR 1984, S. 45, 52 – *Honorarbedingungen: Sendevertrag*.

zugleich an die Verpflichtungen, die der Vertragspartner des Urhebers diesem gegenüber zu erfüllen hat. Das gilt selbst für das Filmrecht, welches das Schutzniveau an vielen Stellen senkt[749]. Hier stärkt § 90 S. 1 UrhG zwar generell die Verkehrsfähigkeit des Nutzungsrechts – die Vorschrift des § 34 Abs. 4 UrhG bleibt aber unberührt[750]. Anders als bei anderen dinglichen Rechten ist ein „freier Warenverkehr" bei Nutzungsrechten offenbar nicht vorgesehen. Die Sicherheit des Rechtserwerbs wird weiterhin durch Rückrufsrechte wie die §§ 40 ff oder § 34 Abs. 3 S. 2 UrhG geschwächt. Die Diskussion im Gesetzgebungsverfahren zu § 34 Abs. 3 S. 2 UrhG zeigt beispielhaft, welche Wertentscheidung diesen Normen zugrunde liegt: Hier hatte der Bundesrat befürchtet, dass sich die Möglichkeiten der Unternehmensveräußerung drastisch verschlechtern, wenn die Urheber die Möglichkeit des Rückrufes erhalten. Nutzungsrechte stellten häufig das wesentliche Kapital vieler Unternehmen dar[751]. Dennoch wurde den persönlichkeitsrechtlichen Interessen der Urheber schließlich der Vorzug gegenüber den wirtschaftlichen Interessen der Verwerterseite gegeben[752].

Andererseits wird an § 34 Abs. 1 UrhG deutlich, dass ein Verkehr des Nutzungsrechts im UrhG immerhin möglich und vorgesehen ist. Das persönlichkeitsrechtliche Hindernis der Zustimmung des § 34 Abs. 1 UrhG[753] kann zudem gemäß Abs. 5 S. 2 durch Parteivereinbarung überwunden werden; im Filmrecht besteht laut § 90 UrhG bereits per Gesetz eine Ausnahme. Hier erkennt die Gesetzesbegründung ausdrücklich an, dass eine weitgehende Verfügungsfreiheit für die ungehinderte Auswertung erforderlich ist[754]. Wenn aber das Nutzungsrecht durch Parteivereinbarung einen hohen Grad an Verkehrsfähigkeit erhalten kann[755], dann müssen auch Mindeststandards für die Verkehrsicherheit gelten. Dieses Bedürfnis hat das Gesetz zum Beispiel in § 33 UrhG anerkannt, der den Rechtserwerb von späteren Verfügungen des Urhebers unabhängig macht. Ein weiteres Beispiel ist die Erschöpfungsregel des § 17 Abs. 2 UrhG, die das Verbreitungsrecht des Urhebers aus Verkehrsschutzgründen einschränkt[756]. Der Erschöpfungsgrundsatz bezieht sich hierbei zunächst nur auf die Veräußerung von Vervielfältigungsstücken und dient damit in erster Linie dem Rechtsverkehr des Eigentums. Dass aber auch ein Interesse einem Verkehrsschutz zu Gunsten des Nutzungsrechts besteht, zeigen Fälle, in denen das Werk in unkörperlicher Form vermarktet wird, so zum Beispiel beim Internet-Download von Musik oder Software[757]. Die

---

[749] Wandtke/Bullinger, Manegold, vor §§ 88 ff, Rn. 5; Dreier/Schulze, Schulze, vor §§ 88 ff, Rn. 1.

[750] BGH NJW 2001, S. 2402, 2406 – *Barfuß ins Bett.*

[751] BT Drucks. 14/7564, S. 8.

[752] BT Drucks. 15/7564, S. 12.

[753] Schricker, Schricker, § 34, Rn. 2; In der amtlichen Begründung UFITA 45 (1965), S. 240, 273 heißt es hierzu, der Urheber müsse das Recht haben, die Person des Verwerters selbst zu bestimmen, um jene auszuschließen, die „sein Vertrauen nicht besitzen und von denen er befürchten muss, dass sie von dem Nutzungsrecht einen seinen Absichten zuwiderlaufenden Gebrauch machen werden".

[754] Amtl. Begr. UFITA 45 (1965), S. 240, 249.

[755] So Götting, Festschrift für Schricker, S. 53, 66.

[756] Hausmann, Festschrift für Schwarz, S. 81, 98; BGH GRUR 1995, S. 673, 676 – *Mauerbilder.*

[757] Für eine Erweiterung des Erschöpfungsgrundsatzes auf diese Fälle Hoeren, Softwareüberlassung, Rn. 369 ff; Lehmann, Festschrift für Schricker, S. 563, 563 f; Moufang, Festschrift für Schricker, S. 571, 590; Koehler, S. 86 ff; Knies, GRUR Int. 2002, S. 314, 316. Eine Übersicht über die unterschiedlichen Begründungsansätze gibt Witte, ITRB 2005, S. 86, 88 f.

nachteiligen Auswirkungen des Kausalprinzips können hier nur durch eine Erschöpfung aufgefangen werden, die aber im Onlinebereich nicht unumstritten ist[758].

## 2. Grenzen der Aufspaltbarkeit von Nutzungsrechten

Das Bedürfnis nach Verkehrssicherheit ist auch über die ausdrücklichen Einzelregelungen des UrhG hinaus anerkannt. So ist der Aufspaltbarkeit von Nutzungsrechten aus Verkehrsschutzgründen dort eine Grenze gezogen, wo die Schwelle zur technisch-wirtschaftlich eigenständigen Nutzungsform überschritten ist[759]. Der Erwerber eines Nutzungsrechts muss aus dem Recht selbst heraus ersehen können, welche Handlungen ihm erlaubt sind und welche das Urheberrecht verletzen. Dies fordert bereits der sachenrechtliche Bestimmtheitsgrundsatz, der gemäß §§ 413, 398 BGB auch auf Verfügungen über immaterielle Rechtsgüter und damit im Urheberrecht anwendbar ist[760]. Das Kausalprinzip wirkt einer solchen Klarheit entgegen, indem es den Bestand des Rechts von zusätzlichen schuldrechtlichen Anforderungen abhängig macht. Diese stehen zur Disposition der Parteien. Insbesondere können die Parteien Bedingungen vereinbaren, die zur sofortigen Beendigung des schuldrechtlichen Geschäfts führen, ohne dass eine Kündigung ausgesprochen werden muss. Das Kausalprinzip kann also zum Einfallstor für Klauseln werden, die den Fortbestand des Rechts von Umständen abhängig machen, die mit einer technisch-eigenständigen Nutzung nichts mehr zu tun haben[761]. Damit kann die Verletzung schuldrechtlicher Vertragspflichten mit dinglichen Rechtsfolgen sanktioniert werden[762] und zum Beispiel der Verzug mit einer Forderung aus einem völlig anderen Vertragsverhältnis zum Rechterückfall führen[763]. Der oben dargestellte Grundsatz wird dadurch zwar formal eingehalten, da das Nutzungsrecht für eine technisch-wirtschaftlich eigenständige Nutzungsform eingeräumt wird und ein (einmaliger) Verstoß gegen die einengenden schuldrechtlichen Bedingungen *dinglich* erlaubt ist. Inhaltlich wird die Grenze der Aufspaltbarkeit dadurch aber überschritten, denn der Verstoß gegen schuldrechtliche Pflichten ist an eine harte dingliche Rechtsfolge geknüpft, die de facto wie eine dingliche Beschränkung wirkt. Entgegen dem eingangs erwähnten Grundsatz kann dadurch das Nutzungsrecht dann doch frei zugeschnitten werden[764].

Es ist nicht Aufgabe dieser Untersuchung, die vertraglichen Gestaltungsmöglichkeiten in diesem Bereich zu ermitteln. Allerdings kann festgestellt werden, dass die in Teilen der Literatur vertretene uneingeschränkte Anwendung des Kausalprinzips auf Rechtseinräumungen die Grenze der Aufspaltbarkeit von Nutzungsrechten aufhebt. Es liegt auf der Hand, dass dem Rechtsverkehr nicht gedient ist, wenn der Bestand eines

---

758 Dagegen Dreier/Schulze, § 17, Rn. 30; Chrocziel, CR 1989, S. 675, 793; Koppe, Erschöpfung, S. 180 ff; Schricker, Loewenheim, § 17, Rn. 5.

759 BGH GRUR 2001, S. 153, 154 – *OEM-Version* ; BGH GRUR 1986, *GEMA-Vermutung I*, S. 62, 65; BGH GRUR 1992, S. 310, 311 – *Taschenbuch-Lizenz*; LG München I, CR 2004, S. 774, 776.

760 Zur Anwendbarkeit im Patentrecht vgl. Baur/Stürner, § 4 IV 2 (S. 34, Rn. 2).

761 Kreutzer, MMR 2004, S. 695, 698.

762 Hoeren, CR 2004, S. 776, 777.

763 Einen entsprechenden Klauselvorschlag unterbreiten Wente/Härle, GRUR 1997, S. 96, 100.

764 Fragwürdig insofern LG München I, CR 2004, S. 774, 777, wo ein Rechterückfall wegen Verletzung der vertraglichen Pflichten angenommen wird.

Nutzungsrechts von der Einhaltung individueller, nur schwer in Erfahrung zu bringender Vertragspflichten des Vorinhabers abhängt. Eine solche Verdinglichung schuldrechtlicher Verpflichtungen ist dem deutschen Recht generell fremd[765]. In der Entscheidung *Die Privatsekretärin* hat der BGH daher als Mindestvoraussetzung für einen automatischen Heimfall die ausdrückliche Vereinbarung einer Bedingung verlangt[766], was insbesondere dann gelten müsse, wenn das Nutzungsrecht frei übertragbar sei. Diese Anforderung ist nicht eingehalten, wenn die Rechtseinräumung als kausal aufgefasst wird.

### 3. Rechtssicherheit im Umgang mit dem Werk

Das Interesse an der Beständigkeit des Erwerbs von Nutzungsrechten ist auch schon deshalb groß, weil jedermann im täglichen Leben ständig mit schutzfähigen Werken in Kontakt kommt. Würden schuldrechtliche Störungen einen Rechterückfall bewirken, so würde eine Einhaltung des absoluten Rechts des Urhebers im Alltag erheblich erschwert[767]. Der Rückfall von Nutzungsrechten, zum Beispiel an Software, kann gerade in der Rechtekette nicht nur zu deliktischen Unterlassungs- sondern auch Schadensersatzansprüchen führen, wofür leichte Fahrlässigkeit ausreicht[768]. Um Rechtsverletzungen vorzubeugen, müsste die schuldrechtliche Vereinbarung zwischen Urheber und Verwerter ständig auf ihre Wirksamkeit überprüft werden. Hinzu kommt die große Vielfalt in der schuldrechtlichen Vertragsgestaltung, die einen schnellen Überblick über die Rechtslage erschwert. *De Boor* zufolge ist eine gesetzliche Regelung des Urheberschuldrechts daher erste Voraussetzung für ein Abweichen von Abstraktionsprinzip[769].

Im Ergebnis ergibt sich, dass durchaus ein Bedarf am Schutz der Rechtsbeständigkeit des Erwerbs besteht. Da ein Gutglaubensschutz fehlt[770], kann das Abstraktionsprinzip hierzu erheblich beitragen. Insofern verwundert es nicht, dass auch der BGH seine Grundsatzentscheidung *Die Privatsekretärin* entscheidend auf den Verkehrsschutz gestützt hat[771].

## IX. Kausalität als typische Eigenschaft des Nutzungsrechts

### 1. Abstraktion aufgrund der Eigenschaft als dingliches Recht?

Einen Anhaltspunkt für die Abstraktheit des Nutzungsrechts könnte seine Rechtsnatur als dingliches Recht geben. So vertritt *Serick* die Ansicht, dass dingliche Rechte stets

---

[765] BGH GRUR 2001, S. 153, 155 – *OEM-Version*.
[766] GRUR 1958, S. 504, 506.
[767] De Boor, Vom Wesen, S. 62.
[768] Die Rechtsprechung stellt insofern hohe Sorgfaltsmaßstäbe auf, vgl. BGH GRUR 1999, S. 49, 51 – *Bruce Springsteen and his Band*; BGH GRUR 1982, S. 102, 104 – *Masterbänder*.
[769] De Boor, Vom Wesen, S. 62 f. Eine solche Regelung hält de Boor allerdings aufgrund der Komplexität der Materie für nicht umsetzbar.
[770] BGH GRUR 1959, S. 200, 203 – *Der Heiligenhof*; BGHZ 5, S. 116, 119 – *Parkstraße*; Wandtke/Bullinger, Wandtke/Grunert, vor §§ 31 ff, Rn. 41; Schack, Rn. 537; Schricker, Schricker, vor §§ 28 ff, Rn. 63; Fromm/Nordemann, Hertin, vor § 31, Rn. 9.
[771] GRUR 1958, S. 504 ff, insb. 506.

unabhängig vom schuldrechtlichen Verpflichtungsgeschäft sind[772]. Demnach ist zumindest das unbestritten dinglich wirkende ausschließliche Nutzungsrecht[773] abstrakter Natur. Soweit darüber hinaus auch das einfache Nutzungsrecht als dinglich angesehen wird[774], folgt daraus die Abstraktheit des urheberrechtlichen Nutzungsrechts insgesamt.

An der These *Sericks* müssen aber Zweifel angemeldet werden. Für die Existenz kausaler dinglicher Rechte lassen sich zwar nicht die akzessorischen Sicherungsrechte des deutschen Sachenrechts anführen. Vormerkung, Hypothek und Faustpfand sind in ihrem Bestand von der Existenz der zu sichernden Forderung abhängig – nicht aber von dem Kausalgeschäft, welches ihrer Bestellung zugrunde liegt[775]. Gegen das Dogma von der zwingenden Abstraktheit sprechen aber konstruktive Gründe. Denn es stellt eine sprachliche Ungenauigkeit dar, wenn von „abstrakten Rechten" die Rede ist. Abstrakt ist nicht das Recht selbst, sondern das Rechtsgeschäft, welches seine Entstehung bewirkt, so zum Beispiel die Einigung innerhalb des § 929 S. 1 BGB. Dessen Verhältnis zum Kausalgeschäft bestimmt das Schicksal des dinglichen Rechts. Nach dem gesetzlichen Leitbild des BGB ist das dingliche Rechtsgeschäft abstrakt. Das hindert die Parteien aber nicht daran, auf rechtsgeschäftlichem Wege eine Rückbindung an das schuldrechtliche Geschäft zu erreichen. So kann das dingliche Rechtsgeschäft mittels einer Bedingung vom Bestand des schuldrechtlichen Geschäfts abhängig gemacht werden[776]. Ein weiteres Beispiel für eine vom Abstraktionsprinzip gestattete Annäherung an das Kausalgeschäft ist der Eigentumsvorbehalt. Der dingliche Charakter des Rechts wird durch solche Vereinbarungen nicht tangiert. Dem könnte entgegengehalten werden, dass es sich hierbei um Modifikationen durch die Parteien handelt, welche die Rechtsnatur des gesetzgeberischen Leitbildes verändern und deshalb nicht als Beispiel für dingliche Rechte mit kausalem Einschlag taugt[777]. Dies ändert jedoch nichts daran, dass die Abstraktion des dinglichen Rechts nur die Regel darstellt, zu der Ausnahmen möglich sind. Das dingliche Nutzungsrecht ist daher nicht bereits aus seiner Rechtsnatur heraus abstrakt.

### 2. Eigenständigkeit des Nutzungsrechts

Damit ist allerdings nur im Grundsatz ermittelt, dass es dingliche Rechte geben kann, die von einem Kausalgeschäft abhängig sind. Konkret im Hinblick auf das Nutzungsrecht kann darüber hinaus aber argumentiert werden, dass dessen Eigenständigkeit seit jeher in Frage gestellt wurde. In der Literatur wird stets betont, dass es sich um ein

---

[772] AcP 166 (1966), S. 129, 130 f.
[773] Vgl. insofern Fromm/Nordemann, Hertin, §§ 31/32, Rn. 2 und Möhring/Nicolini, Spautz, § 31, Rn. 39, die bezüglich des einfachen Nutzungsrechts hiervon abweichen wollen.
[774] So die mittlerweile h.M. im Schrifttum, vgl. Ulmer, S. 386 f; Rehbinder, Urheberrecht, Rn. 306; Schricker, Schricker, § 33 Rn. 1; Wandtke/Bullinger, Wandtke/Grunert, § 33, Rn. 2; Schulze/Dreier, Schulze, § 31, Rn. 52.
[775] Hierzu ausführlich oben A II 3 a).
[776] S.o. A II 4.
[777] Stadler, S. 101; Serick, AcP 166 (1966), S. 129, 131.

zweckgebundenes Recht mit engen Bindungen an das Mutterrecht handelt[778]. In diversen Konstellationen fällt es kraft Gesetzes auf das Mutterrecht zurück, ohne dass es eines Übertragungsaktes bedarf. So kommt es zum Heimfall, wenn der Inhaber eines Nutzungsrechts auf dieses verzichtet oder es durch Zeitablauf erlischt[779]. Aus dem Urheberpersönlichkeitsrecht resultieren diverse Rückrufsrechte, die das Nutzungsrecht mit dem Mutterrecht vereinen. Es drängt sich die Frage auf, ob ein souveränes Nutzungsrecht vom Gesetzgeber überhaupt gewollt ist. Bedarf das Nutzungsrecht zu seiner Existenz einer Rechtfertigung durch das schuldrechtliche Geschäft?

Keine Anhaltspunkte ergeben sich aus der monistischen Theorie des Urheberrechts. Im Zuge der langwierigen Vorarbeiten zum UrhG wurde diese Lehre in einem Gesetzesentwurf des Reichsjustizministeriums aus dem Jahr 1932 problemlos mit einer abstrakten Ausgestaltung des Nutzungsrechts verknüpft[780]. Der Übergang von der Teilübertragung zur Einräumung von Nutzungsrechten bedeutet damit nicht automatisch auch einen Paradigmenwechsel hinsichtlich des Verhältnisses des dinglichen zum schuldrechtlichen Geschäft. Umgekehrt kann nicht davon ausgegangen werden, dass das UrhG die im Jahre 1932 vorherrschende Ansicht übernommen hat, auch wenn der Entwurf von 1932 in der Gesetzesbegründung erwähnt wird[781].

Auch die Bindung an das Mutterrecht erfordert nicht zwingend einen Rückfall bei fehlendem Kausalgeschäft. Für eine dauerhafte Eigenständigkeit des Nutzungsrechts spricht, dass dieses laut § 31 Abs. 1 UrhG zeitlich unbeschränkt eingeräumt werden kann. Es besteht dann bis zum Ablauf der Schutzfrist in der Hand des Verwerters fort. Im Zuge der Arbeiten am Gesetz zur Stärkung der vertraglichen Stellung von Urhebern und ausübenden Künstlern wurde zwar vorgeschlagen, ein Kündigungsrecht des Urhebers nach 30-jähriger Laufzeit der Nutzungsrechtseinräumung einzuführen[782]. Die Anregung wurde jedoch nicht umgesetzt. Die Bindung an das Mutterrecht kann damit durch vertragliche Vereinbarung sehr stark abgeschwächt werden. Der Verzicht auf das Mutterrecht lässt das Nutzungsrecht unberührt[783] - ein weiterer Anhaltspunkt dafür, dass das Nutzungsrecht gegenüber dem Urheberrecht eigenständig ist.

### X. Analogie zu § 9 Abs. 1 VerlG

Die kausale Verknüpfung zwischen Verpflichtung und Verfügung wird häufig mit einer Analogie zu § 9 Abs. 1 VerlG begründet[784]. Die Vorschrift bestimmt, dass das dingliche Verlagsrecht mit der Beendigung des Verlagsvertrags erlischt.

[778] Ulmer, S. 359; de Boor, Vom Wesen, S. 61; Forkel, S. 128 ff; Schricker, Schricker, vor §§ 28 ff, Rn. 43; Dreier/Schulze, Schulze, § 31, Rn. 11.

[779] Schack, Rn. 531.

[780] Hierzu de Boor, Vom Wesen, S. 58 ff.

[781] Amtl. Begr. UFITA 45 (1965), S. 240, 241.

[782] Sogenannter „Professorenentwurf", GRUR 2000, S. 765, 766.

[783] Schricker, Schricker, vor §§ 28 ff, Rn. 4; Ulmer, S. 444; v. Tuhr, Allg. Teil II 1, S. 74 f.

[784] So Schricker, Schricker, vor §§ 28 ff, Rn. 61; Fromm/Nordemann, Hertin, vor § 31, Rn. 10; Wente/Härle, GRUR 1997, S. 96, 99; Ulmer, S. 391; Kraßer, GRUR Int. 1973, S. 230, 237; OLG Hamburg, S. 335, 336 – *Kinderfernseh-Sendereihe*; OLG Brandenburg, NJW-RR 1999, S. 839, 840; LG Mannheim, CR 2004, S. 811, 814.

### 1. § 9 Abs. 1 VerlG als Ausdruck von Kausalität oder Akzessorietät?

Dass § 9 Abs. 1 VerlG eine Ausnahme vom Abstraktionsgrundsatz darstellt, ist heute einhellige Meinung in Literatur und Rechtsprechung[785]. Dies ergibt sich jedoch weder zwingend aus der knappen Gesetzesbegründung[786], noch aus dem Wortlaut der Vorschrift selbst, der lediglich bestimmt, dass es nach dem Erlöschen des Verlagsvertrags keiner Rückübertragung bedarf. Möglich ist es auch, § 9 Abs. 1 VerlG im Sinne einer Akzessorietät zu interpretieren, also als Abhängigkeit von einer schuldrechtlichen Verpflichtung und nicht als Abhängigkeit von einem Rechtsgeschäft[787]. Die Annahme einer Akzessorietät des Verlagsrechts zu den schuldrechtlichen Verpflichtungen des Autors schlösse eine Analogie von vornherein aus, da das UrhG keinerlei vergleichbare Wertungen enthält.

Zu Recht hat bereits *de Boor* bemängelt, dass der Grund des Erlöschens des Verlagsrechts in der Literatur kaum hinterfragt wurde, obwohl hierin eine krasse Ausnahme zum sonstigen Erlöschen dinglicher Rechte liegt[788]. Seiner Ansicht nach erfolgt der automatische Rückfall nicht etwa aufgrund einer Ausnahme zum Abstraktionsprinzip, sondern weil das dingliche Verlagsrecht akzessorisch ist. Sein Zweck bestehe darin, die schuldrechtlichen Ansprüche des Verlegers gegen den Urheber zu stützen. Gesichert würden hierdurch die Ansprüche auf Gestattung der Werknutzung und Unterlassung eigener Auswertung unabhängig vom Schicksal des restlichen Vertrags; § 9 Abs. 1 VerlG sei insofern ungenau formuliert[789]. Das Verlagsrecht könne nämlich entgegen dem Wortlaut auch vor Beendigung des Verlagsvertrags erlöschen, so zum Beispiel wenn der Verleger mit der Vervielfältigung des Werkes in Verzug geraten und der Erfüllungsanspruch gemäß § 326 BGB (a.F.) erloschen ist, weil der Urheber Nichterfüllung statt der Leistung gewählt hat[790]. Das Erlöschen des Verlagsrechts nehmen in diesem Fall auch diejenigen an, die § 9 Abs. 1 VerlG als Ausdruck der Kausalität deuten, wobei das Erlöschen ausdrücklich damit begründet wird, dass trotz fortbestehenden Vertrags kein Bedürfnis mehr an einer dinglichen Sicherung bestehe, da der Anspruch auf Einräumung des Verlagsrechts entfallen sei[791]. Dies ist aber genau die Rechtsfolge, die man von einem akzessorischen Recht erwarten würde. Für die Deutung des § 9 Abs. 1 VerlG als Ausdruck einer Akzessorietät sprechen noch weitere Gründe. Vor allem ist das Verlagsrecht gemäß § 8 VerlG ein exaktes dingliches Spiegelbild der schuldrechtlichen Pflichten des Verfassers, was geradezu typisch für akzessorische Rechte ist. Auch in der Gesetzesbegründung finden sich hierfür Anhaltspunkte, wenn

---

[785] Schricker, VerlG, § 9, Rn. 3; Ulmer, S. 390; Wente/Härle, GRUR 1997, S. 96, 97; Schwarz/Klingner, GRUR 1998, S. 103, 104.

[786] Verhandlungen des Deutschen Reichstages, 10. Periode II. Session 1900/1902 Aktenstück 97, S. 419.

[787] Staudinger, Seiler, Einl zum SachenR, Rn. 61.

[788] Verlagsrecht, S. 264. Die seinerzeitige Literatur schenkte dem Thema in der Tat keinerlei Aufmerksamkeit, vgl. Allfeld, 2. Aufl. 1929, S. 58; Kohler, Urheberrecht, S. 281.

[789] De Boor, Verlagsrecht, S. 266 f.

[790] De Boor, Verlagsrecht, S. 267 (Fußnote 1).

[791] Schricker, VerlG, § 9, Rn. 8; Leiss, VerlG, § 9, Rn. 7.

das dingliche Verlagsrecht mehrfach als „Sicherung" bezeichnet wird[792]. An der entscheidenden Stelle heißt es zudem, dass mit dem Wegfall der *Ansprüche* des Verlegers die Notwendigkeit des dinglichen Rechts entfalle – unmittelbarer Beweggrund des Gesetzgebers war also nicht die Beendigung des Vertrags[793].

Das Verlagsrecht entsteht nicht zusammen mit dem angeblich gesicherten Anspruch auf Unterlassung, der bereits bei Vertragsschluss besteht[794]. Dies wäre bei einem akzessorischen Recht aber zu erwarten. Hinzu kommt die von *de Boor* selbst erkannte Tatsache, dass der Wortlaut des § 9 Abs. 1 VerlG auf das Erlöschen des Verlagsvertrags und eben nicht auf das Erlöschen der schuldrechtlichen Pflichten abstellt[795].

Besteht im Ergebnis keine Klarheit über das Wesen des § 9 Abs. 1 VerlG, so ist im Hinblick auf einen Analogieschluss von vornherein Vorsicht geboten. Dies gilt insbesondere aufgrund der unklaren Gesetzesbegründung – ein ausdrücklicher Hinweis auf die Kausalität wäre hier zu erwarten gewesen. Es kann jedenfalls nicht von der Prämisse ausgegangen werden, dass der Wortlaut des § 9 Abs. 1 VerlG eine Kausalität anordnet. Stattdessen sind die einzelnen gesetzlichen Wertungen im Umfeld des § 9 Abs. 1 VerlG genau herauszuarbeiten und auf ihre Übertragbarkeit auf das UrhG zu untersuchen.

**2. Planwidrige Regelungslücke**

Die für eine Analogie zunächst erforderliche Regelungslücke liegt ohne Zweifel vor. Wie gezeigt, findet sich im UrhG keine ausdrückliche Erwähnung des Abstraktionsprinzips. Anders als im BGB existieren auch keine Vorschriften, die seine Anwendung zwingend voraus setzen. Fraglich ist aber, ob diese Regelungslücke auch planwidrig ist. Dagegen spricht, dass der Gesetzgeber des UrhG 1965 das Verlagsrecht durchaus in seine Überlegungen einbezogen hat. So hielt er die Regelung des § 28 Abs. 2 VerlG a.F. für verallgemeinerungswürdig und hat § 34 Abs. 4 UrhG nach ihrem Vorbild geschaffen[796]. Das lässt darauf schließen, dass nicht implementierte Spezialregelungen bewusst nicht zum allgemeinen Rechtssatz erhoben werden sollten. Der Gesetzgeber hat sich darüber hinaus auch mit dem Spannungsverhältnis zwischen UrhG und VerlG beschäftigt. Der Streit um das Verhältnis der §§ 28 Abs. 2 VerlG und § 34 Abs. 4 UrhG[797] wurde später durch die Streichung des § 28 Abs. 2 VerlG beseitigt[798]. Zudem hat der Gesetzgeber immer wieder von Rechtsprechung und Lehre behandelte Themen in den Gesetzestext aufgenommen, so zum Beispiel *die Goldbaum*'sche Zweckübertragungslehre oder zuletzt den Grundsatz der angemessenen Vergütung in § 11 S. 2 UrhG. Das Kausalprinzip befindet sich nicht unter diesen Regeln – und dies trotz jahrzehntelangen Streites in der Literatur und uneinheitlicher höchstrichterlicher Recht-

[792] Verhandlungen des Deutschen Reichstages, 10. Periode II. Session 1900/1902 Aktenstück 97, S. 419 linke Spalte, 2. und 3. Absatz.
[793] Verhandlungen des Deutschen Reichstages, 10. Periode II. Session 1900/1902 Aktenstück 97, S. 419, rechte Spalte, 2. Absatz.
[794] Schricker, VerlG, § 2, Rn. 2.
[795] Verlagsrecht, S. 267 (Fußnote 1).
[796] Amtl. Begr., UFITA 45 (1965), S. 240, 272.
[797] Hierzu Haberstumpf, Festschrift für Hubmann, S. 127, 132.
[798] BT Drucks. 15/6433, S. 16, 20.

sprechung[799]. In der Gesetzesbegründung zum UrhG 1965 hat der Gesetzgeber Fälle aufgezählt, in denen es zu einem automatischen Heimfall kommt[800]. Die Vertragsbeendigung ist nicht darunter.

Es wäre dennoch voreilig, hieraus eine bewusste Entscheidung zu Gunsten des allgemeinen Abstraktionsgrundsatzes zu folgern. Eine Argumentation auf Basis der Gesetzesmaterialien gleicht der Lektüre des Kaffeesatzes, bei der nur deutlich wird, dass der Gesetzgeber sich mit der Problematik nicht beschäftigt hat. Im Vordergrund der Debatte standen Themen von größerem politischem Interesse. Vor allem sollte eine Übervorteilung des Urheber bei den Vertragsverhandlungen verhindert und eine angemessene Vergütung gesichert werden. Eine Vielzahl neuer Vorschriften im UrhG befasst sich mit der Begründung des Vertragsverhältnisses, dessen Beendigung aber nach wie vor ungeregelt ist. Die Regelungslücke ist daher planwidrig.

### 3. Rechtsethische Vergleichbarkeit

Entscheidendes Kriterium für die Analogie ist allerdings die sogenannte rechtsethische Vergleichbarkeit[801]. Die Interessenlage im UrhG muss im Wesenskern mit derjenigen Interessenlage übereinstimmen, die durch § 9 VerlG einen Ausgleich finden sollte[802].

#### a) § 8 VerlG als Rechtfertigung für das Kausalprinzip

Im Gegensatz zum allgemeinen Nutzungsrecht des UrhG ist das Verlagsrecht ein typisiertes Recht. Hierbei bestehen bemerkenswerte Unterschiede zu den typisierten Rechten des BGB. Anders als zum Beispiel in § 903 BGB definiert das Gesetz den Inhalt des Verlagsrechts nicht per Typendeklaration. Statt dessen wird eine indirekte Technik verwendet: Die §§ 2-7 VerlG regeln zunächst die schuldrechtlichen Verpflichtungen des Verfassers. § 8 VerlG ordnet sodann an, dass das einzuräumende Verlagsrecht diesen Verpflichtungen inhaltlich zu entsprechen habe. Hierin zeigt sich eine enge Verknüpfung von schuldrechtlichem und dinglichem Geschäft im Verlagsrecht, denn Erweiterungen oder Beschränkungen der schuldrechtlichen Befugnisse schlagen nach dem gesetzlichen Leitbild unmittelbar auf das dingliche Verlagsrecht durch[803]. Anders im UrhG, welches keinerlei schuldrechtliche Vertragstypen enthält, aus denen sich mittelbar der Umfang des Nutzungsrechts ergeben könnte. Wie oben festgestellt, gestaltet das schuldrechtliche Geschäft deshalb das dingliche Geschäft im allgemeinen Urhebervertragsrecht nicht aus[804]. Auch § 31 Abs. 5 UrhG erfüllt nicht diese Funktion: Danach ist der Vertragszweck für den Umfang der Rechtseinräumung entscheidend – und nicht etwa das schuldrechtliche Geschäft. Die Zweckübertragungslehre ist auf schuldrechtliches wie dingliches Geschäft in zwei getrennten Schritten anzuwenden, wobei der Vertragszweck nicht automatisch die dingliche Sicherung jeglicher schuldrechtlichen Befugnisse verlangt.

---

[799] Siehe hierzu BGH GRUR 1958, S. 504 ff - *Die Privatsekretärin* einerseits und BGH GRUR 1966, S. 568 ff – *GELU* andererseits.
[800] Amtl. Begr., UFITA 45 (1965), S. 240, S. 243.
[801] Larenz/Canaris, Methodenlehre, S. 202 ff.
[802] BGH GRUR 1958, S. 504, 506 - *Die Privatsekretärin.*
[803] Schricker, VerlG, § 8, Rn. 34.
[804] S.o. II.

Aus alldem folgt, dass der Gesetzgeber im Verlagsrecht einen klar umrissenen Normalfall vor Augen hatte, für den er schuldrechtliche und dingliche Befugnisse minutiös ausdefinieren konnte. Er hat für diesen typischen Fall festgestellt, dass es die Parteiinteressen verlangen, die schuldrechtlichen Befugnisse exakt im dinglichen Geschäft abzubilden. Wenn aber der Inhalt des dinglichen Geschäfts dem schuldrechtlichen entspringt, so liegt es auf der Hand, dass es ohne Verlagsvertrag kein Verlagsrecht geben kann. Dies geht bereits unmittelbar aus § 8 VerlG hervor, der durch § 9 Abs. 1 VerlG lediglich eine Konkretisierung erhält. Die Begründung zum VerlG weist ausdrücklich darauf hin, dass § 9 Abs. 1 nur durch § 8 VerlG möglich und notwendig wurde[805]. In § 8 VerlG liegt daher der Grund und die dogmatische Rechtfertigung für die Abkehr vom allgemeinen Abstraktionsprinzip. Wer eine Analogie zu § 9 Abs. 1 VerlG ziehen will, der muss dies also auch im Hinblick auf § 8 VerlG tun, der jedoch aufgrund der dargelegten verlagsrechtlichen Besonderheiten für das UrhG nicht verallgemeinerungsfähig ist. Unerheblich ist, dass die Parteien von § 8 VerlG abweichende Regelungen treffen können und dies in der Praxis häufig auch tun. Ausschlaggebend für § 9 Abs. 1 VerlG war das gesetzliche Leitbild. Dieses ist auf das UrhG nicht übertragbar.

Damit steht ein bedeutender Unterschied zwischen VerlG und UrhG fest, der allerdings durch Übereinstimmungen der Interessenlage in anderen Bereichen wieder aufgewogen werden kann.

**b) Die vertragstypischen Pflichten und das ausschließliche Nutzungsrecht**

Ein wichtiges Merkmal des subjektiven Verlagsrechts ist seine Ausschließlichkeit. Die werkbezogenen Pflichten des Urhebers sind nach dem Leitbild des VerlG auch Inhalt des Verlagsrechts. Der Verfasser hat sich nach §§ 2 Abs. 1, 8 VerlG jeder eigenen Vervielfältigung und Verbreitung zu enthalten. Anders als bei einem einfachen Nutzungsrecht hat er daher stets ein hohes Interesse daran, dass das Werk auch ausgewertet wird[806].

Dies führt zu einem Unterschied zwischen UrhG und VerlG, den der BGH bereits in der Entscheidung *Die Privatsekretärin* aufgezeigt hat: Der Verleger ist zur Verbreitung und Vervielfältigung verpflichtet[807]. Hier zeigt sich erneut der enge Zusammenhang zwischen dinglicher Berechtigung und schuldrechtlicher Verpflichtung. Gerade weil ein ausschließliches Nutzungsrecht besteht, muss dieses auch ausgeübt werden. Die Pflicht ist an prominenter Stelle in § 1 VerlG geregelt. Die Norm stellt als charakteristische Hauptleistungspflichten des Verlagsvertrags die Erlaubnis zur Vervielfältigung einerseits der Verpflichtung hierzu andererseits gegenüber[808]. Hierin liegt aus Sicht des Gesetzes das für den Verlagsvertrag entscheidende Gleichgewicht. Die Vergütung des Verfassers ist erst an systematisch verstecktem Ort in § 22 VerlG geregelt.

---

805 Verhandlungen des Deutschen Reichstages, 10. Periode II. Session 1900/1902 Aktenstück 97, S. 419, rechte Spalte, 2. Absatz.

806 Dreier/Schulze, Schulze, vor § 31, Rn. 40.

807 BGH GRUR 1958, S. 504, 507 – *Die Privatsekretärin*.

808 Wandtke/Bullinger, Wandtke/Grunert, vor §§ 31 ff, Rn. 59; Schricker, Schricker, §§ 31/32, Rn. 13; BGH GRUR 1984, S. 754, 755 – *Gesamtdarstellung rheumatischer Krankheiten*.

Fällt die Pflicht zur Auswertung mit dem Kausalverhältnis weg, so gerät das Gleichgewicht zwischen ausschließlichem Nutzungsrecht und Auswertungspflicht ins Wanken. Aus der Einheit zwischen Berechtigung und Verpflichtung des Verlegers bleibt lediglich die Berechtigung bestehen. Auch hier dient § 9 Abs. 1 VerlG speziell verlagsrechtlichen Besonderheiten, indem das Gleichgewicht wiederhergestellt wird. Auf das allgemeine Urheberrecht lässt sich diese Funktion des § 9 Abs. 1 VerlG nicht übertragen. Hier stehen sich klassischerweise die Pflichten zur Rechtseinräumung und Entgeltleistung gegenüber. Eine generelle Auswertungspflicht besteht nicht[809].

### c) Entstehung des Verlagsrechts: Erfordernis der Ablieferung

Das Verlagsrecht entsteht erst mit der Ablieferung des Werkes, die einen Realakt darstellt[810]. Für die Einräumung des allgemeinen Nutzungsrechts reicht hingegen die rechtsgeschäftliche Einigung aus; andere Tatsachen haben keinen Einfluss. Das legt den Gedanken nahe, dass auch für das Erlöschen ausschließlich auf die Einigung der Parteien abzustellen ist, wofür sich ein sicherer Anhaltspunkt aber nicht finden lässt. Rechtspolitischer Grund für das Erfordernis der Ablieferung war, dass der Verleger erst zu diesem Zeitpunkt des Nutzungsrechts überhaupt bedarf, da vorher mit der Vervielfältigung nicht begonnen werden kann[811]. Der Rechtseinräumung nach VerlG liegt damit eine sehr konkret beschriebene Interessenlage zugrunde, die naturgemäß in der allgemeinen Regelung des UrhG nicht gefunden werden kann. Hier kann es dazu kommen, dass es einer körperlichen Übergabe eines Werkexemplars überhaupt nicht bedarf, so zum Beispiel wenn ein Recht zur Bearbeitung und insbesondere zur Verfilmung eines Werkes eingeräumt wird. Es sind auch Fälle denkbar, in denen schon vor Zugänglichmachung des Werkes ein Interesse an einem Nutzungsrecht besteht, so zum Beispiel bei der sicherungsweisen Einräumung von Nutzungsrechten.

### d) Die Verwertung des Werkes

Die durch das UrhG geregelten Werkarten sind häufig nicht selbständig verwertbar. Urheberrechtsfähige Leistungen eines Schauspielers, Kameramannes, Bühnenbildners[812] können nur zusammen mit dem Film ausgewertet werden, dessen Bestandteil sie sind. Gleiches gilt für Grafiken und Animationen, die für ein bestimmtes Computerspiel entworfen werden. Bei einem Rückfall wird der Urheber für die entsprechenden Nutzungsrechte kaum Interessenten finden[813]. Er erlangt lediglich eine Blockierstellung im Hinblick auf das betroffene Gesamtprojekt. Häufig wird es zu einer erneuten Rechtseinräumung an den alten Vertragspartner kommen, wenn der Urheber das Werk weiter auswerten will. Bei den Vertragsverhandlungen steht dem Urheber dann allerdings ein erhebliches Druckmittel zur Hand, denn er kann die Auswertung des Gesamtwerkes durch eine einstweilige Verfügung stoppen. Das wird Zuspruch bei denjenigen auslösen, die die Position der Urheber aus politischen Gründen generell

---

809 Dreier/Schulze, Schulze, vor § 31, Rn. 40; BGH GRUR 1958, S. 504, 506 f – *Die Privatsekretärin.*

810 Schricker, VerlG, § 9, Rn. 3.

811 Schricker, VerlG, § 9, Rn. 4.

812 Zu den filmspezifischen Werkgattungen Wandtke/Bullinger, Manegold, § 88, Rn. 32 ff.

813 So für das Filmrecht Schwarz/Klingner, GRUR 1998, S. 103, 106.

stärken wollen[814]. Wer dies vertritt, bekämpft Feuer mit Feuer. Denn die gestörte Vertragsparität bleibt auch bei Anwendung des § 9 Abs. 1 VerlG bestehen. Es wird lediglich in bestimmten Situationen ein weiteres Ungleichgewicht geschaffen, quasi als Gegenfeuer zu Gunsten des Urhebers. Hierbei ist zu beachten, dass ein rechtlich anzuerkennendes Interesse des Urhebers mit Sicherheit dann nicht besteht, wenn nur ein einfaches Nutzungsrecht eingeräumt ist, welches den Urheber von einer anderweitigen Verwertung des Werkes nicht abhält.

Derartige überschießende Tendenzen sind nach dem gesetzlichen Vorbild des Verlagsvertrags weitestgehend ausgeschlossen. Im Verlagsrecht ist stets ein ausschließliches Nutzungsrecht eingeräumt und das Werk in der Regel eigenständig verwertbar. Nur hier führt der automatische Rückfall stets zu angemessenen Ergebnissen.

#### e) Annäherung an den Verlagsvertrag durch vertragliche Regelungen

Der bisherige Vergleich der Interessenlagen bezog sich auf den gesetzlichen Normalfall in VerlG und UrhG. Die aufgezeigten Unterschiede schwinden allerdings, wenn die Parteien einen nicht als Verlagsvertrag einzuordnenden Vertrag dem Verlagsvertrag durch Parteiabsprachen annähern. So ist es denkbar, dass ein ausschließliches Nutzungsrecht unter Ausübungsverpflichtung des Verwerters eingeräumt und das dingliche Rechtsgeschäft auf den Beginn der Verwertungshandlungen aufschiebend bedingt wird. Handelt es sich dann auch noch um ein unabhängig von weiteren Beiträgen separat auswertbares Werk, so ist ein relevanter Unterschied in der Interessenlage beim Verlagsvertrag kaum zu erkennen. Hierzu ist allerdings festzustellen, dass derartige Verträge in der Praxis kaum vorkommen, insbesondere deshalb, weil der Verwerter sich nicht auf eine Auswertungspflicht einlassen wird[815]. Davon abgesehen bleiben auch in diesem Fall die dogmatischen Unterschiede zwischen UrhG und VerlG bestehen, die in der engen Verknüpfung von schuldrechtlichem und dinglichem Geschäft gemäß § 8 VerlG liegen.

#### f) Wirtschaftliches Risiko

In der Entscheidung *Die Privatsekretärin* hat der BGH das vom Verwerter übernommene Risiko bei der Auswertung im Rahmen des Verlages und der Verfilmung untersucht. Die Analogie wurde aufgrund der signifikant höheren Produktionskosten eines Filmwerkes abgelehnt[816]. Dieser Argumentation kann unter den heutigen Bedingungen der Branche nicht mehr gefolgt werden[817]. Vor allem Fernsehproduktionen können wesentlich geringere Kosten verursachen – man denke an die sogenannten „daily soaps“, die derzeit im Vorabendprogramm fast aller Fernsehsender anzutreffen sind. Die Kosten für den Druck und vor allem für die Vermarktung eines Buches können erheblich höher sein. Erst Recht kann ein signifikant höheres Risiko bei anderen Werkarten

[814] Entgegen Schwarz/Klingner, GRUR 1998, S. 103, 106 läuft der Rechterückfall daher auch im Filmrecht nicht den wirtschaftlichen Interessen des Urhebers tendenziell zuwider.
[815] Für das Filmrecht Schwarz/Klingner, GRUR 1998, S. 103, 108.
[816] GRUR 1958, S. 504, 507.
[817] A.A. Schwarz/Klingner, GRUR 1998, S. 103, 109.

als dem Film nicht erkannt werden. Das wirtschaftliche Risiko im allgemeinen Urheberrecht kann daher nicht als Argument gegen die Kausalität angeführt werden.

### 4. Zusammenfassung

Die konkreten Beweggründe des Gesetzgebers für die Norm des § 9 Abs. 1 VerlG sowie deren Einordnung als Ausdruck der Akzessorietät oder Kausalität sind bis heute unklar. Fest steht aber, dass sie Folge der grundlegenden gesetzgeberischen Entscheidung des § 8 VerlG ist, wonach sich der Inhalt des Verlagsrechts nach dem Umfang der werkbezogenen, schuldrechtlichen (Unterlassungs-) Pflichten des Verfassers richtet. Die Norm ist damit nicht analog auf das allgemeine Urhebervertragsrecht anwendbar. Hierdurch entstehen nicht etwa Wertungswidersprüche[818] zwischen den Rechtsgebieten. Die vom UrhG erheblich abweichende Interessenlage rechtfertigt auch eine unterschiedliche Behandlung der beiden Rechtsmaterien.

Es kann damit offen bleiben, ob § 9 Abs. 1 VerlG überhaupt eine vollständige Abweichung vom Abstraktionsprinzip vorsieht oder ob lediglich die nachträgliche Beendigung des Verlagsvertrages zum Rückfall führen soll[819].

## XI. Ergebnis

Methodisch überzeugende Anhaltspunkte für eine Einschränkung des Abstraktionsgrundsatzes bestehen nicht.

# E. Folgen für die Anwendung des Abstraktionsgrundsatzes und Ergebnis

Nachfolgend werden die zur Anwendung des Abstraktionsgrundsatzes vertretenen Ansichten dargestellt und unter Zugrundelegung des oben gefundenen Ergebnisses kritisch gewürdigt.

## I. Übersicht über den Streitstand

### 1. Eingeschränkte Anwendung des Kausalprinzips auf bestimmte Verfügungen

Eine große Anzahl von Literaturstimmen befürwortet die Anwendung des Kausalprinzips[820]. Dies soll jedoch nur bei konstitutivem Rechtserwerb gelten[821], während für die

[818] So aber Wente/Härle 1997, S. 96, 99; LG Mannheim CR 2004, S. 811, 814.

[819] Hierauf weist allerdings der Wortlaut „erlischt mit der Beendigung des Verlagsverhältnisses" hin.

[820] Aus der Kommentarliteratur: Schricker, Schricker, vor §§ 28 ff, Rn. 61 f; ders. EWiR 1999, § 34 UrhG, 1/99; Wandtke/Bullinger, Wandtke/Grunert, vor § 31 ff, Rn. 3, 43; Möhring/Nicolini, Spautz, § 31, Rn. 14; Fromm/Nordemann, Hertin, vor §§ 31, Rn. 10; vgl. Dreier/Schulze, Schulze, § 31, Rn. 18; Dreyer/Kotthoff/Meckel, Kotthoff, § 31, Rn. 17. Aus dem restlichen Schrifttum: Ulmer, S. 392; Kraßer, GRUR Int. 1973, S. 230, 237; Wente/Härle, GRUR 1997, S. 96, 97 ff; Loewenheim, Handbuch, Nordemann, § 26, Rn. 4; v. Frentz/Marrder, ZUM 2004, S. 94, 100; Schmoll/Hölder, GRUR 2004, S. 743, 747; Berger, GRUR 2004, S. 20; Wallner, ZIP 2004, S. 2073, 2079; Loewenheim, GRUR 1993, S. 934, 940; Götting, Festschrift für Schricker, S. 71; Westrick/Bubenzer, Festschrift für Hertin, S. 287, 320; Donle, S. 170; Shieh, S. 30; Fink, S. 19 ff; Lehmann, Festschrift für Schricker, S. 543, 545; Büchler, Übertragung, S. 73.

[821] Dies wird nicht immer ausdrücklich angesprochen: Schricker, Schricker, vor §§ 28 ff, Rn. 62; Ulmer, S. 392; Kraßer, GRUR Int. 1973, S. 230, 237. So auch LG Mannheim, CR 2004, S. 811, 814.

translative Übertragung das Abstraktionsprinzip zum Zuge kommt. Der Grund für die Differenzierung wird in den urheberrechtlichen Besonderheiten gesehen, die bei der Rechtseinräumung, nicht aber bei der Übertragung des Nutzungsrechts zum tragen kommen[822]. Insbesondere gehen die Vertreter dieser Ansicht von der bereits besprochenen These aus, dass das Nutzungsrecht mangels Typenzwanges erst durch das schuldrechtliche Geschäft konkretisiert wird[823]. Auch eine Analogie zu dem nur für die konstitutive Rechtseinräumung geltenden § 9 Abs. 1 VerlG wird als Begründung genannt[824].

Durch den Urheber vorgenommene Rechtseinräumungen bedürfen damit stets eines wirksamen Nutzungsvertrags. Verfügt der Verwerter über das ihm eingeräumte Nutzungsrecht, so ist zu unterscheiden. Im Rahmen der vollständigen Übertragung gilt das Abstraktionsprinzip, während die Einräumung von Nutzungsrechten zweiter Stufe kausal ausgestaltet ist. Damit findet das Kausalprinzip nach dieser Ansicht auch auf Rechtsgeschäfte zwischen Verwertern Anwendung.

### 2. Interessenabwägung zwischen Gebundenheit des Nutzungsrechts und Verkehrsfähigkeit

Ausgehend von einer Analogie zu § 9 Abs. 1 VerlG schlägt *Forkel* eine Interessenabwägung zwischen Verkehrsfähigkeit und Urheberschutz vor[825], die darüber entscheide, ob Abstraktions- oder Kausalprinzip zur Anwendung kommt. Eine Einzelfallbetrachtung will er allerdings aus Praktikabilitätsgründen nicht vornehmen. Statt dessen tritt er für die Bildung von Fallgruppen ein, welche die Interessenlage in bestimmten Bereichen typisieren. So sei dem Verkehrsschutz in der Filmindustrie generell der Vorzug zu geben, ebenso sei der Abstraktionsgrundsatz auf das Gebiet des Werkschaffens in Arbeits- und Dienstverhältnissen anzuwenden. Auch Auftragsproduktionen freischaffender Urheber möchte *Forkel* dem Abstraktionsgrundsatz unterstellen[826].

### 3. Stillschweigend vereinbarte Bedingung

*Rehbinder* geht davon aus, dass das allgemeine Abstraktionsprinzip auch im Urheberrecht gilt. Allerdings erfolge die Einräumung eines Nutzungsrechts nur unter der „stillschweigenden Bedingung, dass das zugrunde liegende Kausalgeschäft gültig ist“[827]. Andererseits ist Rehbinder der Ansicht, dass eine Rückübertragung bei „Beendigung des Vertragsverhältnisses“ erforderlich ist[828]. Offenbar soll sich die Bedingung der dinglichen Einigung nur auf ex tunc wirkende Unwirksamkeit beziehen. Demnach kommt es nach *Rehbinder* bei einer Kündigung nicht zu einem automatischen Rechterückfall auf den Urheber. Eine Begründung für diese Unterscheidung ist allerdings nicht erkennbar. Der Urheber ist nach Beendigung eines Vertrags genauso schützwür-

---

822 Ulmer, S. 392; Kraßer, GRUR Int. 1973, S. 230, 238; Schricker, Schricker, vor §§ 28 ff, Rn. 62.
823 Kraßer, GRUR Int. 1973, S. 230, 238.
824 Wente/Härle, GRUR 1997, S. 96, 97 ff; Fromm/Nordemann, Hertin, vor § 31, Rn. 10; Mauhs, S. 82.
825 Forkel, S. 163.
826 Forkel, S. 164.
827 Rehbinder, Urheberrecht, Rn. 322.
828 Rehbinder, Urheberrecht, Rn. 322.

dig, wie wenn der Vertrag zu keinem Zeitpunkt bestanden hat. In seinem Interesse liegt es in beiden Fällen, das Nutzungsrecht schnellstmöglich wiederzuerlangen – sollte er das dingliche Rechtsgeschäft unter eine stillschweigende Bedingung stellen, so beträfe diese sicherlich beide Fälle.

#### 4. Uneingeschränkte Anwendung des Abstraktionsgrundsatzes

Eine wachsende Zahl von Autoren spricht sich für die uneingeschränkte Anwendung des Abstraktionsgrundsatzes aus[829], was vor allem mit einer Verbesserung des Verkehrsschutzes begründet wird. Andere wollen die unter 1. beschriebene Unterscheidung zwischen translativen und konstitutiven Verfügungen zumindest für bestimmte Branchen zu Gunsten einer rein abstrakten Lösung aufgeben. Beispielsweise seien die Software[830]- oder die Filmbranche auf eine hohe Verkehrsfähigkeit des Nutzungsrechts angewiesen[831].

#### 5. Die Position der Rechtsprechung

Die Position des BGH zu der Frage des Abstraktionsprinzips ist widersprüchlich, während sich die Instanzgerichte in letzter Zeit eindeutig dem eingeschränkten Kausalprinzip zuwenden.

##### a) BGH GRUR 1958, S. 504 ff - *Die Privatsekretärin*

In der Entscheidung *Die Privatsekretärin*[832] aus dem Jahr 1958 hat der BGH erstmals zur Frage der Anwendbarkeit des Abstraktionsprinzips Stellung genommen. Im Fall hatte ein Filmproduzent die Verfilmungsrechte an einem Roman erworben. Nachdem der Film hergestellt worden war, hatte dieser die Rechte zur erneuten Verfilmung des Romans an einen Zweit-Produzenten übertragen. Trotz erfolgreicher Auswertung der Zweitverfilmung leistete der Zweit-Produzent keinerlei Zahlungen, worauf der Produzent den schuldrechtlichen Vertrag gegenüber dem Zweit-Produzenten beendete. Der BGH stellte hierzu fest, dass ein Rechterückfall nicht eingetreten sei. Auch im Urheberrecht sei von der allgemeinen Grundregel des deutschen bürgerlichen Rechts auszugehen, wonach das dingliche Vollzugsgeschäft vom Bestand des Verpflichtungsgeschäfts losgelöst ist[833]. Nicht gefolgt wurde der bereits seinerzeit entgegenstehenden Literaturmeinung von *Ulmer* und *Büchler*, welche bei Verfügungen des Urhebers eine

---

[829] Aus dem neueren Schrifttum: Schack, Rn. 526; Hausmann, Festschrift für Schwarz, S. 81, 91; Schwarz/Klingner, GRUR 1998, S. 103, 105; dies. UFITA 138 (1999), S. 29, 25; Kellenter, Festschrift für Tilmann, S. 807, 817, 821 ff; Jänich, Geistiges Eigentum, S. 267 f; Woeste, Kreditsicherheit, S. 116 ff; Grützmacher, CR 2004, S. 814, 815; Abel, NZI 2003, S. 121, 126 f; Stickelbrock, WM 2004, S. 549, 559 ff; Adolphsen, DZWiR, 2003, S. 228, 231; v. Hartlieb/Schwarz, Schwarz, Kap. 160, Rn. 2 ff; nicht eindeutig Schmid/Wirth, § 31, Rn. 4; für das Markenrecht Fezer, WRP 2004, S. 793, 807. Aus dem älteren Schrifttum: v. Gamm, Einf. 79; Möhring, Festschrift für Bappert, S. 129, 134 f; Platho, FuR 1984, S. 135, 138; de Boor, Vom Wesen, S. 62; Riezler, Urheber- und Erfinderrecht, S. 91.

[830] Kellenter, Festschrift für Tilmann, S. 807, 822.

[831] Schwarz/Klingner, GRUR 1998, S. 103, 112; vgl. hierzu Amtl. Begr. UFITA 45 (1965), S. 240, 316 und 319.

[832] Urteil vom 15. April 1958, Az. I ZR 31/57 = GRUR 1958, S. 504 ff = BGHZ 27, S. 90 ff.

[833] GRUR 1958, S. 504, 506; BGHZ 27, S. 90, 96.

kausale Abhängigkeit zum Verpflichtungsgeschäft annahmen[834]. Insbesondere sei die Vorschrift des § 9 Abs. 1 VerlG nicht analog anwendbar. Voraussetzung hierfür sei die Übereinstimmung der Interessenlage, die vorliegend nicht gegeben sei. Der Verfilmungsvertrag unterscheide sich vom Verlagsvertrag zunächst dadurch, dass nicht die Vervielfältigung, sondern die Bearbeitung eines Werkes Gegenstand sei[835]. Auch bestehe im Gegensatz zum Verlagsrecht kein Auswertungszwang[836].

Das Urteil wird vielfach als generelle Ablehnung des Kausalprinzips durch den BGH gedeutet[837]. Dem ist entgegengehalten worden, dass die vorliegende Konstellation nur einen Ausschnitt der möglichen Fälle abdeckt[838]: Infrage stand der Fortbestand einer translativen Rechteübertragung in der Verwerterkette. Für derartige Rechtsgeschäfte gehen auch die Anhänger des Kausalprinzips von einem Fortbestand des dinglichen Geschäfts aus. Die wirklich streitige Konstellation – die Verfügung des Urhebers selbst – brauchte nicht entschieden zu werden. Die Urteilsgründe lassen aber eine generelle Stellungnahme zu Gunsten des Abstraktionsprinzips über den entschiedenen Fall hinaus erkennen. Der BGH stellt zunächst allgemein fest, dass das Abstraktionsprinzip im Urheberrecht gelte. Er zitiert in diesem Zusammenhang *de Boor*, der für eine ausnahmslose Anwendung der allgemeinen Regeln des BGB auch auf Verfügungen des Urhebers eintritt[839]. Die insofern abweichenden Literaturmeinungen hat der BGH ausdrücklich abgelehnt. Erst danach folgen Ausführungen zum konkreten Fall und zur Analogie zu § 9 VerlG.

Das Urteil *Die Privatsekretärin* ist daher als Grundsatzentscheidung für die Anwendung des Abstraktionsprinzips anzusehen. Lediglich für eng begrenzte Ausnahmen schließt der BGH eine analoge Anwendung des § 9 Abs. 1 VerlG nicht aus.

### b) BGH GRUR 1966, S. 567 ff - *GELU*

Einen entgegengesetzten Standpunkt nimmt der BGH sodann in der Entscheidung *GELU*[840] aus dem Jahr 1966 ein. Hier ging es um die Frage, ob die Verwertungsgesellschaft GELU die von ihren Mitgliedern erworbenen Nutzungsrechte auch nach Wegfall des kausalen Wahrnehmungsvertrags noch innehatte. Der BGH verneinte dies und nahm einen automatischen Rechterückfall an[841]. Er zitiert hierfür die zuvor noch abgelehnte Ansicht *Ulmers*, ohne weitere Gründe für den kausalen Zusammenhang anzuführen. Insbesondere die Abweichung von der Entscheidung *Die Privatsekretärin* wird nicht erklärt und die Entscheidung auch nicht erwähnt. Das zwischenzeitliche Inkrafttreten des UrhG 1965 hatte auf die Entscheidung offensichtlich keinen Einfluss – die Rechte wurden noch nach altem Recht auf die GELU „übertragen".

[834] Ulmer, 1. Auflage 1951, S. 227; Büchler, S. 72 f.
[835] GRUR 1958, S. 504, 506 = BGHZ 27, S. 90, 96.
[836] GRUR 1958, S. 504, 507 = BGHZ 27, S. 90, 97.
[837] So Fromm/Nordemann, Hertin, vor § 31, Rn. 10; Schwarz/Klingner, GRUR 1998, S. 103, 104; v. Gamm, Einf., Rn. 70.
[838] Schulze, BGHZ 83, Ulmer, S. 18; ders., S. 391; Kraßer, GRUR 1974, S. 230, 238.
[839] de Boor, Vom Wesen, S. 62.
[840] GRUR 1966, S. 568 ff.
[841] GRUR 1966, S. 567, 569.

### c) BGH GRUR 1976, S. 708 ff - *Serigrafie*

In der Entscheidung *Serigrafie*[842] plante ein Kunstmaler die Herstellung einer Serie von Drucken durch den Drucker Coin. Der anschließende Verkauf sollte über einen Galeristen erfolgen, welcher den Drucker Coin mit der Herstellung der Werkexemplare beauftragte. Der Vertrag wurde jedoch seitens des Coin gekündigt, ohne dass die bereits hergestellten Vervielfältigungsstücke übergeben wurden. Diese wurden mit Zustimmung des Kunstmalers direkt von Coin verkauft. Der Galerist verlangte von dem Kunstmaler daraufhin Schadensersatz mit der Begründung, die hergestellten Exemplare hätten ihm zugestanden.

Der BGH hat angenommen, dass zwischen Kunstmaler und Galerist ein Vertrag zustande gekommen sei, nach welchem dem Galeristen das Verbreitungsrecht an den Drucken eingeräumt worden sei[843]. Dieses habe sich jedoch ausschließlich auf Drucke beschränkt, die der Drucker Coin hergestellt habe. Nachdem der Vertrag zwischen Galerist und Coin beendet gewesen sei, habe der Galerist diese Drucke nicht mehr erlangen können, weshalb das Verbreitungsrecht des Galeristen erloschen sei[844].

Teile der Literatur fassen die Entscheidung als Ablehnung des Abstraktionsprinzips auf[845]. Das Gericht hat das Erlöschen des Nutzungsrechts aber nicht mit einem Wegfall des zugrunde liegenden Kausalverhältnisses begründet, sondern mit dem engen Zuschnitt des Nutzungsrechts, dessen Fortbestehen nach der Beendigung des Vertragsverhältnisses mit Coin keinen Sinn mehr machte[846]. Einen Bedingungszusammenhang sieht der BGH nur zwischen dem Nutzungsrecht und dem zwischen Coin und dem Galeristen geschlossenen Vertrag. Es ist nicht einmal zu erkennen, ob der BGH überhaupt davon ausging, dass das Kausalverhältnis zwischen dem Kunstmaler und dem Galeristen erloschen war[847]. Über das Verhältnis zwischen Kausal- und Erfüllungsgeschäft sagt die Entscheidung daher nichts aus.

### d) BGH GRUR 1990, S. 443 ff – *Musikverleger IV*

Die Entscheidung *Musikverleger IV*[848] befasst sich hauptsächlich mit den Voraussetzungen der Kündigung aus wichtigem Grund, enthält aber auch Aussagen über deren Rechtsfolgen. Der Kläger hatte dem Musikverlagsvertrag G an diversen Werken Nutzungsrechte eingeräumt, die G sodann im Wege des Parteiwechsels auf die Beklagte übertrug. Den nunmehr zwischen dem Kläger und der Beklagten bestehenden Verlagsvertrag hat der Kläger in der Folgezeit gekündigt und die Herausgabe sämtlicher Noten und sonstiger Unterlagen verlangt. Der BGH stellte hierzu zunächst fest, dass

---

[842] GRUR 1976, S. 706 ff.
[843] GRUR 1976, S. 706, 707.
[844] GRUR 1976, S. 706, 708.
[845] So Wandtke/Bullinger, vor §§ 31 ff, Rn. 44; Fromm/Nordemann, Hertin, vor § 31, Rn. 10; Wente/Härle, GRUR 1997, S. 96, 98.
[846] BGH GRUR 1976, S. 706, 708 – *Serigrafie*.
[847] Die Ausführungen am Schluss des Urteils deuten eher auf das Gegenteil hin: „Der Kl. [...] steht ein Schadensersatzanspruch auch nicht aus dem Grund zu, weil der Bekl. Die Herausgabe der bei Coin befindlichen Drucke [...] veranlasst hat, bevor er der Kl. gegenüber den Rücktritt vom Vertrag erklärt hat."
[848] BGH GRUR 1990, S. 443 ff.

Rechtsgrund für die Übereignung dieser Unterlagen der Übernahmevertrag mit G sei, der nach wie vor bestehe. Eine Rückgewähr sei daher ausgeschlossen[849]. Die Kündigung des Verlagsvertrags führe auch nicht zu einem Rechterückfall auf die G, in deren Rechtposition die Beklagte eingerückt sei[850].

Es wäre zu erwarten gewesen, dass der BGH hier die Anwendung des § 9 Abs. 1 VerlG prüft, zumal es sich um einen Musikverlagsvertrag handelte, bei dem die Anwendung verlagsrechtlicher Bestimmungen nahe gelegen hätte[851]. Entsprechende Ausführungen fehlen aber, so wie der BGH sich insgesamt mit der Problematik des Rückfalls kaum beschäftigt. Ein klares Statement für die Abstraktion lässt sich dem Urteil daher nicht entnehmen, zumal auch nur ein Rückfall der Rechte auf G und nicht auf den Kläger behandelt wurde.

**e) Weitere BGH-Entscheidungen**

Im Fall *Kunsthändler*[852] bejaht der BGH einen kausalen Zusammenhang zwischen Verpflichtungs- und Erfüllungsgeschäft. Allerdings hatten die Parteien ausdrücklich eine entsprechende Bedingung vereinbart, so dass die Entscheidung keine Stellungnahme zum Abstraktionsprinzip enthält.

Die Entscheidung *Allwetterbad*[853] befasst sich mit den Rechtsfolgen der Beendigung eines Architektenvertrags, nachdem das Nutzungsrecht an den Bauplänen bereits eingeräumt war. Der BGH erklärt hierzu „Für einen automatischen Rechtsrückfall ist kein Raum“[854]. Eine Lanze für das Abstraktionsprinzip bricht der BGH hier aber nicht. Denn wie der BGH ausführt, wurde der Vertrag nur mit Wirkung für die Zukunft gekündigt. Für die in der Vergangenheit vorgenommene Rechtseinräumung liege daher ein Rechtsgrund vor. Zur Problematik von Abstraktion und Kausalität musste sich der BGH daher nicht äußern.

Auch im Zusammenhang mit der Nichtigkeit des Kausalverhältnisses nach § 138 BGB hat der BGH das Thema nicht aufgegriffen[855].

**e) Stellungnahmen der Instanzgerichte**

Die Instanzgerichte hatten vor allem in den letzten Jahren wiederholt über die Frage der Abstraktion zu entscheiden. Jedenfalls soweit es um konstitutive Rechtseinräumungen ging, haben sie sich einhellig für das Kausalprinzip entschieden[856]. Zuletzt hat das Landgericht Mannheim in einem Eilverfahren den Rechterückfall auch dann angenommen, wenn ein Verwerter Nutzungsrechte zweiter Stufe einräumt und das Kausal-

---

[849] BGH GRUR 1990, S. 443, 446 – *Musikverleger IV.*
[850] BGH GRUR 1990, S. 443, 446 – *Musikverleger IV.*
[851] Hierzu oben B II 2 b) dd).
[852] BGH GRUR 1982, S. 308 ff.
[853] BGH GRUR 1982, S. 369 ff.
[854] BGH GRUR 1982, S. 369, 371.
[855] Hierzu vor allem das Urteil vom 1. Dezember 1999, Az. I ZR 109/97 (nicht veröffentlicht).
[856] Hanseatisches OLG, GRUR 2002, S. 335, 336 - *Sesamstraße*; GRUR Int. 1998, S. 431, 436 – *Feliksas Bajoras*; OLG Brandenburg, NJW-RR 1999, S. 839, 840; KG UFITA 86 (1975), S. 230, 238f. Im Fall OLG München, FuR 1983, S. 605, 607 war Gegenstand der Auseinandersetzung ein Verlagsvertrag, so dass das Gericht wohl stillschweigend § 9 Abs. 1 VerlG angewendet hat.

verhältnis beendet wird[857]. Die Instanzgerichte folgen damit vollen Umfanges der unter a) dargestellten Literaturmeinung, die nach translativem und konstitutivem Rechtserwerb unterscheidet.

### f) Zusammenfassung

Die BGH-Rechtsprechung zur Frage der Abstraktion ist uneinheitlich. Bedeutung kommt hierbei aber nach wie vor der einzigen näher begründeten Stellungnahme in der Entscheidung *Die Privatsekretärin* zu[858]. Die Instanzgerichte wenden das Kausalprinzip mit einem Teil der Literatur auf jegliche konstitutive Rechtseinräumung an. In der Wissenschaft werden demgegenüber mehrere differenzierende Ansätze vorgeschlagen. Ein Teil der Literatur schließlich spricht sich schließlich für die uneingeschränkte Anwendung des Abstraktionsprinzips aus.

## II. Stellungnahme

### 1. Interessenabwägung zwischen Gebundenheit des Nutzungsrechts und Verkehrsfähigkeit

Der Vorteil einer typisierten Interessenabwägung liegt in den sachgerechten Ergebnissen, der Nachteil darin, dass wohl kaum für jeden denkbaren Fall bereits im Voraus eine Fallgruppe definiert werden kann. Auch mag es vorkommen, dass der Einzelfall nicht in die Typisierung passt. So kann ausnahmsweise entgegen der Ansicht *Forkels* auch zu Auftragsarbeiten eine starke persönliche Bindung bestehen. In solchen Fällen wäre der Richter gezwungen, einen „atypischen Fall“ anzunehmen und von der Einteilung der bestehenden Fallgruppen abzuweichen. Die Folge ist große Rechtsunsicherheit, soweit die Parteien die ausgetretenen Pfade verlassen. Die Unbestimmtheit des Ansatzes wird noch dadurch vertieft, dass *Forkel* bewusst keine konkretisierenden Kriterien dafür nennt, in welchen Konstellationen der Verkehrsfähigkeit zulasten des Urheberschutzes der Vorrang zu geben ist[859]. Die Ansicht *Forkels* ist daher als zu unbestimmt abzulehnen.

### 2. Stillschweigend vereinbarte Bedingung

Die Ansicht *Rehbinders* läuft auf eine Unterscheidung zwischen anfänglicher Nichtigkeit und nachträglichem Wegfall des Kausalgeschäfts hinaus. Nur wenn dieses von Beginn an nicht besteht, wirkt sich dies auf das dingliche Rechtsgeschäft aus. Das überzeugt insofern, als nur schwerste Mängel des schuldrechtlichen Geschäfts auf das dingliche Geschäft durchschlagen. Die Verkehrsfähigkeit wird hierdurch gegenüber der unter 1. dargestellten Auffassung wesentlich erhöht, da eine Unwirksamkeit ex tunc nur in krassen Ausnahmefällen vorliegen wird.

Methodisch lässt sich die generelle Annahme einer stillschweigenden Bedingung aber kaum rechtfertigen. Zunächst ist zweifelhaft, ob Bedingungen des dinglichen Ge-

[857] LG Mannheim, CR 2004, S. 811, 814. Hier hatte ein Hersteller von Computersoftware Nutzungsrechte (offensichtlich gemäß § 69b UrhG) erworben und dann sogenannte Lizenzen eingeräumt.
[858] So Wente/Härle, GRUR 1997, S. 96, 98.
[859] Forkel, S. 164.

schäfts sich überhaupt auf die ex tunc wirkende Unwirksamkeit des schuldrechtlichen Geschäfts beziehen können[860]. Unabhängig hiervon kann aber eine stillschweigende Bedingung der Rechtseinräumung auf den Nutzungsvertrag ohne konkrete Anhaltspunkte durch reine Auslegung nicht ermittelt werden[861]. Hierüber hilft auch nicht die Zweckübertragungslehre hinweg, da diese es nicht erlaubt, sachlich neue Regelungen in den Vertrag einzuführen[862]. Aus diesem Grunde kann auch der Ansicht Rehbinders nicht gefolgt werden.

### 3. Eingeschränkte Anwendung des Kausalprinzips auf bestimmte Verfügungen

Jegliche Überlegung über das Verhältnis von Verfügung und Verpflichtung muss von dem Grundsatz des allgemeinen Abstraktionsprinzips ausgehen. Die Anhänger der Kausalität begründen eine Abweichung hiervon vor allem mit der Zweckübertragungslehre[863], der Ausgestaltungsfunktion des Verpflichtungsgeschäfts[864] und einer Analogie zu § 9 Abs. 1 VerlG[865]. Es wurde bereits gezeigt, dass keiner dieser Ansätze für sich genommen die Abhängigkeit der Rechtseinräumung vom Nutzungsvertrag begründen kann. Man mag sich demgegenüber auf den Standpunkt zurückziehen, dass zwischen Verpflichtung und Verfügung im Urheberrecht ein gesteigertes Näheverhältnis besteht und das Urheberrecht die Tendenz hat, soweit wie möglich beim Urheber zu verbleiben[866]. Eine solche Begründung steht methodisch allerdings auf schwachen Beinen, da eine greifbare Rückbindung an das Gesetz fehlt. Um so drängender stellt sich die Frage, ob die Differenzierung zwischen konstitutiver Rechtseinräumung und translativer Übertragung überhaupt überzeugende Ergebnisse liefert. Dies ist aufgrund überschießender Tendenzen nicht der Fall und eine Anwendung des Kausalprinzips darüber hinaus auch zum Schutz des Urhebers nicht erforderlich.

#### a) Überschießende Tendenzen

Zentrales Problem des Urhebervertragsrechts ist der Schutz des Urhebers vor der kräftemäßigen Überlegenheit der Verwerterseite. Dieses Ziel wird durch Schüsse mit dem großkalibrigen Kausalprinzip zwar getroffen. Damit werden aber auch Kollateralschäden in Kauf genommen: So besteht kaum Bedarf für einen Schutz des Urhebers, so lange nur ein einfaches Nutzungsrecht eingeräumt ist. Dieses hindert die weitere Werkauswertung durch den Urheber nicht, weshalb ein Anspruch auf Rückübertragung eine weniger einschneidende und dennoch akzeptable Lösung darstellt. Keines Rechterückfalls bedarf es auch in den Fällen, in denen das angesprochene Ungleichgewicht nicht besteht. So bei der Rückabwicklung von Wahrnehmungsverträgen mit

---

860 S.o. A II 4.

861 BGH GRUR 1958, S. 504, 505 f – *Die Privatsekretärin*; MünchKomm, Rinne, Einl SachenR, Rn. 17; Stadler, S. 91.

862 Hierzu ausführlich oben D I 4 d).

863 Fromm/Nordemann, Hertin, vor § 31, Rn. 10.

864 Ulmer, S. 392; Kraßer, GRUR Int. 1973, S. 230, 237.

865 Wente/Härle, GRUR 1997, S. 96, 98 ff; Brandi-Dohrn, S. 33 ff.

866 Ulmer, S. 292; BGH GRUR 1998, S. 680, 681 – *Comic-Übersetzungen*; BGH 1996, S. 121, 122 – *Pauschale Rechtseinräumung*.

Verwertungsgesellschaften, an denen die Urheber als Mitglieder beteiligt sind[867] und die traditionell eher im Lager der Urheber als dem der Verwerter stehen.

Vom Standpunkt des Urheberschutzes ist es schließlich geradezu unverständlich, weshalb es zu einem Rechterückfall auch bei Rechtsgeschäften zwischen Verwertern kommen soll. Auch der Gesetzgeber sieht ausdrücklich keinerlei Schutzbedarf bei Rechtsgeschäften zwischen Verwertern[868]. Räumt ein Softwareunternehmen einem anderen Nutzungsrechte zweiter Stufe an einem Computerprogramm ein, so ist kein Grund dafür ersichtlich, weshalb dieses bei Vertragsbeendigung automatisch zurückfallen soll. Betrachtet man die Rechtsbeziehungen zwischen den Verwertern, so wird klar dass die Unterscheidung zwischen translativen und konstitutiven Verfügungen an fragwürdigen dogmatischen Prämissen festgemacht wird, die zudem auch wertungsmäßig nicht zu rechtfertigen sind. Einräumungen von Nutzungsrechten höherer Stufe unterscheiden sich nur marginal von einem Rechtskauf, bei dem nach allgemeinem Zivilrecht die Übertragung des Rechts vom Grundgeschäft abstrakt ist. Um die Nachteile der konstitutiven Einräumung zu vermeiden, diskutieren selbst die Anhänger eines eingeschränkten Kausalprinzips bereits Umgehungslösungen durch Übertragung des Nutzungsrechts[869]. Eine weitere Einschränkung des Kausalprinzips ausschließlich auf Rechtsgeschäfte zwischen Urheber und Verwerter würde zwar Abhilfe schaffen, aber gleichzeitig auch die dogmatische Begründung dieses Ansatzes obsolet machen.

Eine Kraft Gesetzes bestehende Kausalität führt letztlich dazu, dass das Nutzungsrecht ein Recht mit „eingebautem Eigentumsvorbehalt" wird. Ähnlich wie beim aus dem BGB bekannten Eigentumsvorbehalt führt erst die vollständige Erbringung der Gegenleistung zum Rechtserwerb, da der Urheber bei Zahlungsverzug die Möglichkeit der Kündigung hat. Für eine solche permanente Sicherung des Urhebers besteht aber auch aus Urheberschutzgründen kein Bedarf – der Gesetzgeber hat jedenfalls bislang kein Problem in einer zu geringen Zahlungsmoral der Verwerterseite gesehen.

### b) Verkehrsschutz

Der Rechterückfall wird inklusive der beschriebenen überschießenden Tendenzen mit Einschränkungen der Verkehrsfähigkeit erkauft. Diese halten sich zwar im Rahmen, da das Kausalprinzip innerhalb von Rechteketten nur für das erste Kettenglied gilt. Damit steigt das Risiko eines Rechtsverlusts durch schuldrechtliche Störungen in den vorangehenden Kettengliedern nicht mit jeder Übertragung an[870]. Eine sogenannte „Chain of Title" muss sich der Erwerber daher nicht vorlegen lassen, wenn er die Gefahr eines Rechtsverlusts prüfen will. Es genügt vielmehr die Einsichtnahme in den Nutzungsvertrag zwischen Urheber und Verwerter. Allerdings wird bereits dies aufgrund von Ge-

---

[867] Die Entscheidung BGH GRUR 1966, S. 567, 569 – *GELU* stützt sich daher auch nicht auf den Urheberschutz.

[868] BT Drucks. 14/6433, S. 8.

[869] V. Frentz/Marrder, ZUM 2003, S. 94, 106. Hierbei dürfte auch eine Teilübertragung statt der Einräumung von weiteren Nutzungsrechten gemäß § 35 Abs. 1 UrhG in Frage kommen. Denn eine Teilübertragung des Urheberrechts wird nur durch § 29 Abs. 1 UrhG verhindert, der gemäß § 34 Abs. 1 UrhG für das Nutzungsrecht nicht gilt.

[870] Wente/Härle, GRUR 1997, S. 96, 99.

heimhaltungsvereinbarungen zwischen den Parteien häufig nicht einfach sein[871]. Der Bedarf an Rechtssicherheit ist vor allem dort besonders hoch, wo Nutzungsrechte (auch) als Sicherheit fungieren, so zum Beispiel in der Filmbranche[872].

Die Schwäche des ersten Kettengliedes reicht bereits aus, um eine erhebliche Rechtsunsicherheit zu schaffen. Neben typischen Beendigungsgründen wie der Kündigung infolge Zahlungsverzuges können hier auch für den Erwerber überraschende Risiken bestehen, denn die Parteien haben die Möglichkeit, die Beendigung des Nutzungsvertrags frei zu gestalten und insbesondere von auflösenden Bedingungen abhängig zu machen. Dann muss der Erwerber damit rechnen, das Nutzungsrecht auch aufgrund von Umständen zu verlieren, die im Gegensatz zu einem Zahlungsverzug des Verwerters als Störungsursache nicht auf den ersten Blick erkennbar sind. Obwohl gerade in der Softwarebranche Ansätze für einen vertraglich vereinbarten Rückfall bei Pflichtverletzungen zu beobachten sind[873], dürften solche Fälle der qualitativen Risikoerhöhung durch Parteivereinbarung in der Praxis (noch) relativ selten sein. Durchaus alltäglich sind aber Fälle, in denen ein quantitativ hohes Risiko besteht: Sind an einem Produkt eine Vielzahl von Urhebern beteiligt, so kann eine Störung in nur einem Vertragsverhältnis die Verwertung insgesamt gefährden. Ein Beispiel ist auch hier wieder die Filmindustrie mit ihrer Vielzahl von Beteiligten, die schutzfähige Beiträge leisten[874]; gleiches gilt für die Erstellung von Software und insbesondere von Computerspielen.

### c) Sinn und Zweck des Deliktsrechts im UrhG

Der sofortige Rückfall des Nutzungsrechts ist nicht nur eine Frage der dinglichen Zuordnung von Verwertungsbefugnissen am Werk. Ein Rechterückfall bedeutet zwingend auch, dass im Rahmen der Rückabwicklung Bereicherungsrecht gegen Deliktsrecht ausgetauscht wird[875]. Dem allgemeinen Zivilrecht ist dies fremd – hier ist mit dem Deliktsrecht ein Unwerturteil verbunden, welches selbst dann fehlt, wenn die ehemaligen Vertragspartner ihre nachvertraglichen Pflichten verletzen. Wer für einen sofortigen Rechterückfall plädiert, der stellt den ehemaligen Vertragspartner des Urhebers mit dem klassischen Verletzer auf eine Stufe. Die Voraussetzungen der §§ 97 ff UrhG bleiben hierbei zwar unberührt - mittelbar wird der Anwendungsbereich durch den Kunstgriff der Änderung der Rechtszuständigkeit aber dennoch erweitert.

Auch die §§ 97 ff UrhG wurden nicht für die vertragliche Rückabwicklung geschaffen. Ihre Aufgabe ist es, die klassischen Verletzungen des Urheberrechts durch Raubkopien oder Plagiate abzuwenden. Derartige Handlungen werden typischerweise von Dritten begangen, die dem Urheber vollkommen unbekannt sind und sich auf dessen Kosten bereichern wollen. Es erscheint fraglich, ob der Verwerter, der die Kündigung des Urhebers nicht akzeptiert, in diesen Personenkreis passt. Insbesondere setzt man die Verwerterseite einem Generalverdacht aus, wenn man unterstellt, dass die Rückga-

---

871 Vgl. v. Frentz/Marrder, ZUM 2003, S. 94, 107; v. Hartlieb/Schwarz, Schwarz, Kap. 160, Rn. 8.
872 Adolphsen, NZI 2003, 228; Schwarz/Klingner, UFITA 138 (1999), S. 29, 30; Wente/Härle, GRUR 1997, S. 96.
873 Vgl. LG München I, CR 2004, S. 774 ff.
874 Dreier/Schulze, Schulze, vor §§ 88 ff, Rn. 1; Wandtke/Bullinger, Manegold, vor §§ 88 ff, Rn. 5.
875 Hierzu oben C VIII.

be des Nutzungsrechts typischerweise mit fadenscheinigen Argumenten verweigert wird.

Durch den Heimfall werden Themen des Vertragsrechts Voraussetzung für deliktsrechtliche Ansprüche. Wird über die Beendigung des Nutzungsvertrags vor Gericht gestritten, so kann dies die Auswertung des Werkes während dieser Zeit behindern. Denn selbst wenn der Verwerter recht hat und zum Beispiel kein Kündigungsgrund vorlag, so werden doch Dritte sehr vorsichtig an das Werk herangehen – schließlich ist nicht nur die schuldrechtliche Lage ungeklärt, sondern auch die dingliche, was zu eigenen Verletzungshandlungen führen kann. Die entstehenden deliktischen Ansprüche treffen die Organe der handelnden juristischen Personen persönlich[876].

Mit Urheberrechtsverletzungen ist gegenüber den Tatbeständen des § 823 Abs. 1 BGB ein nochmals gesteigertes Unwerturteil verbunden; sie sind bei vorsätzlicher Begehung nach § 106 Abs. 1 UrhG sogar strafbar. Die Verurteilung kann gemäß § 103 UrhG bekannt gemacht werden. Dieses Instrumentarium soll für eine effektive Abschreckung vor weiteren Nutzungshandlungen des Verwerters sorgen. Das mag in vielen Fällen auch funktionieren – es stellt sich aber die Frage, ob nicht auch das Abstraktionsprinzip mit seinen Nutzungsersatz- und möglicherweise Entschädigungsansprüchen hinreichenden Respekt einflößt.

Die §§ 97 ff UrhG sind aber auch von ihrem Instrumentarium her nicht auf die vertragliche Rückabwicklung eingerichtet. Wie bereits gezeigt[877], werden eine Vielzahl vertraglicher Wertungen durch das Kausalprinzip übergangen. Ein Beispiel hierfür ist die Möglichkeit des Verwerters, ein Zurückbehaltungsrecht gegen den Rückgewährsanspruch geltend zu machen, wodurch das Synallagma auch in der Rückabwicklung gewahrt bleibt. Hiervon stellt § 570 BGB wiederum eine Ausnahme dar, die der konkreten Interessenlage in pachtähnlichen Konstellationen Rechnung trägt. Hiermit ist das Deliktsrecht schlichtweg überfordert. Ein weiteres Beispiel ist die detaillierte Verjährungsregelung, die auch auf den Rückgewährsanspruch anwendbar ist und damit für erhebliche Rechtssicherheit sorgt. In der Praxis können Fälle vorkommen, in denen der schuldrechtliche Vertrag beendet oder nichtig ist, die Nutzung aber über einen langen Zeitraum fortgesetzt wird[878]. Um hier die Unterlassungsansprüche des Urhebers einzuschränken, bleibt unter dem Kausalprinzip nur das Instrument der Verwirkung, welches aber einem erheblichen Spielraum des Gerichts unterliegt.

Eine auf konstitutive Rechtseinräumungen beschränkte Anwendung des Kausalprinzips kann daher weder vom dogmatischen Begründungsansatz, noch von den hiermit erzielten Rechtsfolgen überzeugen.

### 4. Uneingeschränkte Anwendung des Abstraktionsprinzips

Für eine uneingeschränkte Anwendung des Abstraktionsprinzips spricht zunächst, dass dieser Ansatz als einziger auf methodisch sicherer Grundlage steht. Es muss weder auf eine zweifelhafte Analogie zur Spezialnorm des § 9 VerlG, noch auf unsichere dogma-

---

[876] Hierzu ausführlich Klaka, GRUR 1988, S. 729, 733.

[877] S.o. C VIII.

[878] So im Fall LG Berlin, GRUR 1983, S. 438 ff – *Joseph Roth.*

tische Begründungen wie die Ausgestaltungsfunktion des schuldrechtlichen Geschäfts zurückgegriffen werden. Auch das fortgesetzte Schweigen des Gesetzgebers zu dem Problem mahnt zur Vorsicht. Gelegenheit zur Stellungnahme hätte sich sowohl im UrhG 1965 als auch im Gesetz zur Stärkung der vertraglichen Stellung von Urhebern und ausübenden Künstlern ergeben. Wenn eine solche Stellungnahme trotz des fortgesetzten Meinungsstreits in der Literatur unterblieb, so kann daraus jedenfalls nicht der Schluss gezogen werden, dass das Gesetz vom Grundsatz der Abstraktion abweichen wollte.

Auch unter dem Blickwinkel des Urheberschutzes muss sich die Abstraktion nicht verstecken. Wer das Nutzungsrecht ohne Rechtsgrund auswertet, der hat hierfür zumindest angemessenen Ersatz nach Bereicherungsrecht zu leisten, der erheblich über dem liegen kann, was vertraglich vereinbart war. Typischerweise wird daneben noch ein Anspruch aus § 584b S. 1 BGB vorliegen, der für den Urheber erhebliche Erleichterungen bereit hält – so muss Art und Umfang der Nutzung des Verwerters nicht mehr bewiesen werden. Selbst wenn ein solcher Anspruch nicht besteht, kommt zumindest unter den Voraussetzungen der §§ 819 Abs. 1, 818 Abs. 4 BGB noch Ersatz schuldhaft nicht gezogener Nutzungen in Betracht. Soweit das Nutzungsrecht zwischen Verwertern übertragen wird, ist die Gefahr des vollständigen Rechtsverlusts durch die Anwendung des § 34 Abs. 4 UrhG auf die Rückgewährsansprüche gebannt.

Mit dieser schuldrechtlichen Rückbindung an das Mutterrecht leidet allerdings die Verkehrsfähigkeit erheblich. Als Kreditsicherheit ist das Nutzungsrecht unter dem Abstraktionsprinzip nicht besser geeignet als bei kausaler Gestaltung, denn Probleme aus dem Vertrag zwischen Urheber und dem sicherungsgebenden Verwerter und insbesondere Zahlungsschwierigkeiten können auf die Sicherheit durchschlagen. Die Vorteile der Abstraktion liegen weniger in der Förderung des freien Rechtsverkehrs – der im Urheberrecht ja ohnehin nicht den gleichen Stellenwert wie im sonstigen Zivilrecht hat – sondern in der Abkoppelung der dinglichen Seite von den Unwägbarkeiten des Schuldrechts. Wird unter dem Kausalprinzip der Nutzungsvertrag mit dem Verwerter gekündigt, so besteht große Rechtsunsicherheit, wenn streitig ist, ob ein Kündigungsgrund vorlag[879]. Der Verwerter, vor allem aber auch ein möglicher Erwerber des Nutzungsrechts sowie die Inhaber eventueller Nutzungsrechte zweiter Stufe müssen dann damit rechnen, dass die weitere Nutzung bis zur gerichtlichen Klärung eine Urheberrechtsverletzung darstellt. Nutzen sie weiter, so besteht die Möglichkeit, dass sie später einem Schadenersatzanspruch des Urhebers ausgesetzt sind. Davon abgesehen besteht bei kausaler Gestaltung die Gefahr einer auf Unterlassung gerichteten einstweiligen Verfügung. Fehlentscheidungen können dann erst erheblich später im Hauptsacheverfahren korrigiert werden, was die Auswertung des Werkes in der Zwischenzeit zum Erliegen bringen kann.

Auch berücksichtigt das Abstraktionsprinzip erheblich mehr als das Kausalprinzip die Wertungen der Vertragstypen des BGB. So sind Zurückbehaltungsrechte gegen Rückgewährsansprüche des Urhebers in pachtähnlichen Konstellationen ausgeschlossen, im Übrigen jedoch möglich. Die Wertungen des Urhebervertragsrechts können

---

[879] Laut v. Hartlieb/Schwarz, Schwarz, Kap. 160, Rn. 3 enthalten daher viele Verfilmungsverträge ausdrückliche Klauseln, welche die Geltung des Abstraktionsprinzips vereinbaren.

weiterhin im Rahmen der Rückabwicklung bei der Auslegung unbestimmter Rechtsbegriffe wie dem der Entreicherung des § 818 Abs. 3 BGB berücksichtigt werden.

Erheblich Komplikationen können sich aus der Abstraktion ergeben, wenn gemäß § 32 Abs. 3 S. 3 UrhG ein einfaches Nutzungsrecht für jedermann eingeräumt wird, so zum Beispiel an einer Open Source Computersoftware. Hier werden Nutzungsrechte an Tausende von Computernutzern vergeben, die sich die Software über das Internet kostenlos beschaffen. Kommt es zu Störungen im schuldrechtlichen Verhältnis, so können sich diese auf eine Vielzahl von Verträgen auswirken, was dem gesetzgeberischen Zweck der Förderung freier Software entgegenwirkt. Andererseits hat die Erfahrung gezeigt, dass die Open Source Gemeinde über die rechtliche Ausgestaltung ihrer Vertragswerke außerordentlich intensiv nachdenkt. So beinhaltet das weit verbreitete Vertragsmuster der GPL eine Klausel, die bei bestimmten Pflichtverletzungen einen Rückfall anordnet[880]. Unabhängig von der Wirksamkeit dieser konkreten Bestimmungen[881] ist es jedenfalls möglich, die Rechtseinräumung auf die Wirksamkeit des schuldrechtlichen Vertrags zu bedingen. Eine Verwerterseite, die dies in den Vertragsverhandlungen verhindern könnte, gibt es nicht.

Damit überwiegen sowohl in methodischer Hinsicht als auch aufgrund der höheren Flexibilität die Vorteile des Abstraktionsprinzips auch im Urheberrecht. Eine eingeschränkte Anwendung des Abstraktionsprinzips auf bestimmte Kategorien von Werken oder Branchen kommt dagegen schon aus Wertungsgesichtspunkten nicht in Betracht. Nutzungsrechte können nach der Einräumung die Branchengrenzen überspringen. So kann der Filmproduzent, der sich die umfassenden Nutzungsrechte an der verwendeten Musik gesichert hat, Tonträger mit der Filmmusik herstellen lassen. Wer für die Abstraktion der Nutzungsrechte nur im Hinblick auf die Filmbranche eintritt, der schafft hierdurch einen Unterschied zur „normalen“ Musikverwertung, der sachlich nicht zu rechtfertigen ist.

### III. Ergebnis

Die Begründung des Kausalprinzips steht auf tönernen Füßen. Sie beruht im Wesentlichen auf der Analogie zu § 9 Abs. 1 VerlG – einer Vorschrift, deren Zielsetzung trotz ihres langjährigen Bestehens noch immer nicht geklärt ist. Ob hierdurch tatsächlich ein kausaler Zusammenhang zwischen Verfügung und Verpflichtung geschaffen oder nur eine Akzessorietät geregelt werden sollte, ist zweifelhaft.

Ein Abweichen vom Abstraktionsprinzip ist darüber hinaus aber auch nicht nötig, denn dieses leistet auch im Urheberrecht gute Dienste. Hierbei liegt seine Stärke vor allem in der Herbeiführung klarer dinglicher Rechtsverhältnisse im Streitfall. Während eines Rechtsstreites kann das Werk daher erheblich leichter ausgewertet werden. Stellt sich später heraus, dass die Verwertung rechtsgrundlos erfolgte, so ist der Urheber an den Erlösen angemessen zu beteiligen und kann – abhängig von der Rechtsnatur des Nutzungsvertrages - eine darüber hinausgehende Entschädigung verlangen. Probleme bei der Rückabwicklung können mit den Rückgewährsansprüchen des besonderen Schuldrechts gelöst werden. Wo diese nicht ausreichen, helfen Spezialvorschriften des

[880] Hierzu LG München I, CR 2004, S. 774.

[881] LG München I, CR 2004, S. 774, 776.

UrhG. Der Urheber erhält das Nutzungsrecht nach Vertragsbeendigung stets zurück. Demgegenüber ist das Kausalprinzip dem deutschen Recht von vornherein fremd, insbesondere ist das Bereicherungsrecht des BGB hierauf nicht zugeschnitten.

Es steht den Vertragsparteien frei, eine Kausalbindung des Nutzungsrechtes im Einzelfall zu vereinbaren. Wo eine solche vertragliche Regelung fehlt, bleibt es bei dem allgemeinen Grundsatz, nach dem dingliche Rechte abstrakt sind.

**Schriftenreihe zum Urheber- und Kunstrecht**

Herausgegeben von Thomas Hoeren

Band 1 Stefan Baufeld: Kulturgutbeschlagnahmen in bewaffneten Konflikten, ihre Rückabwicklung und der deutsch-russische Streit um die so genannte Beutekunst. 2005.

Band 2 Alexandra Kruczek: Die Bewertung der Kabelweitersenderechte der Sendeunternehmen in Deutschland und den USA. 2005.

Band 3 Larissa Marrder: Verwertung von Filmrechten in der Insolvenz. 2006.

Band 4 Felix Heinz Siegfried: Internationaler Kulturgüterschutz in der Schweiz. Das Bundesgesetz über den internationalen Kulturgütertransfer (Kulturgütertransfergesetz, KGTG). 2006.

Band 5 Karsten Lisch: Das Abstraktionsprinzip im deutschen Urheberrecht. 2007.

Band 6 Thomas Meschede: Der Schutz digitaler Musik- und Filmwerke vor privater Vervielfältigung nach den zwei Gesetzen zur Regelung des Urheberrechts in der Informationsgesellschaft. 2007.

www.peterlang.de

Kolibri 360 GmbH
Ferdinand-Jühlke-Straße 7
99095 Erfurt, Deutschland
produktsicherheit@kolibri360.de

Druck:
CPI Druckdienstleistungen GmbH
im Auftrag der
Kolibri 360 GmbH
Ferdinand-Jühlke-Str. 7
99095 Erfurt